람타

화이트 북

개정보강판 / 유리타 옮김

람 타

화이트 북

Copyright © 1999, 2001, 2004 JZ Knight.

이 책의 한국어판 저작권과 판권은 람타 깨달음 학교와 유희준 독점 계약으로 인하여 유리타(유희준)가 소유하며 아이커넥에서 2011년 독점 출판합니다. 저작권법에 의하여 한국 내에서 보호를 받는 저작물이므로 JZK, Inc의 자회사인 JZK Publishing과 아이커넥의 사전 허락 없이는 어떠한 형식으로도 무단전재와 무단복제를 금합니다.

이 책은 람타, 1999, 2001년 제이지 나이트가 저작권을 가지고 있는 「람타」라는 타이틀의 개정보강판입니다. 이 책에 나오는 내용은 Ramtha Dialogues®, 자기 테이프 그리고 콤팩트 디스크에 녹음된 일련의 가르침을 바탕으로 한 것이며, JZK, Inc의 제이지 나이트의 허용하에 미국 저작권법에 등록되었습니다.

이 책에 나오는 Ramtha®, Ramtha Dialogues®, C&E®, Consciousness & Energy®, Fieldwork®, The Tank®, Blue Body®, Twilight®, Torsion Process®, Neighborhood Walk®, Create Your Day®, The Grid®, Become a Remarkable Life®, Conquer Yourself™, Gladys^{SM}, Analogical Archery^{SM}, and Mind As Matter^{SM} 등은 제이지 나이트의 등록상표이자 서비스 상표이며 그녀의 허락을 받아 본문에서 사용되었습니다.

람타, 화이트 북 (Ramtha, The White Book)
펴 낸 날 : 2025년 10월 28일 초판 12쇄
옮 긴 이 : 유리타
펴 낸 이 : 유희준
펴 낸 곳 : 아이커넥 www.iconnectbooks.com
주   소 : 경기도 용인시 수지구 상현동 168-1 현대프레미오 101-1503 (수지구 수지로 41)
         전화: 031-263-3591   팩스: 031-263-3596
편집·교정: 노수진, 구혜림, 박재훈
인   쇄 : 삼영애드컴 02-2267-7002
등   록 : 제251-2011-036호
ISBN: 978-89-966710-0-8
판매정가: 22,000

당신 내면에
존재하는
신에게

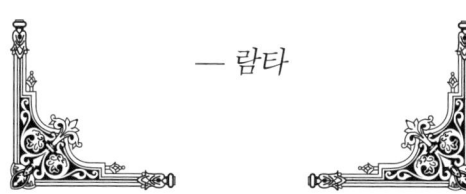

— 람타

차 례

일러두기	007
제이지 나이트의 인사말	009
제 1 장 머리말	019
제 2 장 나는 람타이다	025
제 3 장 당신들이 내 백성이었을 때	049
제 4 장 신	059
제 5 장 신을 바라보라	077
제 6 장 삶 후의 삶	093
제 7 장 죽음 혹은 초탈	117
제 8 장 창조와 진화	129
제 9 장 천사보다 더 높은	149
제 10 장 확인할 수 있는 신	159
제 11 장 사랑의 선물	165

제 12 장	진리일 뿐	173
제 13 장	사랑, 당신이 하려는 일을 하라	193
제 14 장	기쁨, 가장 장엄한 존재의 상태	213
제 15 장	잊혀진 신성	227
제 16 장	환생	247
제 17 장	앎의 과학	261
제 18 장	닫힌 마음	277
제 19 장	열린 마음	287
제 20 장	경험의 훌륭한 가치	311
제 21 장	화창한 어느 날 아침	329
에필로그	람타 가르침의 독특한 의미	339
용어정리		351

일러두기

1. 람타는 자신의 메시지를 전달할 때 두뇌에서 뉴런이 점화되어 신경학적인 이미지가 일어나도록 단어를 신중하게 사용합니다. 이러한 람타의 의도를 고려하여 독자들에게도 같은 반응이 일어나도록 그의 가르침을 가능한 한 그대로 번역하였습니다. 이 같은 이유로 본문을 읽다 보면, 쉼표가 많이 나오는 것을 볼 수 있습니다. 이 책을 읽을 때 쉼표가 나오면 잠시 멈추고 방금 읽은 단어나 문장이 두뇌에서 점화되도록 충분한 시간을 갖기 바랍니다.
2. 부록으로 [용어정리를 첨부하였습니다. 람타의 가르침에서는 우리에게 익숙하지 않은 새로운 용어나 어휘들이 많이 사용됩니다. 그때마다 용어정리를 참고하면 용어의 의미는 물론 그의 가르침을 이해하는 데 많은 도움이 될 것입니다.
3. 또 다른 부록으로 람타 깨달음 학교에서 사용하는 그림들을 수록 하였습니다. 책이나 용어정리를 읽을 때 그림을 보면 많은 도움이 될 것입니다.

— 옮긴이

람타에 의해 전달되는 메시지의 진실성을 유지하고, 독자들이 람타 앞에서 직접 가르침을 받는 것처럼 하기 위해 되도록이면 람타가 사용한 말들을 그대로 옮겼습니다. 부정확하거나 이상하게 보이는 문장이나 어휘가 있다면, 그 말의 숨은 의미를 파악하려고 노력하면서 다시 한번 읽어보시기 바랍니다. 또한 명확성을 위해서 JZK Publishing의 자회사인 JZK, Inc에서 출간된 원서 Ramtha, The White Book 읽으시기 바랍니다. 당신에게 행운을 빕니다. 즐겁게 읽으십시오.

— 람타 깨달음 학교(RSE) 편집인

제이지 나이트의 인사말

"다시 말해, 그의 모든 관심은 이곳에서 당신이 놀랄만한 사람이 되도록 가르치는 것입니다."

— 제이지 나이트

내 이름은 제이지 나이트입니다. 그리고 나는 내 육체의 합법적 주인입니다. 람타와 나는 두 명의 다른 사람이며, 두 명의 다른 존재입니다. 우리 둘은 하나의 같은 현실을 공유하는데, 그것은 나의 육체입니다. 비록 우리의 모습이 비슷하게 보일지라도 똑같은 것은 아닙니다.

나는 아주 어릴 때부터 머릿속에서 말하는 목소리를 들어왔습니다. 나에게는 놀라운 일들이 많이 일어났으며, 그런 것들을 당연하게 여기며 살았습니다. 참으로 다행스럽게도 어머니는 사이킥 능력이 있는 사람이었고 그녀는 내가 보는 것들에 대해 절대 꾸중하지 않았습니다. 나는 평생 경이로운 경험들을 했지만, 가장 중요한 경험은 하느님에 대한 깊고 심오한 사랑이었으며 그것이 무엇인지 이해하여 그 사랑이 나의 일부가 되었다는 것입니다. 나이가 들어 교회에 다니게 되면서, 종교적 교리에 맞게 하느님을 이해하려고 노력했지만 내가 느끼고 아는 하느님과는 많이 달랐기에 무척 힘들었습니다.

람타는 내가 태어날 때부터 나와 함께 하였습니다. 항상 나와 함께 하는 훌륭한 힘이 있다는 것을 알았지만 그가 누구였으며, 무엇이었는지에 대해서는 전혀 알지 못했습니다. 내가 힘들 때 — 나는 아주 힘든 성장기를 보냈습니다 — 마다 나에게 말을 거는 이 존재와 함께 항상 경이로운 경험을 하였습니다. 우리가 대화할 때 서로의 말을 정확하게 들을 수 있듯이 나는 람타의 말을 정확하게 들을 수 있었습니다. 람타는 내 인생에서 보통 사람들에게서 듣는 조언과는 아주 다른 많은 것들을 알게 하였습니다.

그가 실제로 내 앞에 모습을 드러낸 것은 나와 남편이 부엌에서 피라미드를 만들고 있었던 1977년 어느 일요일 오후였습니다. 우리는 하이킹과 배낭여행을 자주 했기 때문에 음식도 말리고 있었습니다. 그때 나는 내가 만든 엉성한 피라미드 모양의 모자를 머리에 쓰고 있었는데 갑자기 부엌 한구석에 2미터가 넘는 키에 온몸에서 찬란한 빛이 나는 존재가 나타났습니다. 그는 아름답고 강렬했습니다. 당신은 오후 2시 반에 부엌에서 이런 일이 일어날 것이라고 절대 예상하지 못할 것입니다. 어느 누구도 그러한 일을 받아들일 수 없을 것입니다. 그렇게 람타는 그 시간에 자신의 모습으로 나타났습니다.

내가 그에게 - 나는 그가 어디에서 왔는지 몰랐습니다 - 처음 했던 말은, "당신 정말 아름답군요. 누구세요?"라는 것이었습니다. 그는 환하게 웃고 있었습니다. 그의 외모는 굉장히 멋졌습니다. 그는 "나는 람타이다. 나는 당신을 시궁창에서 건져주기 위해 여기에 왔다."라고 말했습니다. 순진하게도 그때 나는 마루에 어떤 일이 일어났거나 폭탄이 떨어진 줄 알고 얼른 부엌 바닥을 쳐다보았습니다. 그날 이후 그는 내 삶에 계속 나타났습니다. 그리고 그해 1977년에 아주 재미있는 일들이 많이 일어났습니다. 남편은 물론 어린 두 아들까지 람타를 만나 여러 가지 신기한 경험을 했습니다.

그 해 말 그는 자신이 누구인가에 대해서 힘들게 나를 가르치고 납득시킨 후, 어느 날 나에게 말했습니다. "나는 러너(용어정리 참고_역주)를 통해 당신에게 책을 보낼 것이다. 그 책을 읽으면 내가 누구인지 좀 더 이해할 수 있을 것이다." 그것은 「초인들의 삶과 가르침을 찾아서」(베어드 T. 스폴딩 지음 정신 세계사 출판)라는 책이었습니다. 그 책을 읽은 후에야 람타가 책에 나오는 대사들과 같은 존재라는 것을 알게 되었으며, 그가 악마인지 아니면 하느님인지에 대한 오랜 고민에서 벗어날 수 있었습니다.

람타를 알게 된 후, 그는 오랫동안 우리 집 거실에 자주 나타났습니다. 2미터 10센티미터가 넘는 아름다운 존재가 편하게 소파에 앉아 나에게 말을 하고 가르쳤습니다. 그는 내가 어떤 질문을 어떻게 할 것인가를 이미 알고 있었지만 그가 알고 있다는 것을 그 당시에는 몰랐습니다.

1977년 이후 그는 무엇이든 편하게 질문할 수 있도록 참을성 있게 나를 대했습니다. 나는 그에 관한 질문이 아니라 신으로서의 나 자신에 대해 많은 질문을 했으며, 그는 자상하고 친절하게 답해주었습니다. 내가 종교적인 교리나 한계에 빠질 때마다 스스로 그것들을 깨닫고 빠져나올 수 있도록 가르치고 잡아주었습니다. 그럴 때마다 나는 그에게 말했습니다. "당신이 아주 참을성이 많고 자상하다는 것을 아세요?" 그러면 그는 웃으면서 자신이 3만 5천 살인데, 그 많은 시간 동안 당신이라면 무엇을 할 수 있었겠느냐고 묻곤 했습니다. 내가 어떤 질문을 할 것인가를 그가 이미 알고 있었고, 그가 왜 그렇게 참을성이 많았는지 알기까지 10년이란 세월이 걸렸습니다. 그는 위대한 스승으로서 이러한 문제들을 스스로 다룰 수 있게 나에게 기회를 준 것이었습니다. 그는 거만하지 않고 우아하게 말했으며 진정한 스승답게 나 스스로 모든 것을 깨달을 수 있게 하였습니다.

1979년 말부터 람타를 채널링한 일은 나에겐 아주 특별한 경험이었습니다. 람타는 2미터가 넘는 거구였으며, 항상 가운처럼 생긴 두 겹의 긴 옷을 입고 있었습니다. 매번 같은 옷을 입었음에도 아주 아름다워 전혀 질리지 않았습니다. 안에 걸친 가운은 눈처럼 하얀색으로 발끝까지 내려왔으며 그 위로 보라색의 또 다른 가운을 입었습니다. 자세히 보면 그것들은 옷감이 아니라 빛으로 만들어졌다는 것을 당신은 알 수 있을 것입니다. 투명한 빛이었지만 그것은 실제 옷처럼 보였습니다.

람타의 피부색을 가장 정확하게 표현한다면 계피색이라고 할 수 있습니다. 갈색도 아니고 흰색도 아니며 그렇다고 붉은색도 아닙니다. 이것들을 모두 합친 색이라고 할 수 있습니다. 그는 사람을 꿰뚫어보는 아주 깊고 까만 눈을 가졌으며, 그와 눈을 마주친다면 그가 당신의 모든 것을 꿰뚫어 본다는 사실을 알게 될 것입니다. 그의 눈썹은 마치 새의 날개가 이마 위에 있는 것처럼 보였습니다. 그는 견고한 턱과 아름다운 입술을 가지고 있으며, 행여 그가 웃을 때면 당신은 자신이 천국에 있다고 느낄 것입니다. 그의 손과 손가락은 아주 길었으며 자신의 생각을 표현할 때 자주 사용했습니다.

그가 내 몸에서 나를 실제로 빼내 터널 속으로 던져 버리면, 빛 기둥에 부딪혀 다른 세상으로 갔다 돌아온다고 — 아이들은 학교에서 돌아올 시간이고 나는 겨우 아침 설거지를 끝냈을 뿐이라는 것을 알아차리며 — 상상해 보십시오. 이처럼 이곳의 시간을 잃어버리는 것에 익숙해지기는 무척 힘들었습니다. 나는 내가 무엇을 하며 어디에 가는 지 이해하지 못했습니다. 그래서 우리는 많은 실습 훈련을 했는데, 오전 10시에 람타에 의해 유체이탈한 후 흰 벽에서 나와 이 세상으로 다시 돌아오면 이미 오후 4시 30분이 되어 있었습니다. 이렇듯 나는 이곳에서 잃어버린 시간을 조정하기 위한 실제적인 문제를 갖고 있었습니다. 그것은 아주 재미있고 즐거운 경험이었지만 가끔은 아주 무서웠습니다. 람타가 당신을 몸에서 빼내 천장으로 내던진 후, "자 무엇이 보이는가?"라며 터널 속 — 그것을 표현하기에 가장 좋은 것은 다른 차원으로 가는 블랙홀일 것입니다 — 으로 던져 넣어 흰빛기둥에 부딪혀 당신이 기억을 잃는다고 상상해보세요.

그는 내가 이 세상에 태어나기 전에 이미 하기로 약속했던 일을 가르치면서 나를 준비시켰습니다. 이 생에서의 나의 운명은 결혼하고 아이를 낳아

평범하게 살아가는 것이 아니라 역경을 극복하고 이전에 이미 일어나기로 계획된 일들이 일어나도록 하는 것이며, 그리고 그 일은 람타라는, 경이로운 의식과 함께 하는 것입니다.

람타에게 어울리는 옷을 입는 일은 쉽지 않았습니다. 정말 어떻게 해야 할지 몰랐습니다. 채널링을 처음 시작했을 때 나는 교회에 가는 것처럼 생각하며 정장을 하고 하이힐을 신었습니다. 그러나 람타에 대해 조금이라도 안다면, 그가 정장을 하고, 그의 생에서 한 번도 신어보지 않았던 하이힐을 신은 모습이 어땠을까 상상할 수 있을 것입니다.

내가 람타가 아니며 우리가 전혀 다른 존재라는 것, 그리고 당신이 이 육체를 가진 나와 이야기할 때 당신은 나와 대화를 하는 것이지 그와 하는 것이 아니라는 것을 사람들에게 이해시키기가 무척 어려웠습니다. 인간이 신성한 마음을 가지고 있고 그것은 육체로부터 분리될 수 있다는 것에 대해서 사람들이 이해하지 못했기 때문에 지난 10여 년 동안 매스컴을 상대하기가 무척 어려웠습니다.

당신이 내 몸에 있는 람타를 본다 하더라도 이것은 여전히 나의 육체이며 그는 나와 전혀 다르게 생겼다는 것을 알아야 합니다. 그가 내 몸을 빌려 당신 앞에 나타난다 하더라도, 그의 위대한 힘과 능력이 줄어드는 것은 아닙니다. 사람들은 람타가 한 말에 대해서 자주 나에게 질문하지만 내 몸을 떠나면 나는 인식할 수 없는 완전히 다른 시간대와 장소로 가기 때문에, 그들이 무슨 말을 하는지 전혀 알지 못합니다. 그가 당신과 아무리 오랜 시간을 보냈다 해도 나에게는 단지 3~5분처럼 느껴집니다. 내가 내 몸에 다시 돌아왔을 때, 하루가 지났어도, 나는 그 하루의 어떤 시간도 보내지 않은 것입니다. 그가 당신에게 무슨 말을 했는지 듣지 못했으며 그리고 그가 여기에서 무엇을 했는지 알지 못합니다. 내 몸은 지칠 대로 지쳐 있어, 나 자신을 추스르거나 옷을 갈아입기 위해 계단을 올라갈 힘조차 남아 있지 않습니다.

람타는 다른 사람들이 보거나 꿈조차 꾸지 못하는 놀라운 것들을 자주 보여 주었습니다. 덕분에 23번째 우주도 보았고, 특별한 존재들과 만나 생명이 태어나 사라지는 것도 보았습니다. 우리 세대의 사람들이 태어나서 살다가 죽어가는 것도 한순간에 보았습니다. 역사적인 사건들을 직접 목격함으로써 그것들을 좀 더 상세하고 정확하게 알 수 있었습니다. 나는 다른 생에서의 내 육체 옆을 걸으며 그가 누구였는지 어떻게 하는지 볼 수 있었고, 사후의 세계 또한 보았습니다. 이러한 경험들은 나에게 아주 귀하고 소중한 것이며, 살아가면서 그러한 것들을 볼 수 있다는 것은 진정한 축복이라고 생각합니다. 내가 보고 경험한 것들이 다른 사람들에게는 이상하게 들릴 것입니다. 그러한 곳을 전혀 가본 적이 없는 사람들에게 최선을 다해 설명한다 해도 그들을 이해시키기란 쉽지 않기 때문입니다.

나는 람타가 채널링이라는 방식으로 학생들을 가르치는 이유를 알고 있습니다. 어느 누구도 자신의 그늘 밑에 가려지기를 원치 않기 때문입니다. 다시 말해, 그의 모든 관심은 이곳에서 당신이 놀랄만한 사람이 되도록 가르치는 것입니다. 그는 이미 놀랄만한 존재이며 이것이 그가 신기한 현상을 일으키는 것에 관한 것이 아닙니다. 그렇지만 그가 당신에게 러너를 보낸다고 말했다면, 당신은 정말 그것들을 경험하게 될 것입니다. 이것이 그가 당신 앞에서 어떤 특별한 재주나 묘기를 보이려 했음을 의미하진 않습니다. 그러한 것은 그가 하려고 하는 일이 아닙니다. 그는 사람들이 자신을 숭배하거나 혹은 구루가 되기를 원하는 다른 신의 화신들과는 다릅니다.

그러므로 이제 일어날 일은 그가 당신을 가르치고 훈련하게 하여 경이로운 현상을 창조하도록 하는 것이며, 당신은 그것을 할 수 있을 것입니다. 그래서 어느 날 당신이 원하는 것을 자유자재로 구현할 수 있을 때, 자유자재로 유체이탈하고 모든 이를 있는 그대로 사랑할 수 있을 때, 그리고 다른 사람들이 할 수 없는 일들을 마음대로 할 수 있을 때, 그는 당신의 삶에 홀연히 본연의 모습으로 나타날 것입니다. 그것은 당신이 그가 갖춘 능력을 공유할 수 있는 준비가 되었기 때문입니다.

만일 당신이 람타의 가르침에 관심이 생기고, 비록 볼 수는 없어도 그를 사랑하기 시작했다면 이것은 좋은 징조입니다. 왜냐하면 당신의 혼이 당신에게 중요한 것을 이번 생애에 펼치라고 재촉하는 것이기 때문입니다. 어쩌면 이것은 기존에 형성된 당신의 신경망과는 전혀 다른 것일지도 모릅니다. 당신의 인성이 당신과 싸우고 논쟁하겠지만, 당신의 혼이 그러한 경험을 하라고 재촉할 때 왜 그래야 하는지 당신은 명확하게 알게 될 것입니다.

당신이 하고자 하는 것이 바로 이것이라면, 당신은 인내심을 가지고 집중해서 이 일을 해야 합니다. 처음에는 무척 어렵겠지만 끈기 있게 이 일을 계속한다면, 어느 날 이 스승이 당신을 완전히 바꿀 것입니다. 어느 날 당신은 신화나 전설에 나오는 마스터들이 했던 경이로운 일들을 할 수 있는 능력을 갖게 될 것입니다. 당신은 그런 일들을 할 수 있을 것입니다. 이것이 바로 당신의 여정이기 때문입니다. 또한 궁극적으로, 그러한 능력은 인간의 형상 안에 실제 존재하는 하느님을 깨우는 것입니다.

이제 이것은 나의 여정이며 내 인생 전체의 여정이 되었습니다. 만일 이 일이 중요하지 않았다면 그리고 만일 이 일이 아니었다면 단지 뉴에이지 경험을 하기 위해 온 소수의 사람들을 위해 내 삶의 대부분을 무의식 상태로 살지 않았을 것입니다. 이것은 뉴에이지와는 비교할 수 없는 위대한 경험입니다. 이것은 명상이나 요가보다 더욱 중요한 것입니다. 이것은 삶의 모든 부분에서의 의식 변화에 관한 것이며 우리의 마음을 무한하게 하는 것에 대한 것입니다. 그리하여 우리는 되고자 하는 모든 것이 될 수 있습니다.

내가 배웠던 것은 우리는 단지 우리가 보여줄 수 있는 능력만 보여줄 수 있다는 것이며, 당신 또한 이것을 알아야 합니다. 만일 당신이, 이러한 것을 알지 못하게 막는 것이 무엇인가 묻는다면, 우리가 가진 유일한 장벽은 의심하는 신경망 앞에서 자신을 믿고, 허용하고, 마음을 비우지 못하는 우리의 무능력이라고 말하겠습니다. 그러한 의심을 극복하고 자신을 온전히 믿는다면 당신은 새로운 돌파구를 찾을 수 있을 것입니다. 왜냐하면 당신의 유일한 장애는 의심이기 때문입니다. 그러면 어느 날 당신도 나처럼 내가 보았던 모든 것들과 내게 보였던 모든 것들을 볼 수 있을 것입니다.

나는 단지 내가 존재한다는 것과 내가 하는 일을 사랑한다는 것을 여러분에게 보여주기 위해 이곳에 나오기를 원했습니다. 여러분이 람타를 스승으로 삼아 배우기를 원합니다. 무엇보다도 중요한 것은, 여러분이 계속 배우는 것입니다.

— *제이지 나이트*

제 1 장

머리말

"인간에게 자신의 신성함을 깨닫는 것 외에 또 다른 구원은 없다. 당신은 이러한 깨달음을 실현할 수 있는 씨앗이다. 당신이 무엇을 생각하든, 어떤 깨달음을 얻든, 모든 면에서 의식은 발전하고 확장한다. 당신이 이해한 대로, 자신의 목적의식을 갖고 선한 삶을 위해 온전히 살아간다면, 당신은 다른 사람들이 그들 주위에서 보는 모든 것보다 당신에게서 더 위대한 사고방식과 장엄한 깨달음 그리고 더 훌륭한 삶의 가치를 보도록 허용할 것이다."

── 람타

나는 람타이다, 지구 혹은 테라라고 하는 이 세상에서 오래전에 살았던 독존적 존재이다. 그 생에서 나는 죽지 않았다. 나는 초탈하였다. 나는 마음의 힘을 활용하는 것을 배워 내 몸을 가지고 생명의 보이지 않는 차원으로 갔다. 그렇게 함으로써, 나는 무한한 자유, 무한한 기쁨, 무한한 삶이 존재함을 깨닫게 되었다. 내가 초탈한 후에 이 지구 상에서 나를 따르던 다른 사람들 또한 초탈하였다.

나는 이제 인류를 매우 사랑하는 보이지 않는 형제단의 일원이다. 우리는 당신의 형제로서, 당신의 기도와 명상을 듣고 당신들이 바쁘게 살아가는 것을 주시하고 있다. 우리는 인간으로서 이 지구 상에 살았으며 당신들이 알고 있는 절망, 슬픔 그리고 기쁨, 그 모든 것들을 경험하였다. 그럼에도 우리는 인간의 경험이 갖는 한계를 극복하고 초월하는 것을 배워 존재의 좀 더 깊고 위대한 상태를 깨달았다.

당신이 우리에게 아주 중요하며 위대한 존재라는 것을 알리기 위해 여기에 왔다. 당신을 통해서 흐르는 생명과 당신에게 와 닿는 생각들 — 당신이 어떤 생각을 하건 — 은 당신이 하느님이라고 칭하는 지성이자 생명력이다. 그것은 우리 모두를 연결하는 본질일 뿐만 아니라, 이 지구 상에 있는 이들은 물론 다른 우주에 존재하는 모든 이들을 연결해주는 본질이다.

나는 당신이 아주 오래전에 잊어버렸던 유산을 일깨워주기 위해 여기에 왔다. 나는 또한 당신에게 고매한 안목을 심어줄 것이다. 그럼으로써 당신은 진정으로 신성한 불멸의 존재이며, 만물의 근원인 하느님으로부터 사랑과 도움을 받는다는 것을 분명하게 알 수 있을 것이다. 나는 당신이 오직 자신만의 고귀한 지성으로 당신 삶의 모든 현실을 창조했으며, 자유로운 선택으로 자신이 원하는 것을 마음대로 창조하고 경험할 수 있는 힘이 있다는 것을 깨우치도록 돕기위해 여기에 온 것이다.

역사를 돌이켜보면, 많은 사람들이 여러 가지 다른 방법으로 당신의 위대함, 당신의 힘, 그리고 당신이 가진 생명의 영원함을 깨우쳐 주려고 하였다. 우리는 왕이었고, 정복자였으며, 노예였고, 영웅이었으며, 순교자였고, 스승이었으며, 안내자였고, 친구였고 철학자였다 — 지식이 일어나도록 하는 어떤 것이라도 되었다. 그리고 때때로 우리들은 당신들이 자멸하지 않도록 당신들 일에 개입하여 여기에서의 삶이 계속 유지되도록 하였다. 그리하여 당신들은 많은 경험을 쌓으면서 기쁨을 느끼고 진화할 수 있는 삶의 터전을 마련할 수 있었다. 그러나 당신들은 도움을 주려고 손을 내민 사람들을 하나하나 박해하였다. 혹은 당신들의 편리에 따라 우상을 만들어 섬기거나 가르침을 왜곡하였다. 그들의 가르침을 적용하는 대신 많은 사람들이 결국에는 그들을 숭배하게 되었다.

나를 섬기는 일이 없도록, 나는 나 자신의 모습으로 나타나지 않았다. 대신 이 지상에 살았을 때, 사랑하는 딸이었던 존재를 통해 당신과 소통하기로 하였다. 내 딸은, 내가 그녀의 몸을 사용하도록 기꺼이 허락하였다. 다시 말해 그녀는 나라는 존재를 위한 순수한 채널일 뿐이다. 내가 당신과 소통할 때, 그녀는 더 이상 그녀의 몸에 머물지 않는다. 그녀의 영과 혼이 완전히 그녀의 몸을 떠났기 때문이다.

나는 세상에 변화의 바람을 일으키려 한다. 나 그리고 나와 함께 하는 이들

머리말

은 인류를 위한 장엄한 일을 준비하고 있으며 그 일은 이미 시작되었다. 사람들이 이 위대하고 눈부신 일을 목격함으로써, 자신을 활짝 열어 지식과 사랑이 흘러들어오게 할 것이다. 그리하여 모든 이들이 하나로 결속될 것이다.

왜 이러한 일들이 일어나는가? 당신이 알고 있던 그 어떠한 사랑보다도 당신은 훨씬 더 위대한 사랑을 받고 있기 때문이며 그리고 인간을 어둠 속에 가둔 채 자유를 박탈하고, 사람들을 분열시키고, 서로 증오하고, 국가 간에 전쟁을 일으키게 했던 신념보다 더 장엄한 지식을 가지고 살 때가 되었기 때문이다. 이제 이런 모든 것들을 끝낼 때가 되었다. 단지 생존하기 위해 비천하게 사는 것을 끝내고 인간이 자신의 신성함과 존재의 영원함을 깨달을 때가 되었다.

당신의 사랑하는 형제인 경이로운 존재들이 이 세상에 새로운 지식, 위대한 지식을 펼칠 그날이 곧 도래할 것이다. 그때가 되면, 과학은 그 어느 때보다도 더 위대한 꽃을 피울 것이다. 앞으로 다가오는 시대는 하느님의 시대이다. 서서히 계획적으로 이러한 시대가 도래할 것이다. 그 시대에는 모든 질병, 고통, 증오, 그리고 전쟁이 이 세상에서 사라질 것이다. 더 이상 육체의 노화와 죽음이 없을 것이며, 지속적인 삶만이 있을 것이다. 지식, 이해 그리고 심오한 사랑을 통해 이러한 것들이 각 존재의 삶에 일어날 것이다.

인간에게 자신의 신성함을 깨닫는 것 외에 또 다른 구원은 없다. 당신은 이러한 깨달음을 실현할 수 있는 씨앗이다. 당신들 개개인이 자신의 가치와 소중함 그리고 생명의 영원함을 이해함으로써, 무한한 생각, 무한한 자유, 그리고 무한한 사랑의 의식에, 하나하나, 보탬이 될 것이다. 당신이 무엇을 생각하든, 어떤 깨달음을 얻든, 모든 면에서 의식은 발전하고 확장한다. 당신이 이해한 대로, 자신의 목적의식을 갖고 선한 삶을 위해 온전히 살아간다면, 당신은 다른 사람들이 그들 주위에서 보는 모든 것보다 당신에게서 더 위대한 사고방식과 장엄한 깨달음 그리고 더 훌륭한 삶의 가치를 보도록 허용할 것이다.

    지금 이 시대는 인류의 역사상 가장 위대한 시간이다. 비록 어렵고 힘든 시간일지라도, 당신은 이 시대가 당신에게 가져올 성취를 목적으로 이 시간에 여기에 살기로 선택하였다. 당신은 아주 오랜 시간 매 생마다 신을 볼 것이라 다짐하였으나, 생 후의 생에서도 당신은 신을 보도록 자신을 허용하지 않았다. 이 생에서, 당신들 대부분은 진정으로 신을 만날 것이다. 당신은 이 세상에 위대한 왕국이 일어나는 것을 보게 될 것이며, 당신이 한 번도 존재할 것이라고 상상조차 하지 못했던 위대한 문명이 꽃을 피울 것이다. 그리고 새로운 바람이 불 것이며, 사랑, 평화 그리고 존재의 기쁨이 당신 우주의 에메랄드이며 신의 고향인, 이 축복받은 장소를 영광스럽게 할 것이다.

    지금까지 한 말들을 깊이 숙고하라. 이 말들을 당신 존재 안에 허용하라. 당신이 생각에 의한 생각, 느낌에 의한 느낌으로, 순간순간, 그렇게 할 때, 당신은 당신의 위대함, 당신의 힘, 그리고 당신의 영광에 대한 이해로 돌아올 것이다.

제 2 장

나는 람타이다

"나는 모든 것을 해보았다. 그로 인해, 존재여, 나는 내가 했던 모든 것들로부터 지혜를 얻었기에 결코 그것들을 다시 하지 않을 것이다. 나는 고결하다, 존재여, 이런 모든 것들을 했었기에 내가 될 수 있었다. 누군가를 미워하지 않고서, 존재여, 어떻게 사랑을 알겠는가? 죽음의 문턱에 가보지 않고서, 그리고 당신의 죽음에도 불구하고 태양은 여전히 떠오르며 새들은 당신을 거들떠보지 않는 다는 것을 알지 않고서, 어떻게 삶에 대해서 알 수 있겠는가? 당신이 진정으로 깨닫지 않고서는, 그러한 것을 알 수 없다."

― 람타

나는 람타, 람이다. 내가 살았던 그 당시 고대어로 람은 '신'을 의미한다. 나는 힌두인들의 위대한 람이다. 왜냐하면 내가 여자와 남자의 육체적 결합에서 태어난 인간으로서는 처음으로 이 세상에서 초탈했기 때문이다. 나는 다른 사람들의 가르침을 통해서가 아니라 모든 만물에 존재하는 본질적인 신에 대한 깨달음을 통해서 초탈하는 법을 터득하였다. 또한 다른 사람들을 증오하고 경멸하고, 사람들을 죽이고 정복하고 지배하다가 깨달음에 이른 인간이었다.

나는 이 세상이 알게 된 최초의 정복자였다. 나는 63년 동안 이 세상을 정벌하였으며, 그 당시 알려진 전 세계의 4분의 3을 정복하였다. 하지만 나의 가장 위대한 승리는 바로 나 자신을 정복하는 것이었으며, 나 자신의 존재를 받아들이는 것이었다. 나를 사랑하고 모든 생명을 포용하는 법을 배우고 난 후, 나는 바람과 함께 영원으로 초탈하였다.

나는 인더스라 불리는 산의 동쪽에서 내 백성들이 보는 앞에서 초탈하였다. 내 백성들은, 2백만명이 넘었으며, 레무리아인, 이오니아인 — 훗날 마케도니아로 불리는 — 그리고 당신이 아틀란티스라고 부르는 땅인 아틀라시아에서 망명해온 종족들로 혼합되어 있었다. 지금의 인도와 티베트, 네팔 그리고 몽고 남쪽 사람들이 내 백성의 자손이다.

나는 이 지구 상에서, 당신들의 시간 개념으로 3만 5천년 전에 단 한 번의 생을 살았다. 나는 아틀라시아 남부에 있는 가장 큰 항구 도시인 오나이에 살았던 레무리아 출신의 불행한 피난민으로서, 무지와 절망 속에서 태어났다. 아틀라시아 대륙이 갈라지고 대홍수가 이 땅을 삼켜버리기 전, 최후의 일백 년이라는 기간에 나는 아틀라시아로 왔다.

그 당시 아틀라시아는 문명이, 특히 과학 분야가 아주 발달한 나라였다. 그들의 과학은 지금 현재 당신들의 과학 수준보다 훨씬 더 위대하였는데, 그들이 빛의 원리를 이해하고 사용했기 때문이다. 그들은 당신들이 레이저라고 부르는 것을 사용하여 빛을 순수한 에너지로 바꾸는 법을 알고 있었다. 심지어 빛으로 움직이는 우주선이 있었으며, 다른 행성계에 있는 존재들과 의사소통을 하여 또 다른 발전된 과학 문명도 받아들였다. 비록 그들의 우주선이 매우 원시적이기는 했지만, 그것들은 빠르게 움직이고 하늘에 뜰 수 있었다. 테크놀로지에 대한 그들의 지나친 관심은 그들로 하여금 지성을 숭배하게 만들어 결국 과학 기술이 그들의 종교가 되어버렸다.

반면 레무리아인들은 아틀라시아인들과는 매우 달랐다. 그들의 사회 체계는 생각을 통한 소통을 바탕으로 이루어졌다. 그들의 과학 문명은 크게 발전하지 못했고, 단지 영적으로만 아주 진보해 있었다. 나의 선조들은 보이지 않는 가치에 대해 깊이 이해하고 있었기 때문이다. 그들은 달 저편, 별 너머에 있는 것들을 숭배하고 존경하였다. 그들은 인지할 수 없는 본질을 사랑하였다. 그것은 그들이 미지의 신이라고 부르는 힘이었다. 레무리아인들이 오직 이 신만을 섬겼으므로, 아틀라시아인들은 레무리아인들을 경멸하였다. 그들은 진보적이지 않은 것들을 멸시하였기 때문이다.

내가 어린아이였을 때, 삶은 아주 고달프고 궁핍했다. 그 시기에 아틀라시아인들은 그들의 테크놀로지를 모두 잃게 되었다. 아틀라시아 북쪽에 있던 과학 센터가 파괴되었기 때문이었다. 아틀라시아인들이 빛으로 이동하는 실험을 하는 도중, 지금 금성을 둘러싸고 있는 것처럼 그 당시 지구를 두껍게 감싸고 있었던 구름 막을 뚫어버렸다. 그들이 구름 막을 뚫어버렸을 때, 엄청난 물이 쏟아져 얼기 시작하면서, 대부분의 레무리아 지방과 아틀라시아 북부 지방이 깊은 대양 밑으로 가라앉아버렸다. 그리하여 이 지방에 있던 사람들이 아틀라시아 남부로 모여들게 된 것이다.

북쪽의 테크놀로지를 잃게 되자, 남쪽의 삶은 점점 원시적으로 변하였다. 아틀라시아 전체가 완전히 물에 가라앉기 전 100년 동안, 아틀라시아의 최남단 지역은 폭군들의 지배하에 갈수록 황폐해져 갔다. 그들은 무지막지한 법으로 사람들을 통치했으며, 이러한 통치하에 레무리아인들은 세상의 오물로 간주되었고, 길거리의 개만도 못한 취급을 받았다.

사람들이 침을 뱉고, 오줌을 누어도, 자신의 눈물로밖에 씻을 수 없는 처지를 상상해보라. 거리의 개들이 당신보다 더 배불리 먹으며 굶주린 배를 채우기 위해서는 무엇이든지 해야 하는 그러한 삶을 상상해보라.

오나이 거리에서, 사람들이 침을 뱉고, 아이들이 얻어맞고 아녀자들이 폭행과 강간당하는 일은 예사였다. 아틀라시아인들이 굶주린 레무리아인들을 지나칠 때면 재스민과 장미향이 배인 손수건으로 자신들의 코를 가리곤 하였다. 왜냐하면 그들에게 우리는 냄새 나고 더러운 것들이었기 때문이다. 기체나 빛과 같은 것에 대한 과학적인 이해가 없었기 때문에 우리는 아무것도 아닌 것, 영혼도, 마음도 없는 지성의 낭비에 불과했던 것이다. 지적 소양이 없었기에, 우리는 농장에서 일하는 노예로 전락하였다.

그러한 때에 내가 이 세상에 태어났다. 그것이 내가 살았던 시대였다. 그 속에서 나에게 무슨 꿈이 있었겠는가? 지성의 오만함과 어리석음 속으로 한 인간이 태어났을 뿐이었다.

나의 아버지가 누구인지 모른다고 해서 내 어머니를 원망하지 않았다. 나와 형제들의 아버지가 다르다고 해서 그들을 미워하지 않았으며, 지독한 가난에 대해 내 어머니를 원망하지 않았다. 어릴 적에 어머니가 거리에 끌려가 강간당하는 것을 보았다. 그런 후, 어머니 뱃속에서 어린아이가 자라는 것을 지켜보았다. 그 아이의 아버지가 누구인지도 알았다. 내 어머니가 흐느껴 우는 것도 보았다. 우리가 고통 받았던 것처럼 또 다른 아이가 태어나 고통 받을 것이기 때문이었다.

어머니 혼자서 아이를 낳기에는 너무 허약했기 때문에, 누이가 태어날 때 내가 도와야만 했다. 나는 낮에는 길거리에서 구걸을 하고, 남의 개를 훔치거나 들새들을 잡았고, 밤에는 지주의 곡식을 훔쳤다. 내 발이 무척 빨랐던 덕분이었다. 그것으로 어머니의 굶주린 배를 채워, 어린 누이에게 젖을 먹일 수 있게 하였다.

갓난아이였던 여동생이 어머니의 마지막 남은 힘을 모두 빨아 어머니가 죽었다고 해서, 곧 죽을 동생을 원망하지 않았다. 여동생은 심한 설사에 걸려 더 이상 몸을 지탱할 수 없었으며, 결국 몸의 모든 생명을 잃어버렸다.

어머니와 여동생의 시체 위에 나무를 올려놓고 불을 지피기 위해 밤이 오기를 기다렸다. 나는 깊이 사랑했던 어머니와 여동생을 위해 기도 드렸다. 그리고 시체에서 나오는 악취가 아틀라시아인들을 거슬리게 할까봐 서둘러 장작에 불을 지폈다. 아틀라시아인들이 알면 그들의 몸이 사막에 내던져져 하이에나에게 뜯어 먹힐 것이기 때문이었다.

어머니와 여동생의 시체가 타는 것을 바라보며 내 안에서 아틀라시아인에 대한 증오가 독사의 맹독처럼 끓어올랐다. 나는 겨우 어린 소년이었다.

시체 타는 냄새와 연기가 산골짜기로 퍼져 나갈 때, 우리 민족이 믿었던 미지의 신에 대해서 생각하였다. 나는 이 위대한 신의 부당함도, 우리 민족을 그토록 싫어하는 괴물을 창조한 이유도 이해할 수 없었다. 나의 어머니와 여동생이 도대체 무엇을 했기에 이다지도 비참하게 죽어야 했는가?

나를 사랑하지 못하는 무능력한 미지의 신을 원망하지 않았다. 우리 민족을 사랑하지 않는 그를 원망하지 않았다. 나의 어머니와 누이가 죽었다고 그를 원망하지 않았다. 나는 그를 원망하지 않았다. 그를 증오했다.

나는 홀로 남았다. 남동생이 태수에게 잡혀 후에 페르시아라고 불리는 땅으로 끌려가 노예가 되었기 때문이다. 그곳에서 남동생은 태수의 만족을 위한 성 노리개로 학대받았다.

나는 비통함으로 가득 찬 뼈만 앙상하게 남은 14살짜리 어린 소년이었다. 그래서 나는 내 조상들이 섬기던 미지의 신과 사투를 벌이기로 작정하였다. 그것만이 유일하게 가치 있는 죽음이라고 느꼈다. 죽기로 작정하였다. 그러나 명예롭게 죽고 싶었다. 그리고 인간의 손에 죽는 것은 명예로운 죽음이 아니라고 느꼈다.

먼 지평선 너머 어렴풋이 보이는 거대하고 신비로운 산을 바라보았다. 신이 있다면, 그 산에 있을 것이라고 생각하였다. 이 땅을 지배하는 자들이 우리의 위에서 군림하는 것처럼, 모든 것의 지배자인 신이 그곳에 살고 있을 것이라고 생각하였다. 만일 그곳에 올라갈 수 있다면, 나는 생각했다, 미지의 신을 만날 수만 있다면 인간을 향한 그의 부당함에 대해 나의 증오를 선포하리라.

내가 살던 오두막집을 떠나 이 위대한 산에 다다르기 위해 메뚜기와 개미 그리고 풀뿌리로 허기진 배를 채우며 수 많은 날을 걸었다. 산에 도착한 후, 미지의 신과 싸우기 위해 구름을 뚫고, 흰 눈으로 뒤덮인 산꼭대기까지 올라갔다. 나는 그에게 소리쳤다. "나는 인간이다. 그런데 왜 나는 인간답게 살지 못하는가?" 그리고 그에게 얼굴을 보이라고 요구했지만, 그는 나를 무시하였다.

나는 땅에 주저앉아, 눈물이 하얗게 얼어버릴 때까지 목놓아 울었다. 고개를 드니 거대한 보검을 든 신비로운 여인이 내 앞에 있었다. 그녀는 말했다. "오, 람. 오, 람. 상처받은 영이여! 너의 기도를 들었다. 이 검을 가지고 너 자신을 정복하거라." 그리고 눈 깜짝할 사이에 그녀는 사라졌다.

나 자신을 정복하라고? 검이 너무 커서 두 손으로 그것을 잡아 내 목조차 칠 수 없었다. 그렇지만 나는 이 위대한 검에서 영예로움을 느꼈다. 나는 더 이상 추위에 떨지 않았고 오히려 따뜻함을 느꼈다. 내 눈물이 떨어진 곳을 다시 바라보니, 그곳에 참으로 향기롭고 아름다운 꽃이 피어 있었다. 나는 그것이 희망의 꽃임을 알았다.

그 위대한 검을 손에 들고 산에서 내려온 그날은 힌두인들의 역사에 람의 기적의 날로 기록되었다. 한 소년이 산에 올라갔으나, 남자가 되어 내려왔다. 내 몸은 더 이상 여리거나 약하지 않았으며, 모든 면에서 나는 람이었다. 나는 온몸에서 무섭게 광채가 나고 자신보다 더 큰 검을 든 어린 남자였다. 나는 가끔 검에 대해 아주 둔감하였는데, 아홉 개의 손으로 검의 자루를 잡아야 할 만큼 커다란 검을 들면서도, 그 경이로운 검이 왜 그렇게 가볍게 느껴지고 들 수 있었는지 깨닫지 못했기 때문이다.

나는 산에서 내려와 오나이 시로 돌아왔다. 시 외곽의 들판에 서서 햇볕을 손으로 가리고 나를 바라보는 나이 든 여인을 보았다. 곧 모든 사람들이 하던 일을 멈췄다. 수레도 멈췄다. 당나귀는 괴성을 질렀다. 잠시 후 모든 것이 조용해졌다. 사람들이 나를 보려고 달려왔을 때, 그들은 확신을 가졌던 것이 틀림없었다. 왜냐하면 모든 사람들이 자신이 들고 있던 볼품없는 농기구를 든 채 주저 없이 나를 따라 도시로 왔기 때문이다.

우리는 오나이시를 멸망시켰다. 아틀라시아인들에게 우리 민족을 먹일 수 있도록 곡물창고를 열라고 요구했을 때, 그들이 내 눈에 침을 뱉었기 때문이다. 그들은 공격에 대한 준비가 전혀 되어 있지 않아, 쉽게 무너졌다. 그들이 전투에 대해서 알지 못했기 때문이었다.

가엾은 우리 민족을 위해 곡물 창고를 열고, 우리는 오나이시를 남김없이 불태워버렸다. 내가 그렇게 할 수 없을 것이라는 생각은 전혀 들지 않았다. 그 순간에는 죽고 사는 것에 대해 관심이 전혀 없었기 때문이었다. 살아야 할 이유가 전혀 없었다.

살육과 방화가 끝났지만, 내 마음속엔 여전히 깊은 상처가 남아 있었다. 내 안에 있던 증오가 치유되지 않았기 때문이었다. 사람들을 피해 언덕으로 도망갔지만, 그들은 내가 아무리 욕하고 돌을 던지고 침을 뱉어도 나를 따라왔다.

"람, 람, 람, 람." 그들은 내 이름을 부르며, 농기구를 들고 곡식을 짊어지고, 양과 염소를 앞세운 채 나를 쫓아 왔다. 나를 내버려두고 집으로 돌아가라고 사람들에게 소리쳤다. 그러나 그들은 계속해서 나를 쫓아왔다. 이미 그들에게 돌아갈 집이란 더 이상 없었기 때문이었다. 내가 그들의 집이었다.

내가 어디를 가건 그들은 나를 따르려 했기에, 종교가 서로 다른 이 혼 없는 무리를 한데 모을 수 있었다. 그들은 내 군대, 내 백성이 되었다. 그리고 그들은 진정 훌륭한 백성이었다. 하지만 군인으로서는 어떠했을까? 군인이라고 부르기조차 민망하였다. 그러나 그때부터 람의 위대한 군대가 서서히 형성되기 시작하였다. 곧 군인들의 숫자는 거의 만 명에 이르렀다.

그때부터 나는 폭정을 일삼는 독재자들을 무너트리는, 야만인이 되었다. 나는 인간을 증오하였고, 죽을 각오로 그들과 싸웠다. 백성들은 죽음을 두려워했지만 나에게는 그러한 두려움이 없었다. 그저 명예롭게 죽고 싶었다. 나는 결코 두려움을 몰랐다. 오로지 내겐 증오만 있었다.

전쟁터에서 사람들을 이끌고 선두에 홀로 섰을 때, 주위에 아무도 없다면, 당신은 미쳐버릴 것이다. 이러한 일은 증오라는 강력한 원동력으로 가득 찬 사람만이 할 수 있다. 결국 나는 고귀한 적에게 잘려 넘어져 구경거리가 되었을 것이다. 만일 그들이 나에게 그러한 명예를 베풀어 준다면 말이다. 그래서 나의 마지막을 장식할 만한 가장 훌륭한 적을 찾아다녔다. 하지만, 알다시피, 두려움이 없다면, 단지 정복만 있을 뿐이다. 이렇게 하여 나는 위대한 정복자가 되었다. 내가 태어나기 이전에 이 같은 정복자는 없었으며, 그저 폭군들만 있었다.

나는 전쟁을 일으켰다. 나는 이 세상에 알려진 첫 번째 정복자였다. 그때까지 오만한 아틀라시아인을 상대로 전쟁을 일으킨 무리는 아무도 없었다. 아무도. 내가 전쟁을 일으킨 것이다. 나의 분노와 증오 그리고 내가 느꼈던 숭고하고 명예로운 존재가 되고자 하는 욕망은, 나를 위대한 존재가 되게 하였다. 영웅이 무엇인지 알고 있는가? 나는 진정한 영웅이었다. 영웅이란 생명을 구하고 삶의 잘못된 것들을 없애기도 하지만, 그렇게 함으로써, 그 역시 잘못을 저지르고 있다는 것을 깨닫지 못하는 사람이다. 나는 이 세상의 모든 폭군들을 없애기 원해 그렇게 하였으나, 결국 나 자신을 내가 그토록 경멸했던 폭군이 되게 했을 뿐이었다.

그때부터 나는 폭군들을 쓰러뜨리기 위해 전력을 다했고 그럴수록 내 피부색은 더욱더 추앙받게 되었다. 우리가 계속 전진하며 점령하고 전투를 치를 때마다 — 우리는 대륙을 건너며 도처에서 많은 사람들을 자유롭게 하였다 — 내 군대는 차츰 더 커졌고, 람과 그의 군대는 위대한 전설이 되었다.

나는 야만적이고, 어리석었으며, 우스꽝스럽고, 사람들이 다 아는 무지한 존재였다. 그리고 십 년간의 원정에서, 내가 큰 검에 찔려 중상을 입을 때까지 나는 무고한 사람들에게 전쟁을 일으키고 그들의 목을 베고 방화를 하였다. 그 때 그들이 내 몸에서 칼을 빼지 않았다면, 나는 그렇게 심한 중상을 입지 않았을 것이다. 하지만 그들은 내가 피를 흘리며 죽는 것을 확인하기 위해 내 몸에서 칼을 빼냈다. 나는 내 존재로부터 붉디붉은 생명의 강이 흘러나와 완벽해 보이는 순백의 대리석 바닥으로, 그 틈새로 고여 들어가는 것을 바라볼 뿐이었다.

내가 차가운, 대리석 바닥에 쓰러져, 내 존재로부터 뿜어져 나오는 피를 보고 있을 때, 목소리가 들려왔다. 그것은 나를 향한 목소리였으며, 내게 말했다, "일어나라." 나에게 말했다, "일어나라."

나는 머리를 끌어올리고 손바닥을 앞으로 내밀었다. 그런 후 내 존재의 무릎을 끌어당기기 시작하였다. 머리를 똑바로 세우기 위해 얼굴을 들면서, 왼쪽 발을 끌어 올려 고정시켰다. 그리고 나서 온 힘을 다해, 손을 무릎에 대고, 상처를 주먹으로 막으며, 나는 일어섰다.

내가 거기에서 일어서자 — 입에서 피가 뿜어져, 손가락 사이로 넘쳐 나와, 다리를 타고 흘러내린 채 — 나를 찌른 자는, 내가 불사신이라 생각하여, 달아났다. 나의 군사들이 그 도시를 점령하고 그 땅을 모두 불태웠다.

나를 일으켜 세우고, 죽음에서 구한 그 목소리를 절대로 잊을 수가 없었다. 그 후 몇 년 동안 그 목소리의 주인공을 찾으려고 하였다.

원정 중 치료를 위해 나는 아녀자들의 간호를 받게 되었다. 독수리 기름으로 만든 끈적끈적한 습포를 가슴에 붙인 채 그 역겨운 냄새를 견뎌야만 했다. 아녀자들의 보호를 받는 동안 그들의 명령을 들어야 했고 그들 앞에서 옷이 벗겨지는 수모를 겪어야 했다. 나 혼자서는 대소변도 가릴 수 없어 그들 앞에서 처리해야 하는 일이, 나에게는 가장 치욕스러운 일이었다. 나는 지금까지도 독수리 기름이 나를 치료한 것이 아니라 숨 쉴 때마다 풍기던 그 역겨운 냄새가, 나의 생명을 지탱해주었다고 생각한다. 치료받는 동안, 나의 자존심과 증오심의 대부분은 살아야겠다는 생각으로 점점 희미해졌다.

끔찍한 상처를 회복하기 위해 아무것도 할 수 없는 동안, 나는 내 주위에 있는 모든 것들을 숙고하기 시작하였다. 어느 날 늙은 여인이 오래 전에 죽은 아들을 위해 만들었던 투박하게 짜여진 천을 움켜진 채, 숨을 거두는 모습을 보았다. 한낮의 햇빛 아래, 가뿐 숨을 몰아쉬며 흐느끼는 그녀의 몸에서 서서히 생명이 빠져나가는 것을 바라보았다. 늙은 여인이 햇빛 아래 시들어 가며 겁에 질린 듯 입이 벌어지고 두 눈이 게슴츠레해지는 것을 바라보았다. 잔잔한 바람에 휘날리는 그녀의 머리카락 외에는, 아무것도 움직이지 않았다.

나는 그녀와 죽은 그녀의 아들에 대해서 생각하였다. 그리고 그들의 위대한 지성에 대해 생각하였다. 그런 후 결코 사라지지 않는, 태양을 돌이켜 생각해 보았다. 그것은 늙은 여인이 이 세상에 태어나 오두막 지붕 틈새에서 처음으로 보았던 태양이었으며, 죽을 때 마지막으로 보았던 그 태양과 같은 것이었다.

태양을 다시 올려다보았다. 태양은 그녀의 죽음에 전혀 아랑곳하지 않았다. 사람들이 그녀를 강가에 있는 큰 미루나무 밑에 묻을 때 태양을 바라보았다.

그날 저녁 해질 무렵, 나는 태양을 저주하였다. 불타는 보석, 붉은 눈동자처럼 산을 뒤덮은 태양을 바라보았다. 이미 안개 속에 묻힌, 자줏빛 산과 계곡, 그리고 태양의 빛줄기와 그것들이 만들어 낸 환상적인 아름다움을 바라보았다. 한 때는 창백한 푸른빛이었던 구름이, 선홍빛으로, 붉은 장미빛으로, 그리고 핑크빛으로 변하며 생생하게 살아나는 것을 바라보았다.

위대한 빛이 산 뒤로 물러났다, 날카로운 이처럼 불쑥 나타나, 산 끝으로 사라질 때까지 아름다운 마지막 빛 줄기를 계속해서 바라보았다. 내 위에서 밤 새 한 마리가 울었고, 나는 어두운 하늘을 배경으로 차오르는 으스름한 달을 보기 위해 하늘을 우두커니 쳐다 보았다. 잔잔한 바람이 다가와 내 머리카락을 날리고 나의 눈물을 닦아주었다. 그것은 나를 가슴 아프게 하였다.

알다시피, 나는 위대한 전사였다. 검을 써서 순식간에 사람을 두 동강 낼 수 있었다. 나는 사람들의 목을 베고, 사지를 자르고, 그리고 난도질하였다. 나는 피 냄새를 맡았으며 사람들을 불태웠다. 하지만 내가 왜 이 모든 것들을 했을까? 그럼에도 태양은 장엄하게 저물었다. 그럼에도 새들은 밤에 울었다. 그리고 달은 이 모든 것에도 아랑곳하지 않고 떠올랐다.

이때부터 나는 미지의 신에 대해 생각하였다. 내가 진정으로 원했던 유일한 것은, 매우 경탄할만하고, 매우 신비로워 보이며, 그리고 매우 멀리 떨어져 있는 듯한 미지의 신을 이해하는 것이었다. 인간이 무엇이던가? 대체 그는 무엇인가? 어째서 인간은 태양보다 더 위대하지 못하단 말인가? 그 늙은 여인은 왜 살 수 없었는가? 인간은 왜 ― 지상은 온통 사람들로 가득 차 있고, 창조하는 힘, 통합하는 힘이 있음에도 ― 모든 창조물 가운데 가장 약하단 말인가? 인간이 그렇게 중요하다면, 우리 민족이 나에게 말했던 것처럼, 인간이 그렇게도 중요하다면 어찌하여 그가 죽을 때, 태양이 가던 길을 멈추어 애통해하거나, 달이 자주 빛으로 변하거나, 혹은 새들이 나는 것을 멈추지 않는 것인가? 인간이 처한 위험에도 불구하고 이 모든 것들은 지속 되었기에 인간은 너무도 하찮게, 보였다.

그것만이 내가 알고 싶어했던 모든 것이었다.

나에게 미지의 신을 가르칠 스승은 없었다. 내가 어느 누구도 믿지 않았기 때문이었다. 인간의 사악함과 왜곡된 생각을 통해서 너무나 많은 것을 보았고 잃었다. 인간이 인간을 멸시하고 혼이 없는 존재로 대하는 것을 보았다. 무고한 사람들이 약탈당하고 두려움 때문에 불에 타 죽는 것을 보았다. 나는 노예 시장에서, 벌거벗은 아이들이, 변태 성욕자들에 의해 검사당하고 사춘기 아이들을 강간할 때 어린애처럼 보이도록 사타구니에서 털을 뽑는 것도 보았다. 성직자나 예언자들이, 인간에 대한 그들의 증오로 인해, 지독한 고문도구와 추악한 것을 만들어 종교적인 교리를 통해 사람들을 지배하고 노예화하는 것도 보았다.

살아있는 사람 중에 내가 스승으로 삼고 싶은 사람은 아무도 없었다. 모든 사람들이 변형된 생각을 가지고 있고, 참으로 순수하고 순진한 것을 자신들의 제한된 이해력으로 왜곡시켜버렸기 때문이다. 그래서 인간의 이해를 통해 창조된 어떠한 신과도 관계 맺고 싶지 않았다. 만일 인간이 신을 창조했다면, 그 신은 잘못 되었기 때문이다.

생명의 요소들, 모든 것의 가장 진실된 스승들이, 나에게 미지의 신을 가르쳤다. 나는 낮으로부터 배웠다. 나는 밤으로부터 배웠다. 나는 전쟁과 파괴의 한가운데에서조차 풍성하게 피어나는 약하고, 보잘것없어 보이는 생명으로부터 배웠다.

지평선 너머로 찬란하게 떠오르는 태양에 대해서 숙고하였다. 태양이 하늘 위에 떠 있다가, 서쪽 하늘로 사라져 잠에 빠져드는 것을 바라보았다. 태양은, 말없이도, 미묘하게 생명을 통제한다는 것을 배웠다. 용감하고 맹렬하게 싸우던 사람들도 해가 지면 전쟁을 멈추기 때문이었다.

신비하고 경이롭게 어둠을 밝히며, 춤추듯 하늘을 가로지르는 창백한 달빛의 아름다움을 바라보았다. 우리의 군영지에서 나온 불길이 어떻게 저녁 하늘을 빛나게 하는지 보았다. 물새가 물 위로 내려앉는 소리, 새들이 둥지에서 바스락거리는 소리, 그리고 아이들과 그들의 웃음소리를 들었다. 떨어지는 유성, 나이팅게일, 서리 내린 갈대, 그리고 얼어붙은 호수가 은빛이 되어 또 다른 세상의 환상이 만들어지는 것을 관찰하였다. 바람이 불어 올리브 나무의 잎사귀가 에메랄드 빛에서 은빛으로 바뀌는 것도 보았다.

여인들이 강에서 항아리로 물 긷는 모습, 옷을 묶어 드러낸 그들의 하얗고 매끈한 무릎을 보았다. 여인들의 수다와 장난스러운 웃음소리를 들었다. 먼 곳에서 불타는 연기 냄새와 내 군사들의 숨에서 풍겨 나오는 마늘과 와인 냄새를 맡았다.

내가 생명에 대해서 그리고 생명의 영원함에 대해서 관찰하기 전까지 나는 미지의 신이 진정으로 누구인지 발견하지 못했다. 미지의 신은 인간의 왜곡된 생각으로 만들어진 것이 아니라고 추론했다. 인간의 마음속에 있는 신은 인간이 가장 두려워하거나 존경하는 것들에 의해서 만들어졌다는 것을 알았다. 진정한 신은 인간이 어떠한 선택을 하건, 자신의 환영을 만들고 연출할 수 있도록 허용하는 지속적인 근원이며, 또 다른 봄, 또 다른 생으로 돌아왔을 때에도 여전히 그곳에 존재한다. 미지의 신은 진정으로 모든 생명력과 지속성 가운데 존재한다는 것을 깨달았다.

미지의 신이 누구였던가? 그것은 나였고, 깊은 밤 둥지에 있는 새였고, 갈대에 맺힌 서리, 새벽, 그리고 저녁 하늘이었다. 그것은 태양과 달이었으며, 아이들과 그들의 웃음소리, 하얗고 매끈한 무릎과 흐르는 물, 마늘과 가죽 그리고 청동의 냄새였다. 그것들은 항상 내 앞에 있었지만 이해하기 까지 오랜 세월이 걸렸다. 미지의 신은 달이나 태양 저 너머에 있는 것이 아니었다. 그것은 내 주위에 있는 모든 것들이었다. 이 새로운 고찰로 인하여, 나는 삶을 포용하고, 모든 것들을 귀하게 여기며, 그리고 살아가는 이유를 발견하기 시작했다. 전쟁으로 인해 흘리는 피와 죽음의 악취보다 더 나은 것이 있었다. 우리가 인지했던 것보다 훨씬 더 위대한, 생명이 있었다.

이러한 자각이 시간이 지남에 따라 깊어지자 만물 중에서 인간이 가장 위대하다는 것을 이해할 수 있었다. 인간이 죽어도, 태양이 계속 빛나는 유일한 이유는, 태양은 죽음에 대해서 전혀 생각하지 않기 때문이라는 것도 알게 되었다. 태양은 존재하는 것만을 알 뿐이다.

깊은 숙고를 통해 미지의 신이 누구이며 무엇인지 자각했을 때, 나는 늙은 여인이 죽은 것처럼, 시들거나 죽기를 원치 않았다. 나는 생각하였다, 태양처럼 영원히 존재할 수 있는 방법이, 분명 있으리라.

극심한 몸의 상처가 거의 나은 후에도, 할 일이 없어 고원에 앉아 나의 군인들이 점점 비대해지고 나태해지는 모습을 지켜봐야 했다. 어느 날 지평선을 바라보고 있을 때 그림자 같은 산과 미지의 계곡이 어슴푸레하게 윤곽을 드러내는 것을 보면서, 생명의 요소인, 미지의 신이 된다면 어떨까라는 생각이 들었다. 어떻게 하면 이 영원한 본질의 일부가 될 수 있을까?

바로 그때 바람이 불어와 나를 조롱하고 모욕을 주었지만 나는 속수무책이었다. 바람이 나의 망토, 제왕에게 걸맞은 긴 망토를 날려, 내 머리를 뒤집어 씌우자, 참으로 당혹스러웠다. 이것은 정복자에 대한 그다지 고상한 예우가 아니었다. 그런 후 바람은 내 옆에서 붉은 모래 기둥을 만들기 시작해 하늘 저 높이까지 올라가 버렸다. 내가 바람에 대해 전혀 신경 쓰지 않고 있을 때, 바람은 멈추더니, 모든 먼지를 내 위로 쏟아져 내리게 하였다.

바람은 계속 윙윙 소리를 내며 협곡 아래로 내려가, 흘러가는 강물을 스쳐, 풍성한 올리브 과수원 사이를 지나며, 에메랄드 빛 잎사귀를 은빛으로 뒤집어 놓았다. 그리고는 처녀의 치맛자락을 허리춤까지 올리더니, 키득거리며 가버렸다. 그런 후 바람은 어린아이가 쓰고 있던 모자를 날려버렸고 아이는 신나게 웃으며, 모자를 쫓아갔다.

나는 바람에게 돌아오라고 명령했으나, 바람은 계곡에서 그저 재미있다는 듯이 크게 웃고만 있었다. 하도 고함을 질러 얼굴이 퍼렇게 되어, 땅에 털썩 주저앉으니 그때서야 바람이 불어와 내 얼굴을 부드럽게 어루만졌다. 그것은 자유였다.

나의 이상으로 삼을 수 있는 사람은 하나도 없었지만, 바람 그 자체의 모습을 보면서 바람이야말로 내가 되고자 하는 가장 좋은 이상으로 보였다. 당신은 바람을 볼 수 없지만, 막상 무섭게 불어 닥치면, 꼼짝없이 당하고 만다. 당신이 아무리 위엄 있고 강하다 해도, 바람과 싸울 수는 없다. 당신이 바람에게 무엇을 할 수 있겠는가? 날이 넓은 칼로 바람을 가르겠는가? 도끼로 치겠는가? 침을 뱉을 것인가? 그러면 바람은 당신 얼굴에 그대로 되돌려줄 뿐이다.

나는 생각했다. 인간의 제한된 본성에 결코 사로잡히지 않고 언제나 모든 곳에 있을 수 있고, 인간과는 달리 결코 죽지 않는, 이러한 힘이, 이러한 자유로운 움직임이 주어진다면, 인간은 무엇이 될 수 있을까?

나에게 바람은 궁극적인 본질이었다. 바람은 영원하고, 자유롭게 움직이며, 모든 것에 스며들기 때문이다. 바람은 마술적이며, 탐구적이며, 모험적이며, 그리고 진정으로 생명의 본질인 신과 가장 가깝다. 바람은 결코 인간을 판단하지 않는다. 바람은 결코 인간을 저버리지 않는다. 바람, 만일 당신이 바람을 부르면, 사랑으로 다가올 것이다. 이상은 그런 것이어야만 한다.

그래서 나는 바람이 되기를 원했다. 그리고 나는 바람에 대하여 여러 해를 보내며 숙고하였다. 그것이 나의 이상이 되었다. 그것만이 내가 되고 싶은 것이었다. 나의 모든 생각은 오직 바람이 되고자 하는 것이었다. 모든 생각을 바람이 되는 것에 열중했다. 나는 바람을 숙고하며 손에 잡히지 않고 가벼우며 뚜렷한 윤곽이 없는 바람에 나를 일치시켰다. 내가 바람에 대해 숙고할수록, 내 안에서는 그것이 되고자 하는 열망이 깊어져 갔고, 나는 점점 바람이 되었다.

처음으로 그 일이 일어난 것은 부상을 입은 지 6년이 지나서였다. 매일 밤 나는 외딴 고원에 앉아, 부드럽고 창백하게 빛나는 달을 응시하며 바람에 대해 숙고하였다. 그러던 어느 날, 놀랍게도, 바람처럼 하늘 높이 떠 있는 나 자신을 발견했고 아래를 내려다보았을 때 내가 누구였는지 몰랐다.

순간 내가 고원 위의 작은 점처럼 보이는 몸과 멀리 떨어져 있다는 것을 알아차렸다. 몸을 내려다보았을 때, 검에 찔린 이래 처음으로 두려움을 느꼈다. 나를 내 육신으로 돌아오게 한 것은 두려움이었다.

내가 내 육신의 굴레를 떠나 다른 곳에 있었다는 것을 알아차리고 식은땀을 흘리며 눈을 떴다. 나는 천국에 있었다. 왜냐하면 바람이 되었던 것이 확실했기 때문이다. 나는 땅에 넙죽 엎드려 신, 절대 근원, 힘, 원인, 바람인 신을 찬양하였다. 내가 바람이 가지고 있는 우아함과 아름다움 그리고 풍요로운 생명이 되었던 그 황홀했던 순간을 절대로 잊을 수가 없었다. 나를 바람이 되게 한 것은 되고자 하는 비전을 생각 속에 선명하게 유지하며, 내 이상이 되고자 하는 확고한 결심 때문이라고 추론했다.

다음 날 밤 외딴 곳에 있는 나만의 장소로 가, 넘치는 기쁨으로 바람에 대해 숙고하였지만, 아무 일도 일어나지 않았다. 다시 시도하고 시도하고 또 시도하였다. 내가 했던 경험이 단지 나의 상상이 아니라는 것을 알았다. 그때 나는 다른 조망을 보았었다. 나는 비둘기나 매처럼 하늘 높이 떠 있었으며 내 아래 있었던 초라한 나 자신을 보았었다.

나는 아무것도 원하지 않았으며, 그 자유가 되고자 하는 생각 외에는 아무것도 — 아무것도 — 바라지 않았다. 그러나 아무리 발버둥치고, 흥건하게 땀을 흘리고, 욕설을 퍼부어도, 어느 곳에도 가지지 않았다. 나는 그 자리 — 이전보다 훨씬 더 무거워져 — 에 있었다. 왜냐하면 나는 내가 얼마나 무거운지, 점점 더 자각하게 되었기 때문이다. 그러나 한 번도 나의 이상을 놓치지 않았으며, 내가 처음으로 초라한 내 몸을 바라보았던 그 순간의 느낌을 결코 잊을 수가 없었다.

시간이 한참 흘러 내가 다시 바람이 된 것은, 처음 그 일이 일어난 지, 당신들의 시간으로 거의 2년이 지난 후였다. 이번에는 바람에 대해서 숙고할 때가 아니라 편한 잠을 자려고 할 때 일어났다. 나는 절대 근원, 태양, 생명, 황토색 흙먼지, 달, 별, 달콤한 재스민 향기를 찬양하였다. 나는 그 모든 것들을 찬양하였다. 그리고 눈을 감기 전, 다시 한번 바람처럼 하늘 위에 있었다.

내 몸을 떠날 수 있는 능력을 완전히 터득한 후, 마음대로 여기저기 다닐 수 있기까지는 오랜 시간이 걸렸다. 그러던 어느 날 부하 한 명이 아주 위험한 상황에 처하게 되었다. 한쪽 발이 말 안장에 낀 채로 말에서 떨어진 것이다. 내 생각이 그에게 미치는 순간, 나는 그와 함께 있었고, 그의 발을 빼주었다. 내가 그의 앞에 서서 조심하라고 당부했지만, 그는 나를 꿈이라고 생각하였다.

나는 오랫동안 생각으로 여러 왕국을 여행하고 다른 존재들을 만났다. 미래에 태어날 문명을 방문하고 아직은 보이지 않는 생명체들을 만났다. 순식간에 여행하는 법을 배웠다. 생각이 어디에 있든지, 그 생각의 주체도 그곳에 있다는 것을 배웠기 때문이었다. 그 후 나는 적들을 어떻게 정복했을까? 나는 공포의 대상이었다. 적들 보다 한 수 앞선 생각으로 그들의 허를 찔렀기 때문이다. 나는 더 이상 다른 나라를 공격하지 않았다. 그들 스스로 무너지게 만들었다.

몇 년이 지나면서 ─ 내 이상이 되겠다는 생각이 내 육신에 있는 모든 세포들의 생명력이 되었다 ─ 내 혼은 서서히 모든 세포구조의 프로그램을 바꾸어, 세포 안의 진동율을 높였다. 나의 욕구는 그렇게 강렬했다. 내 삶이 마음의 평화를 이룰수록, 내가 점점 가벼워지고 더 가벼워질 때까지, 감정을 통해 나의 몸 전체가 재배열 되었다. 사람들은 나를 보고 말했다. "아… 마스터의 주위에서 광채가 난다." 내 몸이 더 빠르게 진동하여, 물질의 속도에서 빛의 속도로 바뀌고 있었기 때문이었다. 그것은 바로 내 존재로부터 퍼져 나오는 빛이었다.

나의 몸은 갈수록 달빛 아래 희미해져 갔다. 그러던 어느 날 밤 나는 달빛이 되어버렸다. 더 이상 나는 생각으로만 여행하지 않았다. 몸의 진동을 빛으로 올려 육신 전체를 함께 가져간 것이다. 나는 무척 기쁘고 유쾌하였다. 한번도 들어본 적 없는 일을 했기 때문이었다. 그럼에도 나는 다시 돌아왔는데, 그것은 단지 내가 다시 해낼 수 있을지 보기 위해서였다. 그리고 나는 다시 하였고, 다시 그리고 또다시 하였으며, 마지막 승천 전까지 63번이나 하였다. 이것은 당신이 숨 쉬는 것처럼, 나에게 자연스러운 일이 되었다.

바람이 되어서야, 그 동안 내가 얼마나 제한적인 삶을 살았는지 그리고 자연의 요소들이 얼마나 자유로운지 깨달았다. 바람이 되어서야, 어떠한 형체도 없는, 맥동하는 빛, 나뉘어질 수 없는 보이지 않는 힘이 되었다. 그러한 상태로, 나는 크고 작은 계곡과 골짜기 그리고 협곡, 산과 바다 그리고 땅속을 자유롭게 다녔고, 어느 누구도 나를 볼 수 없었다. 바람처럼, 나도 에메랄드빛 올리브 잎사귀를 은빛으로 뒤집을 수 있는, 흔들리지 않는 나무를 움직일 수 있는, 아이의 허파 속으로, 연인의 입속으로, 그리고 다시 구름으로 돌아와 그것들을 밀칠 수 있는 힘을 가지게 되었다. 바람이 되었을 때, 나는 어떤 것에도 길들여지지 않는 가장 강력한 움직이는 힘이 되었다. 무게도 없고, 측정할 수도 없으며 시간에 구애받지 않는 자연 그대로의 자유로운 움직임이 되었다.

바람이 되어서야, 자신이 누구인지 모르는 무지한 인간이 얼마나 왜소하고 무력한지, 자신의 지식을 확장한다면 얼마나 위대해질 수 있는지 깨달았다. 인간이 무엇이건 충분히 숙고한다면, 단지 욕구에 의해서 원하는 것이 될 수 있다는 것을 배웠다. 자신이 비천하고, 혼이 없고, 약한 존재라고 자신에게 오랫동안 말한다면, 그는 그것을 믿게 되고 그것이 될 것이다. 만약 그가 자신을 바람의 제왕이라고 부른다면, 내가 바람의 제왕이 되었듯 그도 바람의 제왕이 될 것이다. 그리고 자신을 신이라고 부른다면, 그는 신이 될 것이다.

이러한 것들을 모두 배운 후, 나의 사랑하는 형제들에게 모든 생명의 근원인, 미지의 신에 대해서 가르치기 시작하였다. 내가 노인이 되었을 때, 나라는 존재가 이루고자 했던 모든 것들을 이룬 날이 왔다. 인더스 강을 건너 인더스라고 하는 산에 도착하여, 내 백성들과 120일 동안 함께 지내며 많은 이야기를 나누었다. 이러한 이해들은 모두 사실이며, 그들을 신성한 곳으로 인도하는 근원은 나도 혹은 다른 누구도 아닌 우리 모두를 창조한 신이라는 것을 강조하였다. 그들이 믿도록 하기 위해 ― 그리고 그들이 놀라도록 ― 매우 멋지게 나 자신을 그들 위로 올렸다. 여자들은 겁에 질려 비명을 질렀다. 남자들은 너무 놀라 손에 들고 있던 무기를 떨어트렸다. 나는 그들에게 작별을 고하며 내가 배웠던 것처럼 그들도 배워, 내가 되었던 것처럼 그들의 방식으로 되라고 강조하였다.

인간보다 더 강력한 요소 ― 인간보다 더 지성적임을 발견했고, 인간과는 전혀 상관없이 평화롭게 공존하는 ― 들을 이해하는 법을 배우면서 미지의 신을 발견하였다.

만약 당신이 인간에게, "무엇을 보아야 하는가? 무엇을 믿어야 하는가? 어떻게 살아야 하는가?"라고 묻는다면, 만일 그렇게 한다면, 당신은 죽을 것이다. 그것은 하나의 진실이다. 가서 바람에게 물어라. "나에게 지식을 달라, 바람이여. 나를 열어 알게 하라," 그러면 바람은 올리브를 은빛으로 바꿀 것이며 당신을 계곡으로 데려가 당신과 함께 호탕하게 웃을 것이다.

아주 운 좋게도 나는 생명의 요소들로부터 많은 것을 배울 수 있었다. 태양은 한 번도 나를 저주하지 않았고 달은 한 번도 나에게 이래라저래라 강요하지 않았다. 그들은 한 번도 나에게 실패를 보여주지 않았다. 서리와 이슬, 풀 냄새, 벌레들의 움직임, 밤 새의 울음소리, 이 모든 것들은 단순하지만 항상 변하지 않는 것들이었다. 그리고 그들이 지닌 단순성과 일관성의 훌륭한 점은, 나에게 아무것도 요구하지 않았다는 것이다. 태양은 나를 내려다보며, "람타, 나를 알고자 하면 나를 섬겨야 한다."라고 하지 않았다. 달은 나를 내려다보며, "람타, 깨어나라. 나의 아름다움을 찬미할 때다."라고 말하지 않았다. 내가 바라보면 그들은 언제나 그곳에 있었다.

변하지 않는 것들로부터, 판단하지 않는 것을 배웠으며, 그러한 것은 인간이 마음만 먹으면 쉽게 이해할 수 있었다. 덕분에 나는 위선, 교리, 미신적인 믿음으로 가득 찬 인간의 변형된 생각에, 그리고 비위를 맞추어야만 하는 다면적인 신에 좌우되지 않았다. 이것이 대부분의 사람들이 아직 이해하지 못하는 것을 이 지상에서 한 번의 삶으로 쉽게 배울 수 있었던 이유다. 사람들은 다른 사람의 이해로 신을 찾으려 하기 때문이다. 그들은 국가의 법에서, 교회의 계율에서, 누가 왜 썼는지 모르는 역사에서 신을 찾으려 한다. 수많은 생을 통해서 이미 실패라고 입증된 것을 인간은 자기의 믿음, 자기의 이해, 자기의 사고방식 그리고 자기 삶의 기준으로 삼고 있다. 인간은 여전히, 자신의 왜곡된 생각에 걸려 넘어지고, 자신의 오만함에 빠져, 확고한 위선을 멈추지 않고 오직 죽음을 향해 나아간다.

초탈한 후에야 내가 알고 싶었던 모든 것들을 알았다. 왜냐하면 피와 살의 걸쭉한 밀도에서 벗어나 생각의 유연함을 가질 수 있었고, 그렇게 함으로써, 나는 어떤 것에도 구속당하지 않았기 때문이었다. 그제서야 나는 진정으로 인간이, 그의 본질이, 신이라는 것을 알았다. 초탈하기 전에는 혼이라는 것이 있는 지도 몰랐고, 육신을 가지고 초탈하는 방법도 알지 못했다. 오직 내가 행했던 모든 것들과 평화를 이루고 삶과 더불어 평화로운 것만을 알았다. 나는 더 이상 전쟁을 걱정하는 무식한 야만인이 아니었다. 나는 더 이상 노심초사하고 과로로 지친 사람이 아니었다. 날이면 날마다 밤이면 밤마다 삶과 천국에서 보았던 경이로움을 받아들였다. 그것이 나의 삶이었다.

나를 위대하고 장엄한 것에 견주었을 때 나 자신을 사랑하는 법을 배웠다. 내가 이해한 모든 것을 붙잡고 그것에 집중했을 때 내 삶은 완전해졌다. 바로 그때 평화가 찾아왔다. 바로 그때 좀 더 많은 것을 알기 시작하였다. 바로 그때 나는 미지의 신과 하나가 되었다.

나는 바람이 된 것이 아니라 바람이 나에게 보여준 이상이 된 것이다. 나는 이제 바람의 주인이다. 나는 자유롭고 어디에나 존재하며 모든 생명과 하나가 되는 보이지 않는 근본 원리이기 때문이다. 바로 이 근본 원리가 되었을 때 나는 미지의 신 그리고 존재하는 모든 것 — 그리고 존재하지 않는 모든 것 — 을 이해할 수 있었다. 이것이 내가 알고자 했던 것이기 때문이다. 나는 더 장엄한 이해로 확장해 가도록 허용하는 내 안의 답을 찾았다.

나는 정복자 람이었다. 나는 이제 람이자 신이다. 나는 가장 단순하나 심오한 것들을 통해 신이 된 야만인이었다. 내가 당신에게 가르치는 것은 내가 배웠던 것이다.

제 3 장
당신들이 내 백성이었을 때

"초탈이란 무엇인가? 나의 모든 것을 가지고 바람처럼 영원으로 가는 것이다. 만약 내가 다른 사람의 말을 들었다면, 존재여, 그 생에서 나는 죽었을 것이다. 여기에 있는 모든 사람들은 죽는다. 그들은 죽을 것이라고 알고 있고, 여기에 있는 모든 사람들은 다른 사람들의 견해에 따라 살기 때문이다. 얼마나 바보 같은 일인가? 나 자신을 위대하고 장엄한 것과 견줌으로써, 나는 나 자신을 사랑하는 법을 배웠다. 사람이 어떤 존재가 되는 것에 대해 숙고하면, 그는 곧 그것이 된다. 왜냐하면 그는 인간의 얼굴 뒤에 가려져 있는 신이기 때문이다."

— 람타

오래 전 당신들 중 많은 이들이 내 백성이었을 때, 우리들은 광활한 대륙을 함께 횡단하면서 악명 높은 폭군들을 무찔렀다. 모든 격렬한 전투 ― 긴 원정, 낯선 나라, 목숨을 위협하는 파도와 맹렬한 폭풍우 ― 를 거치면서 당신들 모두는 자유라는 보상을 얻었다. 그것은 오로지 극심한 두려움을 극복하고 살아남아 새로운 고향에 정착하였기 때문에 얻은 기나긴 원정 끝의 자유였다. 당신들은 참으로 두려움이 없고, 용감무쌍했지만, 새로운 고향에 도착했을 때, 너무나 지쳐 있었기에, 그곳에서 땅에 씨를 뿌려, 양식을 거두고, 아이와 가축을 기르며 가정을 이루었다. 평화야말로 가장 큰 두려움을 정복했을 때 얻게 되는 결실이기 때문이다. 그리하여 길고 험한 원정의 끝에 당신이 얻은 모든 것들은, 고향을 멀리 떠나, 새로운 이해의 차원으로 가는 여정에 걸맞은 것이었다.

내가 떠날 준비가 되었을 때, 당신들은 씨를 뿌리고 자식들을 낳고, 거주할 집을 짓고, 땅을 일구며, 좋은 음식과 즐거운 아침, 그리고 평화로운 저녁을 즐기고 있었다. 그것이 당신들의 운명이었다. 당신들이 강렬하게 원했기 때문이다. 그것은 당신들에게 주어진 보상이었다.

당신들은 새로운 삶의 터전을 일구고, 나는 내 삶을 찾아 떠날 때가 되었다. 평화에 대해 알기 시작했다는 것이 나에게는 무척 만족스러운 일이었다. 그러나 내가 가고자 하는 곳, 내 고향은, 위대하면서도 손에 잡히지 않는, 모든 것들이 일어나도록 한 장엄한 미스터리인 미지의 신이었다.

   내가 떠난 날 아침은 경이롭고 장엄했지만 짧은 작별의 순간이었다. 당신들에겐 보살펴야 할 자식들과, 가꾸어야 할 농토, 그리고 돌봐야 할 가축이 있었다. 그리고 나는, 평생을 찾아 헤맸고 마침내 경이로운 이해를 통해서 발견한, 나의 하느님에게로 갔다. 그것이 진정 나의 운명이었다. 나는 다른 어떤 운명도 원하지 않았기 때문이다.

   당신들 모두는 이 세상으로 계속 돌아와 생 그 후의 생 그리고 그 후의 생을 살아왔으며, 매번 다른 생을 살면서 이룬 당신의 이해를 통해 많은 것을 얻고 진보하였다. 이제 당신들 중 많은 사람들이 알기를 원하고 있다. 이제 당신들은 내가 그토록 갈구하여 찾아냈던 이해를 알고 싶어한다. 당신들은 당신들의 가정이 있었다. 당신의 귀한 씨를 세상에 남겼다. 당신은 모든 것을 배웠고, 모든 것을 경험하였다. 이제 당신은 당신이 배우지 못했던 것을 배울 준비가 되었다. 왜냐하면 그 당시에는 우선순위가 달랐기 때문이다. 당신들과 모든 인류에 대한 사랑으로, 아주 오래 전에 내가 한 약속대로 당신들을 가르치기 위해 다시 돌아왔다. 나는 훌륭한 선생으로서 가르칠 것이다. 그러나 당신들이 옳다고 느끼는 것만을 하기 바란다. 그뿐이다.

   나는 이 세상 너머의 경이로움을 말하기 위해 돌아온 것이 아니라 당신들 스스로가 그것을 볼 수 있도록 도와주기 위해 왔으며, 단지 철학적인 이해를 통해서가 아닌 당신 내면에서 명백하게 진리라고 느낄 수 있는 것들과 당신의 혼이 오래 전에 잃어버린 신성한 본질로 돌아가라고 재촉하는 것들을 가르칠 것이다. 당신이 이러한 형상의 존재로 존속하기 위해, 당신 자신은 물론 다른 사람들의 신성함을 깨닫는 것이 가장 중요하다. 내 존재의 힘을 통해서 그리고 당신 존재의 사랑을 위해, 나 자신을 가르쳤듯, 당신 자신의 위대함과 영광으로 돌아가는 법을 가르칠 것이다. 그리고 당신의 기쁨 안에서,

나는 함께 웃을 것이다. 그리고 당신이 눈물 흘릴 때, 나는 바람을 보내 당신의 눈물을 닦아줄 것이다.

이 가르침을 통해 당신이 이 놀랄만한 여정을 시작했을 때 당신은 당신의 모든 영광 안에 있었던 독존적인 존재가 되는 것을 배울 것이다. 당신은 내면의 소리만을 듣고 오직 기쁨의 길만을 따르는 것을 배울 것이다. 당신은 깊이 느끼는 법을 배워 이 세상의 가장 진실한 보배인, 감정을 얻게 될 것이다. 그리고 자신을 진정으로 사랑하게 되면 당신 앞에 누가 있건, 당신 내면에 존재하는 신을 발견했던 것처럼 그들 내면에서 신을 발견할 것이며, 당신을 사랑하는 것처럼 그들도 깊이 사랑할 것이다. 그러면 자기 자신을 훌륭히 가르쳤던 당신은 이 세상을 비추는 찬란한 빛이 될 것이다. 오직 당신만이 자기 사랑의 가장 빛나는 본보기이기 때문이다.

이것은 종교적 이해가 아니다. 종교는 독단적이고, 구속적이며, 아주 비판적이기 때문이다. 나는 종교의 선생이 아니다. 종교는 이 세상에 엄청난 분열과 파괴를 일으켰기 때문이다. 이 가르침은 단지 지식이다. 이것은 배움이고 경험이며 사랑이다. 나는 당신이 신을 알고 무한한 신이 되도록 사랑할 것이다.

이 가르침은 법칙이 없다. 어떠한 법칙도 가지고 있지 않다. 법은 자유를 구속하는 제약이기 때문이다. 나는 신과 그의 다양한 면에 대해서만 가르칠 것이다. 나는 위대한 지식으로 향한 문을 열기 위해 여기에 있으며, 당신이 이 세상을 살아가며 다양한 선택을 할 수 있다는 것을 알게 할 것이다. 그리하여 당신의 삶이 단지 이 세상에만 국한된 것이 아니라는 것을 깨달을 수 있을 것이다. 다른 차원과 다른 많은 곳에서도 생명이 존재하기 때문이다.

자신의 사고방식에 갇혀, 두려움의 노예가 된 당신을 도와주기 위해, 무한한 사고, 무한한 목표, 무한한 삶에 대한 새로운 앞날을 보기 시작하도록 도와주기 위해 나는 여기 있다. 나는 오늘 당신이 원하는 것이 무엇이건 그것을 받을 수 있게, 당신이 소망하는 삶이 무엇이건 그렇게 살아갈 수 있게, 가르칠 것이다. 위축되어버릴 대로 되어버린 당신이 다시 위대해질 수 있도록 당신을 이끌어 줄 것이다. 당신 내면에 있는 위대함, 내면의 등불이라 불리는 그것은, 찬란하게 빛을 발할 것이다.

당신 자신이 되라는 것 외에는 아무것도 요구하지 않는다. 그러나 대부분의 사람들은 자신이 누구인지 모른다. 나는 당신이 자신을 다시 찾는 법을 가르칠 것이고, 찾았을 때, 당신은 결코 그것을 놓치지 않을 것이다. 그러면 어느 누구도 당신을 가르칠 필요가 없을 것이다. 그리하여 당신은 당신의 진리 안에서 독존적으로 당신이 설계하는 대로 자유롭게 살아갈 것이다.

이 지상에서 살았을 때 나의 사랑하는 딸이었던 여성의 몸을 통해 당신에게 돌아오기로 선택하였다. 이 지상에서 살았을 때, 나는 어떤 여성과도 혼인하지 않았다. 그러나 원정을 하는 동안 많은 사람들이 감사의 선물로 그들의 자식들을 주었다. 치즈 만드는 사람은 치즈를, 와인 만드는 사람은 와인을 선물로 주었다. 그 당시 가장 값진 선물은 자신의 아이들이었으며, 그들은 람의 집에 아이들을 보냈다. 여자와 한 번도 자본 적 없던 내가 그 누구보다도 더 많은 자식을 가졌었다. 아이들은 나에게 위대한 스승이었다. 아이들은 순수하고 순진한 영혼으로서 아주 단순한 진리로 살기 때문이다.

내 딸은 사람들이 나에게 준 많은 아이들 중의 하나였으며, 나는 이 아이를 무척 사랑하였다. 이 여자아이는 여자아이로 있기보다 전사가 되고 싶어 했다. 여자가 되어 천을 짜고 여자들에게 어울리는 일을 하는 것은 그녀의 흥미를 끌지 못했다. 그녀가 전쟁에 대해 제대로 이해하기까지 오랜 시간이 걸렸다. 이 존재는 나를 무척 사랑하였다. 그리고 배우는 것 외에는 아무것도 원하지 않았으며, 나는 그것에 감탄하였다.

초탈하던 날 내가 어디로 가는지 비록 내 딸은 몰랐지만, 그녀에게 다시 돌아오겠다고 약속하였다. 그녀에게 투르크라는 땅에 가라고 했으며, 그녀는 그곳에서 나를 기다리면서 일생을 보냈다. 나는 돌아가지 않았다.

내 딸은 수많은 생을 살았으며 그녀가 진리라고 믿고 있던 것 때문에 화형 당하거나 참수형에 처하고 굶어 죽은 적도 있었다. 이 모든 삶의 경험으로 인해 겸손하고 고귀한 그녀의 인품이 드러나게 되었다. 이러한 겸손함 때문에 그녀의 몸을 통해 그녀와 당신이 오래 전에 잊었던 유산을 다시 깨우쳐 줄 수 있게 된 것이다. 이 일은 그녀가 세상에 바치는 봉사이다. 그리고 그녀에게, 또한 당신에게, 내가 한 약속을 지키는 것이다.

이런 일이 일어날 것이라 전혀 기대하지 않았을 때 나는 그녀의 삶 한가운데에 나타났다. 그녀가 얌전하고 예의 바르고 순진했으며, 어떤 특정한 믿음에 관심이 없었기 때문에, 나는 당신들을 가르치기 위한 매개체로 그녀를 선택하였고 지금 내가 당신에게 가르치는 내용을 오랫동안 그녀에게 먼저 가르쳤다. 지식과 배움을 통해서 우리는 이 일을 시작하였으며, 한 사람 한 사람에게 점차 퍼져나가도록 하기 위해 세상사람들에게는 미리 알리지 않았다.

이런 방법을 선택하여 말하는 이유는 당신들 모두는 다른 사람의 이미지를 숭배하기 쉽고 자신보다 그들을 더 위대한 존재로 만들기 때문이다. 그래서 나에게 배우러 오는 사람들을 위해, 숭배할 수 있는 몸이나 입 맞출 발을 갖지 않았다. 그리고 내 딸이 자신의 몸에 그렇게 하지 못하게 할 것이다. 그것은 결국 그녀의 발이기 때문이다. 이곳을 떠나면, 당신이 나를 기억할 수 있는 어떤 형상 — 그리고 목에 걸치거나, 벽에 달거나 혹은 돌에 새길 수 있는 어떤 사진 — 이 없을 것이다. 여기에서 가르치는 것들은 나를 숭배하라는 것이 아니라 당신 자신을, 그리고 전능한 신이라 불리는, 당신의 내면에 잠재해 있는 이 훌륭한 본질을 숭배하고 사랑하라는 것이다.

나는 당신과 전혀 다르지 않다. 눈에 보이건 보이지 않건, 어느 누구도, 이 세상에 당신보다 위대한 이는 있을 수 없으며, 당신보다 못난 이도 있을 수 없다. 신의 왕국에선 모두가 평등하다.

누군가 섬기거나 따르기 원하거나 자신의 내면보다 외적인 것을 더 많이 바란다면, 나는 당신이 찾는 상대가 아니라는 사실을 알기 바란다. 당신이 자신만의 진리에서, 자신만의 이해에서, 독존적인 존재가 되도록 도와주기 위해 나는 여기에 온 것이다. 외적인 것을 섬기거나 숭배하고 그것에 몰두하는 한, 당신은 절대 당신 본연의 숭고한 아름다움을 나타내지 못할 것이며, 진정으로 자유롭지 못할 것이다.

오직 당신만이 당신의 가장 위대한 연인이 될 수 있다. 오직 당신만이 자신의 가장 위대한 친구이자 스승이 될 수 있다. 당신 내면의 목소리보다 더 위대한 가르침의 목소리는 결코 없다. 당신 자신의 말보다 당신을 더 잘 가르칠 수 있는 말은 결코 없다. 당신의 지금 현재 모습은 당신이 지금까지 원했던 모든 것들에 대한 대답이다. 그러나 당신 이외의 누군가를 추종하거나 숭배하려고 한다면, 당신은 결코 신의 영광을 진정으로 알거나 보지 못할 것이다. 오직 자신과 자신에게 선언한 사랑을 통해서만, 당신의 신성함, 당신의 완전한 깨달음, 당신의 펼쳐짐을 실현할 수 있다. 삶에서 평화와 행복 그리고 완성에 이르는 유일한 길은 자신을 숭배하고 사랑하는 것 — 그것이 신을 사랑하는 것이기 때문에 — 이며 그리고 자신을 그 누구보다 위대하게 사랑하는 것이다. 그것이 전 인류를 포용할 수 있는 사랑과 강인함을 줄 것이기 때문이다.

그러므로 나, 람타는, 당신이 이상으로 삼을 만한 좋은 기준이 아니다. 나를 통해서는 결코 자신의 신비로움을 이해할 수 없으며, 오직 지식을 통해서만 가능하다. 이 가르침의 목적은 지식을 스며들게 하고 미지의 신을 찾고

자 하는 당신 내면의 확고한 앎을 경험하여 그것이 당신 자신이라는 것을 깨닫도록 하는 것이다. 그리고 이것이 당신 — 당신 홀로 — 이 가야 할 여정이다. 이것은 오직 당신의 삶 그리고 당신 홀로 하는 삶이기 때문이다. 스승으로서 나는, 훌륭하다. 그러나 이상으로서 나는 바람직하지 않다. 이 가르침을 당신의 길로 삼은 것은 무척 기쁘지만, 당신은 여기에서 계속 머물러 있지는 않을 것이다.

내가 무엇을 가르치건, 당신이 무엇을 배우건, 그것은 당신 삶에서 구현될 것이다. 그러면 여기에서 배우는 것이 단지 개념이 아니라 절대적인 진리라는 것을 알게 될 것이다. 그리고 매번 삶에서 구현될 때마다 당신은 더욱더 성장하고 강해질 것이며 점점 빛나고 고요해지며 단순해질 것이다. 그러한 단순함 속에서 당신은 바람을 발견할 것이고, 그 힘과 근원이 당신에게 희망을 줄 것이다.

당신들 모두는 지배당해온 존재이고, 그리고 당신을 지배한 것은 두려움이었다. 그것이 항상 당신을 지배하였다. 지식은 당신을 두려움에서 해방시켜 더 이상 다른 사람들이 바라는 것에 구속 받지 않고 완전한 자유를 누리며 살게 할 것이다. 지식을 가지면, 당신은 언제나 자유로울 것이다 — 언제나. 이 가르침을 숙고하고, 적용하고, 경험할수록, 당신은 더 자유롭고 더 많은 기쁨을 누리게 될 것이다.

어느 날 — 이 생에서나 혹은 다음 생에서나 — 이 장터가 당신에게 더 이상 아무것도 줄 것이 없을 때, 엄청난 허무함이, 엄청난 끌림이, 그리고 모든 것이 되고자 하는 엄청난 욕구가 생길 것이다. 그러면 당신도 나처럼 고원에서 보내는 고요한 순간을 고대할 것이다. 그곳에는 당신의 머리카락을 쓸어 올리는 강한 바람이 있기 때문이다. 새들은 새로운 둥지를 찾아 멀리 날아가고, 태양은 하늘을 황금빛으로 찬란하게 수놓을 것이다. 내가 했던 것처럼 당신이 그렇게 하고, 그리고 그렇게 될 때 — 그것이 당신에게 가장 중요한 것이기 때문에 — 나 람이 먼저 갔던 그곳에서 당신을 환영할 것이다. 그곳에서 지식이라고 하는, 자유를 향한 문이 좀 더 장엄한 이해를 위해 당신의 사고 과정을 활짝 열 것이며 당신은 외면이 아닌 내면에서 그 이해로 살 것이다. 이곳에서의 당신 삶이 끝나면 당신은 새로운 모험을 찾아 떠날 것이다. 이 세상 너머에 있는 모험은 당신이 상상하는 것보다 훨씬 더 웅장하고 극적인 것이다. 빛의 존재인 당신은 유연하게 우주 안이건 우주 밖이건, 당신이 가고자 하는 곳은 어디든 갈 수 있을 것이다.

나는 당신을 가슴 깊이 사랑한다. 그렇지 않았다면 이런 식으로 당신에게 오지 않았을 것이다. 내가 당신을 사랑하듯 당신이 자신을 사랑하는 법을 배울 때, 당신은 내가 말하는 진리를 이해할 것이며 당신이 진정으로 위대한 존재라는 것을 알게 될 것이다. 그리고 그날은 위대하고 영광스러운 날이 될 것이다.

제 4 장

신

"하느님은 지금 이 순간에도 그리고 당신이 살아온 어느 순간에도 결코 당신을 심판하지 않았다. 그는 바로 당신 자신이었으며 당신 자신의 신성하고, 목적 있는 자아를 표현해 왔던 삶의 무대(platform)였다. 그는 당신에게 자신만의 고유한 에고와 자유의지를 부여하여 당신이 되고 싶어하는 건 무엇이든 될 수 있게 하였고, 당신이 삶을 어떻게 인지하든 그렇게 인지할 수 있게 하였다."

— 람타

나의 사랑하는 형제들이여, 당신들 중 많은 이들은 신이라는 본질은 암울하고, 무섭고, 화를 잘 내며, 심판하는 자라고 오랫동안 배워왔다. 그러나 신은 이러한 것이 아니다. 긴 설교를 하고, 심판하고, 벌주는 신은 인간의 마음과 생각 속에서만 있지 이 세상 어느 곳에도 결코 존재하지 않는다. 누군가를 벌주고 칭찬하는 신을 창조한 것은 바로 인간이다. 그것은 인간의 신이며, 인간의 의지에 의한 인간의 창조물이다.

내가 알고 있는, 내가 사랑하는 신은, 나와 나라는 왕국에서 흘러나오는 힘이며, 완전하고 어느 누구도 심판하지 않는 사랑의 신이다. 이것이 신의 전부다. 신은 당신이 헤아릴 수 있는 것보다 더 위대한 사랑으로 당신을 사랑한다. 왜냐하면 신은 당신이라는 생명 그 자체이며, 당신이 밟고 있는 땅이며, 당신이 숨 쉬는 공기이기 때문이다. 신은 당신의 피부색이고, 당신의 아름다운 눈이며, 당신의 부드러운 손길이다. 신은 당신 자신인 매 순간 안에, 당신이 생각하는 모든 사고 안에, 당신이 하는 모든 행동 안에, 심지어 당신 혼의 그림자 안에 있는 당신이다.

신은 모든 것을 관장하는 힘이다. 물 위를 스쳐 가는 바람이며, 물드는 잎사귀이며, 자기만의 깊은 색과 빛을 지닌 한 송이 장미꽃이다. 신은 부둥켜안은 연인들이며, 즐겁게 웃는 아이들이며, 빛나는 머릿결이다. 그것은 아침에 떠오르는 찬란한 태양이며, 깜깜한 밤에 빛나는 별이며, 깊은 밤 차고 기우는 달이다. 신은 아름다운 곤충이며, 날아다니는 작은 새들이며, 불쾌하고 흉한 벌레이다. 신은 움직임이자 색깔이며, 소리이자 빛이다. 신은 열정이다. 신은 사랑이다. 신은 기쁨이다. 신은 슬픔이다. 그것 — 존재하는 모든 것 — 은 당신이 말하는 신이며, 생명 전체이자, 존재하는 모든 것을 사랑하는 이이다.

신은 왕좌에 앉아 생명을 심판하는 개별적인 존재가 아니다. 신은 생명 전체이며, 맥동하는 매 순간이다. 그것은 존재하는 모든 것들의 나아감이며 영원함이다.

당신은 삶에 의해 심판 받아왔다고 생각하는가? 결코 그렇지 않다, 만약 신 — 당신 자신인 — 이 당신을 심판한다면, 그것은 명백히 자기 자신을 심판하는 것이기 때문이다. 지고의 지성이 어떻게 그런 일을 하겠는가?

당신이 하느님이라 부르는 그 생명력은 당신은 물론 다른 어떤 것도 심판할 능력조차 가지고 있지 않다. 생명은 자신을 선악으로, 옳고 그름으로, 완전과 불완전으로 나눌 수 있는 에고를 가진 인성이 없기 때문이다. 신이 에고를 가지고 있다면, 그것은 자신의 내면에 변형됨을 인지할 수 있는 능력을 가지고 있다는 의미이다. 신이 자신의 존재 안에서 변형됨을 단 한 순간이라도, 숙고 한다면, 신이라는 생명은 다음 순간에 존재하지 않을뿐더러 영원히 다시는 존재하지 않을 것이다.

신 자체는 진정 선 이나 악이 없다. 그것은 진정 긍정 혹은 부정이 없다. 신은 완전하지 않다. 왜냐하면 완전함은 나아가며 항상 변화하는 왕성한 생명을 제한하는 것이기 때문이다. 신은 그저 존재한다. 당신이 사랑하는 신이 할 줄 아는 유일한 것은 그저 존재하는 것이다. 그래서 모든 것 — 그 자신인 — 이 신이라는 생명을 표현할 수 있다.

신은 무한하며, 지고의 존재이며, 나눌 수 없는 있음 전체이다. 그리고 그 있음은 당신을 너무도 사랑하여 당신이 완전과 불완전, 선과 악 그리고 긍정과 부정이라는 환상을 창조하도록 허용한다. 그리고 당신의 인지를 통해 그것은 당신이 인지한 대로 되어버린다. 그래서 신, 존재하는 모든 것들의 전체인, 신은 옳고 그름, 추함과 아름다움, 비천함과 신성함, 이 모든 것이다.

하느님은 지금 이 순간에도 그리고 당신이 살아온 어느 순간에도 결코 당신을 심판하지 않았다. 그는 바로 당신 자신이었으며 당신 자신의 신성하고, 목적 있는 자아를 표현해 왔던 삶의 무대(platform)였다. 그는 당신에게 자신만의 고유한 에고와 자유의지를 부여하여 당신이 되고 싶어하는 건 무엇이든 될 수 있게 하였고, 당신이 삶을 어떻게 인지하든 그렇게 인지할 수 있게 하였다. 당신이 지금까지 했던 모든 것, 생각했던 모든 것 — 아무리 수치스럽거나 비천했거나 혹은 아름다웠더라도 — 은 신에게 존재 외에 다른 어떠한 것으로도 보였던 적이 없다.

내가 알고 있는 이 신은 당신이 지금까지 상상했던 것보다 훨씬 더 위대하고, 심오한 사랑으로 당신을 사랑한다. 왜냐하면 신은 당신이 원하는 대로 삶을 창조하도록 허용하기 때문이다. 하느님은 항상 당신을 사랑해왔다. 그 외에 어떤 방식으로도 당신을 인지하지 못한다. 당신이 바로 신 자신이기 때문이다.

하느님은 그릇됨을 알지 못한다. 그는 자기 자신을 볼 뿐이다. 하느님은 실패를 알지 못한다. 그는 그의 있음이 영원으로 지속됨을 볼 뿐이다. 당신은 생명을 활짝 피우기도, 비천하게도 만들 수 있다. 그러면 하느님은 비천해지기도, 활짝 필수도 있지만, 그는 그 둘 중에서 낫고 못함을 결코 판단하지 못한다. 그는 그저 존재할 따름이다. 당신이 무엇을 선택하건 그를 통해서 당신을 표현하도록 허용하는 있음 그 자체이다. 그가 그렇다는 것은 좋은 일이다. 만약 그가 인간에 의해 만들어진 신이라면, 어느 누구도 결코 천국의 문을 보지 못할 것이다 — 당신들 중 어느 누구도. 어느 누구도 인간이 만들어 낸 신의 기대에 부응할 수 없기 때문이다.

오직 당신만이, 당신의 태도에 의해 그리고 다른 사람들의 태도를 받아들여, 지금까지 자신을 심판해 왔다. 오직 당신만이 자신으로 하여금 실패를 느끼도록 하였다. 당신이 원하는 진실과 현실이 무엇이건 하느님으로부터 창조할 수 있는 능력을 가진 당신은, 당신 삶의 유일한 심판자이다. 오직 당신만이 좋고 나쁨, 옳고 그름을 정했던 것이다. 생명이라는 있음은 이러한 것들 중 어떤 것도 아니다. 모든 것들은 그저 전능한 신이라고 하는 있음의 한 부분일 뿐이다. 당신이 내리는 판단은 이 창조적인 현실 세상에서 당신이 만들어 낸 환상일 뿐이다.

제한된 생각으로, 당신은 어떤 것들은 나쁘고, 그것들이 사악하다고 생각하였다. 그러나 그것은 당신이 선택한 당신만의 진실이며, 하느님은 당신이 그렇게 생각하도록 허용했던 것이다. 신의 진리는 있음 그 자체이다. 신은 당신이 무엇을 하건 당신을 사랑한다. 당신이 생각하고 행동하고 경험하는 모든 것들로부터 지혜를 얻고, 그러한 지혜를 통해서 신인 생명이 확장하기 때문이다. 신은 당신이 영원하며 무엇을 하건 그 어떤 것도 당신의 생명력을 빼앗아 가지 못한다는 것을 알고 있다. 당신이 이 세상을 떠나 당신의 삶에서 했던 모든 것들을 회고할 때 — 당신은 회고할 것이다 — 도 신은 당신의 모든 미래로 향하는 당신을 사랑하며 여전히 그곳에 있을 것이다. 왜냐하면 신은 당신이 환영을 만들어 내고, 상상하고, 꿈을 창조하기 위해 통하는 무대이기 때문이다.

그렇다면 가장 고상한 형태로서의 신은 무엇인가? 생각이다. 하느님 — 당신의 삶을 창조하는 무대이며, 삼라만상의 본질이며 생명력인 — 은 더 큰 이해에서 본다면, 생각이다. 왜냐하면 생각이라는 것은 존재하는 모든 것,

존재했던 모든 것, 그리고 존재할 모든 것의 궁극적인 창조자이기 때문이다. 존재하는 모든 것들은 신의 마음이라고 하는, 지고의 지성인 생각에서 처음 시작되었다.

모든 것들을 그들만의 독특한 양식과 형태로 유지하도록 묶어주는 것이 무엇인가에 대해서 생각해 본 적이 있는가? 그것은 생각이자, 사랑이라고 하는 우주의 끈끈이(glue)이다. 그것이 모든 물질을 묶어주는 것이다. 가장 원대한 범위에서 그것은 사랑이다. 그것이 바로 신이기 때문이다. 모든 것 — 심지어 당신의 몸도 — 은 생각으로 인하여 결속된 것이다. 모든 것은 신인, 생각에 의해서 상상되었고, 그것은 모든 것을 제자리에 있게 하는 하느님 자신의 사랑이기 때문이다.

당신은 신에 의해서 결속되어 있다. 당신 몸을 구성하는 모든 분자와 세포 구조가 서로 붙어 있도록 하는 것은 진정 신의 위대하고 훌륭한 생각인 사랑이다. 생각이 없다면, 당신의 몸은 존재하지 않을 것이며, 물질도 존재하지 않을 것이며, 어느 것도 존재하지 않을 것이다. 왜냐하면 생각이 모든 생명의 창조자이며 그것들을 지탱하는 요소이기 때문이다.

당신은 신 — 모든 것을 묶어주고 결속하는 생각 — 이 암울하고 무시무시한 존재라고 생각하는가? 그렇지 않다. 하느님은 완전한 기쁨이다. 그는 기쁨 이외에 달리 존재하는 법을 모르기 때문이다. 그는 서로 조화를 이루면서 살아가는 진동하는 모든 생명체이며, 호탕한 웃음소리와도 같은 음색을 낸다. 귀 기울여 듣는다면, 신의 음악, 신의 웃음까지도 들을 수 있을 것이다. 이러한 것은 가장 큰 기쁨이다. 나는 한번도 신이 슬피 우는 소리를 듣지 못했다.

그렇다면 당신이라는 고귀한 존재의 근원이며, 당신들 모두에게 흐르며, 당신들 모두를 하나로 묶어주고, 이후의 또 다른 삶과 앞으로의 영원을 약속하는, 경이로운 생명력인, 신은 대체 무엇인가? 그것은 생각이라고 하는 있음이다. 그것은 나아가는 생명의 있음이다. 그것은 존재하는 모든 것을 사랑하는 있음이다. 그것은 사랑을 통해서 생명이 존재하도록 하는 있음이다. 그것은 완전하고 절대적인 기쁨인 있음이다. 그것은 당신의 유산이자 당신의 운명이다.

학생: 당신은 신을 단지 있음이라고 가르쳤습니다. 그리고 당신은 이 생명력인 지성을 신이라고 부르는 것 외에 여러 가지 다른 호칭을 사용합니다. 그런데 당신은 왜 '그' 혹은 '하느님 아버지'라는 말을 자주 사용하십니까? 신은 우리의 바깥에 있는 존재일 뿐만 아니라 남성인 것처럼 들려, 어떤 여성들에게는 거부감을 불러일으키는 것처럼 보입니다.

람타: 전 인류를 가르치기 위해서는, 신을 표현해왔던 다양한 용어를 사용해야 한다. 즉, 모든 용어들이 연관 될 수 있는 방식으로 '있음'을 표현해야 한다. 비록 있음을 하느님 아버지라 불러 남성이라는 생각이 들지라도, 하느님 아버지는 남성이 아니다. 그럼에도 불구하고 남성으로서 그는 하느님 아버지이다. 여성으로서도 마찬가지이다. 왜냐하면 하느님은 남성인 동시에 여성이기 때문이다.

신이라는 말에는 남녀 구별이 없다. 그것은 지고한 지성을 의미한다. 있음이라는 용어를 이해하지 못하는 사람에게는 아버지라는 용어가 필요하며, 지고한 지성을 이해하지 못하는 사람들에게는 신이라는 용어가 필요하다.

마스터(람타는 모든 학생들을 마스터라 부른다_역주), 만약 누군가가 신을 아버지라고 주장한다면, 그것은 그의 진실이다. 만약 누군가가 신을 남성으로 불렀다고 해서 여성들이 화가 났다면, 그것은 그들의 진실이다. 그러나 신은 언제나 신이 무엇인가에 대한 개념일 것이며, 언제나 그것은 개개인에 따라 다를 것이다.

신

신은 하나의 단어가 아니다. 그것은 우리들 각자의 내면에 살아 있는 느낌이다. 신에 대한 생각이 무한할수록, 전지전능한 신이라고 하는 감정을 더 많이 품에 안으면서, 그 느낌은 더욱 커지고 기쁨은 넘칠 것이다.

람타: (휠체어에 앉아 있는 나이 든 여성에게) 은색 차를 타고 있는, 사랑스러운 여인이여, 당신이 하고 싶은 말은 무엇인가?

학생: 신을 사랑합니다, 하지만 죽는 것이 두렵습니다.

람타: 왜 그런가?

학생: 잘 모르겠습니다. 그 이유를 확실히 모르겠습니다. 그것에 대해서 생각하고 생각하고 또 생각했습니다.

람타: 지옥이 있다고 믿는가?

학생: 네, 그렇습니다.

람타: 그래서 당신은 죽고 싶지 않은 것이다. 당신이 지옥에 갈 것이라고 느끼기 때문이다.

학생: 음, 글쎄요. 지옥에 간다고는 생각하지 않아요. 내가 저지른 모든 잘못에 대해 나는 이미 용서를 구했기 때문에 신이 나를 지옥에 떨어지게 할 것이라고 믿지 않습니다.

람타: 여인이여, 나의 여인이여. 당신이 당신 자식을 사랑하는 것보다 신이 당신을 덜 사랑한다고 생각하는가?

학생: 아니오. 글쎄요, 신이 나를 사랑하지 않는다고 느낄 때가 가끔 있습니다. 어쩌면 내가 용서받지 못할지도 모른다는 느낌도 듭니다. 그러나 아직까지는 용서받았다는 것을 압니다.

람타: 당신은 대체 무엇을 그렇게 잘못했는가?

학생: 글쎄요, 몇 가지 있습니다.

람타: 그 몇 가지 때문에 당신은 제대로 살 수 없는가?

학생: 아니오. 나는 제대로 살려고 했고, 그렇게 살기를 원하며, 올바르게 살고 싶습니다.

람타: 그 말은 무슨 뜻인가?

학생: 악마가 나를 잡아가지 않을 것이라는 말입니다.

람타: 정말인가?

학생: 글쎄요. 당신이 나에게 말해주십시오, 부탁합니다, 그것이 무엇인지.

람타: 내가 말하면 내 말을 믿겠는가?

학생: 믿을 것입니다.

람타: 이 세상에 지옥이 없다고 말한다면 내 말을 믿겠는가?

학생: 하지만 나는 지옥이 있다고 배웠습니다.

람타: 나는 지금 당신에게 지옥이 없다고 가르치는 중이다. 당신이 지옥이 있다고 굳게 믿었던 것처럼 내 말을 믿을 수 있겠는가?

학생: 글쎄요, 당신을 믿습니다.

람타: 그러면 그 말을 받아들여라. 왜냐하면 지옥은 없기 때문이다. 지옥이 무엇인지 아는가? 그것은 유다 왕국에서 사용하던 용어로, 돈이 없어 무덤을 살 수 없었던 사람들의 시체를 묻지 않고 그냥 버렸던, 얕은 웅덩이를 표현한 것이다. 밤이 되면 하이에나와 들개들이 시체들을 파헤쳐 게걸스럽게 굶주린 배를 채웠기 때문에 그렇게 버려진다는 것은 저주스러운 일이었다. 그들의 육신이 먹혔기 때문에, 그들은 절대로 자신들의 낙원에 갈 수 없다고 믿었다. 그것이 지옥이라는 의미의 전부였으나, 나중에 성직자나 종교에 의해 고문 받는 장소로 해석이 바뀌었다.

학생: 글쎄요, 제가 성경을 규칙적으로 읽고 있는데, 그것은 지옥을 강조합니다.

람타: 누가 성경을 썼는가?

학생: 다른 이들이 썼습니다.

람타: 그들은 누구인가? 사람들이 아니었던가?

학생: 잘 모르겠습니다.

람타: 그들은 사람들이었다.
당신들이 말하는 불타는 지옥을 찾기 위해, 세상 깊숙이, 세상의 중심까지 뒤졌으나, 어느 곳에서도 찾을 수가 없었다. 고문의 장소인 지옥을 찾기 위해 우주의 가장 먼 곳까지 갔으나 그곳에도 지옥은 없었다.

학생: 글쎄요, 당신이 그렇게 생각한다니 기쁩니다.

람타: 나는 그렇다고 생각하지 않는다. 그렇다는 것을 안다.

학생: 당신이 아는 것처럼, 우리를 그렇게 사랑하는 신이 우리가 했던 아주 사소한 일 때문에, 우리를 유황불의 지옥으로 보낼 것 같지는 않습니다.

람타: 정확한 말이다. 하느님은 누군가를 벌주기 위해 그러한 곳을 만들지 않았다. 신이 당신을 창조하지 않았던가?

학생: 그렇습니다.

람타: 당신이 신에 의해 창조되었다면, 당신 안에 신이 있지 않은가?

학생: 내 안에 신이 존재합니다. 신을 사랑합니다.

람타: 그렇다면 당신은 신의 일부가 아닌가?

학생: 내가 그렇단 말입니까?

람타: 그러하다.

학생: 그 말은 나에게 많은 것을 의미합니다.

람타: 나의 여인이여, 신이 모든 것인데, 만약 당신을 그로부터 만들지 않았다면 그가 무엇으로 당신을 만들었다고 생각하는가? 당신은 신이다. 그런데 그가 소위 나쁜 짓을 했다고, 그것 또한 그 자신인 생명의 일부인데, 왜 자기 자신을 가두고 사랑하지 않겠는가?

당신에게 중요한 사실을 말해주겠다. 인간은 다른 사람들을 통제하는 데 사용하기 위해 신의 형상을 창조하였다. 군대가 사람과 국가를 통치하는 데 실패하자 종교가 만들어졌으며, 그것들을 지키기 위해 두려움이라는 도구를 사용하였다. 사람에게서 신성을 제거할 수 있다면 — 그로부터 신을 빼앗으면 — 그를 다스리고 지배하기는 무척 쉽다.

신은 지옥이나 악마를 만들지 않았다. 이러한 것들은 자신의 형제들을 고문하기 위해 인간이 만들어낸 끔찍한 창조물이다. 대중을 위협해 통제할 수 있는 집단을 만들 목적으로 종교적인 교리를 만들었다. 이것은 중요한 사실이다.

하느님 아버지는 모든 것이다. 바닷가의 작은 모래알 하나, 화창한 봄날에 볼 수 있는 아름다운 나비, 밤하늘에 보이는 크고 작은 별 모두가 신이다. 삼라만상 모두가 신이다. 신이 지옥 같은 것을 가지고 있다면 그의 몸에 암이 있다는 것이며, 그러면 결국 그것이 그를 삼킬 것이다.

이 세상의 어느 것도 결코 천국에서 당신을 끌어낼 수 없다. 신 그리고 생명보다 더 위대한 것은 없기 때문이다. 신은 영원히 당신을 사랑한다. 신은 당신이 향하는 모든 방향이며, 당신이 품는 모든 생각이기 때문이다.

학생: 신은 우리 모두를 사랑합니다. 나는 그것을 알고 있습니다.

람타: 그렇다, 정말 그러하다, 왜냐하면 그는 우리 모두이기 때문이다. 당신이 저지른 모든 잘못에 대해서 어떻게 생각하는가? 나의 경이로운 여인이여, 당신은 아무것도 잘못한 것이 없다. 아무것도.

학생: 감사합니다, 하지만 어째서입니까?

람타: 당신이 했던 어떤 일 때문에 생명이 변형되지 않았기 때문이다. 당신이 했던 모든 일, 아무리 추하고 나쁜 일일지라도, 그런 경험을 통해서 얻은 지혜로 인하여 생명이 더욱더 풍요로워졌다.

다음과 같은 것들을 알기 바란다. 당신의 종교와 신앙은 오랫동안 인류 문명을 파괴하였다. 마야 그리고 아즈텍 문명은 교회를 따르지 않는다고 하여 교회의 규율에 의해 완전히 말살 당하고 죽임을 당했다. 중세 유럽의 암흑기에 일어났던 모든 종교 전쟁은 종교적 신념을 퍼뜨리기 위해 일어난 것이었다. 프랑스에서는, 교회를 따르지 않는다고 엄마의 품에서 강제로 아이를 빼앗았다. 뜨겁게 달군 쇠꼬챙이로 여자들의 눈을 지지고, 그들의 가슴에 낙인을 찍었으며, 거리는 피로 넘쳐 흘렀다. 이 모든 것이 신앙 때문에 일어난 일이었다.

개신교들은 지옥의 불, 유황, 악마를 이용해, 교회가 하라는 대로 하지 않거나 교리와 계율에 따라 살지 않으면, 지옥에서 영원히 태워지는 형벌을 받을 것이라고 말함으로써, 약한 사람들의 가슴에 두려움을 심어 자신들의 집단을 유지하였다.

학생: 나는 그렇게 배우면서 자랐습니다.

람타: 나의 여인이여, 당신은 잔혹함 속에서 자란 것이다. 성경이 있기 전에 살았던 모든 사람들에게 어떤 일이 일어났을지 궁금했던 적은 없었는가?

학생: 없었습니다. 나는 단지 지옥이 그들 모두를 없애버렸을지도 모른다고 생각했습니다. 아, 미안합니다.

람타: 미안해하지 않아도 된다. 그렇게 생각하는 것은 당신의 믿음 때문이다.

이제 당신은 여기에 있다, 나이 든 여인이여. 당신은 더 이상 젊지도 열정적이지도 않으며, 이제 죽는 것을 두려워하고 있다. 수 세기 동안 프로그램된 불길한 가르침들이 당신을 불안하게 한다. "정말 지옥이 있을까? 내가 죽으면 지옥에 갈 것인가? 내가 그렇게 많은 죄를 지었을까?"

당신에게 말한다, 당신은 지옥에 가지 않는다. 당신이 갈 지옥이라는 곳이 없기 때문이다. 당신은 몸에서 빠져 나올 때 순식간에 떠날 것이다. 당신은 몸 위에 있을 것이며, 그리고 당신은 다시 한번 순수한 빛의 존재가 될 것이다. 그때 위대한 스승들이 와서 내가 말한 것이 위대한 진실이라는 것을 스스로 알 수 있는 더 나은 배움의 장소로 데려갈 것이다.

자, 당신들이 나사렛 예수라 부르는, 예수아 벤 조셉은 위대한 신이다, 당신들이 위대한 신인 것처럼. 그러나 그는 신의 독생자가 아니라, 신의 아들 중 하나이다. 그는 신이 된 인간이며 당신 또한 그렇게 신이 될 것이다.

학생: 예수님이 신의 자녀라는 것을 당신은 믿습니까?

람타: 나는 믿지 않는다. 나는 그것을 알고 있다. 당신이 신의 자녀인 것처럼.

학생: 나는 그렇게 배우지 않았습니다.

람타: 자, 여인이여, 예수아 벤 조셉이 무엇을 가르쳤는가? 그것은 그가 신의 아들이라는 것이며, 그는 진정으로 그러하다. 그러나 그는 또한 모든 이들은 신의 자녀라고 공공연하게 선언하였다. 그는 그것 외에 다른 것들을 가르치지 않았다. 모든 사람들은 자신의 완성됨을 인간으로 표현하고 있는 신이다. 여러 자식 중에서 하나만 완벽하고 다른 자식들은 우둔하다면 그 아버지에게 무엇이 좋겠는가? 그것은 신의 자손으로 그다지 바람직한 생각이 아니다.

예수는 당신의 형제이지, 구원자가 아니다. 당신 내면에 신이 존재하는 것처럼, 그 역시 내면에 신이 존재한 사람이었다.

자, 당신이 이것을 알기 바란다. 예수는 인간이 인간을 사랑하지 못했을 때, 인간이 다른 인간의 노예로 살았을 때, 사랑의 가치가 높게 평가되지 않았던 때 이 지상에서 살았다. 그러나 예수는 모든 이들에게 사랑을 실천하였다. 그가 위대한 존재로 그리고 세상의 구세주로 불려지게 된 것도 바로 그 사랑이었다. 사랑을 표현하는 이가 거의 없었던 이 세상에 사랑을 가져와 모든 이들에게 공공연하게 사랑을 베풀었기 때문이다. 그는 또한 하느님은 심판과 징벌의 신이 아니라 자비, 은총, 그리고 연민의 신이라는 것을 가르쳤다. 불행하게도, 이러한 가르침은 세월이 흐르면서 아주 많이 변질되었으며, 그리고 이 순결한 혼의 단순한 가르침을 제대로 이해할 수 없었던 사람들이 쓴 경전에 의해서도 아주 많이 왜곡되었다.

예수는 사랑했다. 그것은 그가 인류에게 준 위대하고 값진 선물이었다. 그리고 그는 공공연하게 사랑의 근원은 자신의 내면에 존재하는 하느님이며, 모든 사람들의 내면에도 같은 하느님이 존재한다고 선언하였다. 예수가 전 인류를 품에 안을 수 있는 자유와 힘이 있었던 것은 하느님과 그가 하나라는 것에 대한 확고한 앎이 있었기 때문이었다. 그는 위선 속에 살게 하였던 모든 환영을 벗어버렸으며, 그렇게 함으로써 자신의 내면에 존재하는 하느님을 온전히 표현할 수 있었다. 그리하여, 그는 그리스도가 되었다. 그리스도는 인간으로서 신을 완전히 표현하고 신이 인간으로 완전하게 표현된 자를 말한다. 이것이 그리스도가 의미하는 신/인간, 인간/신인 것이다. 그리스도는 자신이 신이라는 것을 깨닫고, 그 진리로 살아가는 사람 모두를 말한다.

당신과 예수가 유일하게 다른 점이 있다면, 사랑하는 여인이여, 예수는 인간의 내면에 존재하는 신의 원리를 깨닫고 그 원리에 따라 완전하게 살았다는 것이다. 그렇기 때문에, 그는 진정으로 장엄한 존재이다. 그러나 당신 또한 그가 되었던 것이 될 수 있는 숭고함과 사랑을 지닌 위대한 존재이다.

예수는 당신이나 다른 사람들을 구원해야 할 의무가 없다. 그는 자신이 지구 상에 사는 신이라는 깨달음을 통해 자기 자신의 구세주가 되었으며, 내면에 존재하는 신을 통해서 스스로 구원받을 수 있다고 가르친 사람이었다.

그는 "내가 했던 모든 것들은, 누구나 할 수 있다. 신과 당신은 하나이기 때문이다. 당신의 왕국은 이곳에 있지 않다. 천국은 당신 내면에 존재한다."라고 모든 사람들을 가르쳤다. 그는 지옥에 대해서 말하지 않았고, 생명과 그것의 아름다움을 이야기하였다.

사랑하는 여인이여, 당신이라는 아름다운 존재를, 그리고 당신 자신인 신을 사랑하고 당신의 교활하고 음흉한 책은 읽지 말라. 하느님이 당신 내면에 존재하며 당신이 영원히 살 수 있기에 그렇게 될 것임을 알라. 이것은 단순히 그러하다. 더구나, 악마가 당신을 소유한다 해도 그가 당신을 가지고 무슨 일을 하겠는가?

학생: 고맙습니다만 알고 싶지 않습니다.

람타: 나의 여인이여, 대체 어떤 아버지가 그러한 존재를, 그러한 곳을, 그러한 공포를 만들어 당신을 꼼짝 못하게 하겠는가? 그는 내 존재의 신이 아니며 또한 나는 그런 신을 인정하지 않는다. 나는 삶 자체, 그리고 존재하는 모든 것의 있음만을 인정한다.

신은 모든 것이다. 신이 아닌 것이 있다면, 누가 그것을 창조했는지 반드시 당신 자신에게 물어보아야 하기 때문이다. 모든 것은 하느님이다. 모든 것은 생명이기 때문이다. 그리고 하느님은 사랑밖에 알지 못한다. 그는 당신은 물론 어느 누구도 결코 심판한 적이 없다 — 결코. 신은 자신을 사랑이나 생명보다 열등한 것으로 바꿀 수 있는 능력을 가지고 있지 않다.

학생: 신은 사랑입니다. 나는 그것을 알았습니다.

람타: 그리고 그는 증오이기도 한가?

학생: 아닙니다, 그렇지 않다고 생각합니다.

람타: 그러면 증오는 누구인가?

학생: 증오가 있다면 아마 나쁜 존재일 것입니다.

람타: 그런 존재는 없다.

학생: 그렇다면, 우리가 어떻게 벌을 받습니까?

람타: 왜 벌을 받아야 한다고 생각하는가, 여인이여? 당신은 이미 일생 동안 당신을 벌주면서 살아왔다. 자신이 나쁜 짓을 했고 언젠가는 벌을 받을 것이라고 믿으면서 스스로 만든 지옥에서 살아왔다. 당신 스스로가 그 지옥을 창조한 것이다.

신의 왕국에 간수는 없다. 그의 왕국에 벌 주는 자는 없다. 고문하는 자도 없다. 신이 사랑이라면, 그는 명백하게 사랑이며 그 외에는 어느 것도 아니다.

학생: 오랫동안 악마가 있다고 배운 후, 어떻게 악마가 없다는 것을 느낄 수 있을까요?

람타: 어떻게? 악마가 있다고 당신을 가르친 방식대로, 악마가 없다는 것을 알면 된다.

나의 아름다운 존재여, 당신을 진심으로 사랑한다. 오늘 내가 한 말들에 대해서 숙고하라. 자신을 사랑하고 내면의 하느님을 만나라. 그리고 자신과 평화롭게 지내라, 나의 여인이여. 당신이 이 세상을 떠나더라도 당신은 다시 밝게 살아갈 것이기 때문이다.

학생: 아멘.

람타: 그렇게 될지어다.

제 5 장

신을 바라보라

"당신은 당신이 얼마나 아름다운지 결코 알지 못했다. 당신 자신을 한 번도 진정으로 본 적이 없었기 때문이다. 당신은 자신이 누구인지 무엇인지 제대로 보지 않았다. 신의 모습을 보고 싶은가? 거울에 비친 모습을 보라. 당신은 신의 얼굴을 똑바로 바라보고 있는 것이다."

— 람타

오랫동안 당신은 신이 왕국 너머, 머나먼 우주 공간 어딘가에 존재한다고 배워왔다. 많은 사람들이 이 말을 믿고 그것을 진리로 받아들였다. 그러나 신은, 모든 생명의 근원은, 한 번도 당신 밖에 존재한 적이 없었다. 신은 바로 당신이다. 그것은 경이로운 사고 작용이며, 인간 내면에 고요하게 그리고 항상 존재하는 지고의 지성이다.

당신은 태어나 단지 짧은 순간을 살다가, 늙고, 그리고 죽는다고 배웠다. 당신이 그것을 사실이라고 믿었기 때문에, 그것은 정말 이 세상에서 당신 삶의 현실이 되어버렸다. 그러나 나는 당신이 진정 나아가고 있으며, 생각의 전체인, 당신의 사랑하는 하느님이 숙고하여 당신들 모두가 찬란한 빛이 된 이후로, 수십억 년 동안 살아왔던 불멸의 존재임을 깨닫도록 도와주기 위해 여기에 온 것이다.

당신은 신이 자신의 손으로 하늘과 땅을 창조한 후 인간이라는 살아 있는 창조물을 만든 유일한 존재라고 배웠다. 그러나, 신성한 지성과 자유 의지를 가진, 모든 생명을 창조한 위대한 창조자는, 바로 당신이다. 아침에 찬란하게 떠오르는 태양이나, 저녁노을 그리고 존재하는 모든 것들의 아름다움을 창조한 이는 당신이다. 인간이라고 하는 놀랄만한 존재를 창조한 이는 진정 당신이다. 그래서 보이드(용어정리 참고_역주)의 공간에서 찬란한 빛이었던, 당신은 자신이 창조한 모든 경이로운 형상들을 스스로 경험할 수 있었다.

나의 사랑하는 형제들이여, 현재 당신이 이해하고 있는 자신은 수천 년이라는 오랜 세월을 살아오면서 축적해온 환영의 집합일 뿐이다. 당신은 단순한 인간 이상이다. 당신은 인간이라는 제한적인 창조물보다 훨씬, 더욱더 위대하다. 당신은 신이다. 당신은 항상 신이었고, 계속 신일 것이다. 당신은 위대한 불사의 존재이며 당신에게서 빼앗아 가도록 허용했던 이 장엄한 이해를 깨닫기 위해 수많은 생을 살아온 것이다.

당신들 모두는 신에 의해서 창조된, 하느님 자신이다. 당신들은 진정 신에 의해서 창조된 신이며, 모든 생명의 절대 근원에 의해서 처음으로 그리고 유일하게 직접 창조되었다. 생명을 탐구하는 모험을 하면서, 당신은 지고의 지성을 세포 물질과 통합시켜 신/인간 — 인간이라는 형태로 표현하는 신의 마음인 — 이자, 인간이라고 하는 자신의 경이로운 창조 안에서 사는 신이 되었다. 남성, 여성, 인간. 그것은 제한적이고, 보잘것없는 존재로 완벽하게 변장한 진정한 신이다.

당신은 누구인가? 당신은 왜 여기에 있는가? 당신의 목적과 운명은 무엇인가? 당신은 그저 우연히 태어나 짧은 시간 동안 살다가 사라지는 존재라고 생각하는가, 진정으로? 당신은 무엇 때문에 이전에는 살지 않았다고 생각하는가? 왜 지금인가? 왜 당신인가?

당신은 지금까지 이 세상에서 수천 번의 생을 살면서, 변덕스러운 바람처럼 이 세상에 왔다가 사라지곤 하였다. 당신은 수많은 생을 모든 얼굴, 모든 피부색, 모든 신앙, 모든 종교를 갖고 살았었다. 다른 나라를 정복하기도 그리고 정복당하기도 했었다. 왕도 되어 보았고 마찬가지로 노예도 되어 보았다. 배의 선원이나 선장이 되어 보기도 하였다. 당신은 역사에 나오는 모든 인물이었다. 왜? 감정을 얻기 위해, 지혜를 얻기 위해, 시대를 초월한 최고의 미스터리인 — 당신을 알기 위해.

당신이 어디에서 왔다고 생각하는가? 당신은 그저 단세포에서 진화한 보잘것없는 세포 덩어리에 지나지 않는다고 생각하는가? 그렇다면 당신의 두 눈 뒤에서 뚫어지게 바라보는 이는 누구인가? 당신만의 독특함과 인격, 당신의 개성과 활력, 사랑하고, 포용하고, 희망을 품고, 꿈을 꿀 수 있는 능력, 그리고 창조할 수 있는 엄청난 능력을 당신에게 부여하는 근원은 무엇이라고 생각하는가? 또한 당신이 축적한 모든 지성, 모든 지식, 당신이 보여주는 모든 지혜, 심지어는 어린 아이들까지도 보여주는 그러한 것들이 어디에서 왔다고 생각하는가? 영원에서 단지 한 숨밖에 안 되는 한 번의 생을 통해서 지금의 당신이 되었다고 생각하는가?

당신이라는 모든 것은, 당신이 생 이후의 생 그리고 그 후의 생을 살아온 엄청난 시간을 통해 이루어졌다. 매번 다른 삶의 경험으로부터, 당신이라는 고유하고 아름다운 존재를 만들어 온 것이다. 당신은 참으로 귀중하다. 시간의 영원함에서 단지 한 순간 만에 창조되었다고 말하기에 당신은 너무도 아름답다.

당신을 당신의 부모가 만들었다고 생각하는가? 어머니와 아버지는 유전적으로 부모이지만, 그들이 당신을 창조한 것은 아니다. 더 큰 이해에서 본다면, 그들은 당신의 사랑스러운 형제들이다. 당신은 진정 그들만큼 나이가 많다. 모든 존재가 같은 순간에 창조되었기 때문이다. 신이 장엄하고 원대한 생각을 숙고하고 자신을 찬란한 빛으로 확장하였을 때, 모든 이들이 태어났다. 그때에 당신이 존재하게 되었다. 당신이 태어난 것이다. 당신의 진정한 부모는, 신, 모든 생명의 모/부 원리이다.

당신의 몸이 당신이라고 생각하는가? 그렇지 않다. 몸은 당신의 진정한 존재인 보이지 않는 근원을 보여주는 하나의 옷에 불과하다. 당신은 육신의 내부에 있는, 개성적인 자아라고 불리는, 감정과 태도의 집합이다.

이것에 대해서 잠시 생각해보라. 다른 사람을 사랑할 때 그의 무엇을 사랑하는가? 그의 몸인가? 아니다. 당신이 사랑하는 것은 그 사람의 근원이며, 두 눈 뒤에 있는 그 사람의 개성적인 자아이다. 당신이 사랑하는 것은 몸을 작동시켜, 눈을 깜박거리게 하고, 달콤한 목소리를 내게 하고, 머리카락을 빛나게 하고, 손으로 만지게 하는 그 사람의 보이지 않는 근원이다.

당신의 몸은 진정 훌륭하고, 정교한 기계이지만, 그것을 작동하는 당신이 없다면 그것은 아무것도 아니다. 당신이라는 존재는 육신이 아니라 생각 혹은 감정과 태도의 집합으로써, 자신만의 독특한 개성을 가진 자아를 표현하는 실체이다. 당신의 생각을 한 번이라도 본 적이 있는가? 당신의 웃음소리는 어떠한가? 몸이 없어도 그 웃음소리를 들을 수 있는가? 당신은 자신이 얼마나 위대하고 장엄한 존재인지 전혀 알지 못한다. 왜냐하면 당신이라는 진정한 존재는 바람처럼 눈에 보이지 않기 때문이다. 내가 당신에게 수수께끼인 것처럼, 당신 또한 당신 자신에게 가장 큰 수수께끼이다.

당신의 겉치레, 당신이 쓰고 있는 가면, 무정함의 갑옷을 벗어버린다면 자신이 누구인지 아는가? 당신 존재의 핵심은 진정 신이다. 인류에게 가장 큰 미스터리인, 신은, 단 한 번도 당신밖에 존재한 적이 없었다. 왜냐하면 당신의 두 눈 뒤 — 당신의 부드러운 옷깃 속에, 당신의 얼굴이라는 환영 너머에 — 에 있는 것은 신이라고 하는 보이지 않는 생각의 힘이며, 당신을 "당신"으로 만드는 개성적인 자아이기 때문이다. 당신 내면에 존재하는 신은 당신에게 창조할 수 있는 믿음과 힘을 부여하는 지고의 지성이다. 또한 당신의 생명을 영원히 그리고 언제까지나 유지하게 하는 경이로운 생명력이다.

당신이 거하는 몸은 신들, 즉 당신과 당신의 사랑하는 형제들이 만들어낸 장엄한 창조물이다. 그렇게 창조된, 생각과 감정의 보이지 않는 실체인 당신은 이 세상에 당신이 창조한 생명들과 소통할 수 있었다. 인간이라는 창조물은 신이 자신을 표현하기 위한 수단으로 창조되었으며 그리하여 태초에 모든 창조물들을 창조한 신들은 육신의 감각을 통해 경험하고 이해할 수 있었다.

몸은 존재의 실체를 만들고 구성하는 다양한 빛의 복잡한 전기 구조를 수용하도록 만들어졌다. 당신의 실체는 당신이 거하는 몸의 크기가 아니다. 당신은 하나의 작은 빛이다. 당신 존재의 작은 빛 안에 당신의 사랑하는 하느님인, 신으로부터 태어난 이래 당신이 되어봤던 모든 것들이 다 들어 있다.

신의 원리인, 당신은, 피와 살로 이루어진 존재가 아니다. 당신은 감정이라고 하는 창조적인 삶의 보상을 얻기 위해 몸 안에 거하는 둥글고, 불같은, 순수한 에너지인, 빛의 원천이다. 당신의 진정한 실체는 당신이 거하는 몸이 아니라 당신이 느끼는 것이다. 당신은 몸에 의해서가 아니라, 감정에 의해서 인식된다.

진정한 당신은 영과 혼, 빛의 존재와 감정체가 합쳐진 것이다. 당신의 영 ― 이 작은 빛 ― 은 몸의 모든 분자 구조를 둘러싸고 있으면서 당신 몸의 물질을 수용하고 지원한다. 당신의 혼은 물질 안에, 당신의 심장 가까이, 뼈로 둘러싸여 있는 공간 안에 있으며 그곳에는 전기 에너지 외에 아무것도 없다. 당신의 혼은 지금까지 당신이 했던 모든 생각들을, 감정의 형태로, 기록하고 저장한다. 당신의 혼 안에 당신만의 고유한 집합적인 감정들이 모여 있기 때문에 당신이라는 고유한 자아와 개성을 갖게 된 것이다. 당신이 거하고 있는 몸은 단지 하나의 수송수단 ― 선택된, 정교한 도구 ― 으로써 당신이 물질 세상에서 살고 놀도록 허용한다. 그런데 당신의 도구를 통해 당신은 몸이 자신이라는 환상 속에 깊이 빠져 있다. 하지만 그렇지 않다. 신이 형상이 없는 것처럼, 당신도 그러하다.

당신이라는 위대한 창조의 신이여, 누가 당신의 생명을 만들었다고 생각하는가? 당신 바깥에 존재하는 어떤 지고한 존재나 힘이 당신의 인생을 지배해 왔다고 생각하는가? 그렇게 알려져 왔지만 그렇지 않다. 지금까지 당신이 했고, 되었고 혹은 경험했던 모든 것들은, 전적으로 당신에게 책임이 있다. 당신, 장엄한 별들을 창조할 수 있는 힘을 가진 당신은, 매 순간 삶에서 일어나는 모든 일들을 스스로 창조했다. 당신이 누구인가는 당신이 선택한 것이다. 당신의 모습은, 당신이 만든 것이다. 어떻게 살아갈지, 당신이 온전히 설계하고 운명으로 정한 것이다. 당신이 그렇게 한다면, 그것은 신/인간으로서의 훈련이자 특권이다.

당신은 어떻게 생각하는가에 따른 자신의 사고방식을 통하여 삶을 창조한다. 당신이 생각하는 모든 것을 당신은 느낄 것이며, 그리고 당신이 느끼는 모든 것이 당신 삶의 조건을 구현할 것이다.

다음을 곰곰이 생각해 보라. 마음속으로 행복을 그려 온몸이 기쁨으로 가득 차기까지는 고작 한 순간이면 족하다. 친구 한 명 없는 비참한 존재라고 생각하는데도 한 순간밖에 걸리지 않으며, 그 생각으로 인하여 당신은 슬프고 처량한 느낌이 들 것이다. 단지 한 순간에 그렇게 된다. 슬퍼서 울다가 기쁨의 웃음을 짓는 것도 한 순간이다. 좋고 나쁘다는 판단을 멈추고 모든 것이 아름답다고 느끼는 것도 한 순간이다. 이렇게 하는 것이 누구인가? 바로 당신 자신이다. 당신 존재의 내면에서 이러한 감정들을 만들어내는 동안, 주위에 변한 것이 있는가? 없다. 그러나 당신 전체가 변했다.

당신은 정확히 당신이 생각하는 바로 그것이다. 당신이 생각하는 모든 것들이, 삶에 그대로 일어날 것이다. 만약 당신이 섹스에 대한 환상을 가지고 있으면, 당신은 그러한 유혹을 받을 것이다. 당신이 고통을 생각하면, 고통을 겪을 것이다. 당신이 불행을 생각하면, 불행해질 것이다. 당신이 기쁨을 생각하면 기쁨을 얻을 것이다. 당신이 특별한 재능을 생각하면, 그것은 이미 그곳에 있을 것이다.

 당신의 미래는 어떻게 만들어지는가? 생각을 통해서이다. 당신의 모든 내일은 오늘 당신이 어떤 생각을 하는가에 의해서 만들어진다. 왜냐하면 당신이 하는 모든 생각 ― 어떤 감정적인 목적을 위해서건, 당신이 하는 모든 환상 ― 들은 당신의 몸 안에 느낌을 만들어 혼 안에 감정으로 기록되기 때문이다. 그러한 느낌은 당신의 삶에서 조건을 위한 하나의 선례로 고정된다. 그것은 이미 혼 안에 있는 기록된 감정을 일으키게 하거나 조화를 이루는 상황들을 끌어오기 때문이다. 당신이 내뱉는 모든 말들이 미래를 만든다는 것을 알아야 한다. 왜냐하면 말이란 생각으로 일어나 혼 안에 감정으로 기록되어 소리를 통해서 표현되기 때문이다.

 당신에게 벌어지는 일들이 그저 우연히 일어난다고 생각하는가? 그렇다고 알려졌지만 그렇지 않다. 이 세상에 돌발적인 사고나 우연이라는 것은 전혀 없다. 어느 누구도 다른 사람들의 뜻과 의도로 인한 피해자가 될 수 없다. 당신에게 일어나는 모든 일들은, 당신이 생각하고 그것을 느낌으로 받아들였기 때문에 일어난 것들이다. 그것은 어떤 일이 일어날까에 대한 환상이나 두려움 때문에, 혹은 다른 사람들이 말한 것을 사실로 받아들였기 때문에 일어난 것이다. 일어나는 모든 일들은, 생각과 감정을 통해 이미 정해진 의도적인 행위로써 일어나는 것이다. 모든 일들은 다 그렇게 일어난다.

 지금까지 당신이 했던 모든 생각 ― 당신이 이제까지 했던 모든 환상, 당신이 말했던 모든 것 ― 들은 이미 모두 일어났거나 일어나려고 기다리는 중이다. 모든 것들이 어떻게 창조되었다고 생각하는가? 그것은 생각으로 창조된 것이다. 생각이야말로 절대로 죽지 않고, 영원히 파괴될 수 없는 것이다. 그리고 당신은 자신의 생각을 사용하여 삶을 만들어 왔다. 왜냐하면 생각은 당신과 신을 연결하는 것이기 때문이다.

유구한 세월 동안 많은 선각자들이 다양한 속담을 통해, 노래를 통해, 글을 통해, 이 진리를 당신들에게 가르치려 했으나, 대부분의 사람들은 깨어나기를 거부하였다. 지극히 소수의 사람만이 자신의 삶을 책임지려 하기 때문이다. 이 왕국은 당신이 생각하는 모든 것 — 당신 자신, 신, 삶 — 에 따라 가장 끔찍하고, 추한 것부터 가장 아름답고 고고한 것들이 되어 버린다. 왜냐하면 오직 당신만이 다름을 알기 때문이다. 신은 오직 생명만을 알고 있을 뿐이다. 그래서 당신은 당신이 말하는 것만을 얻게 된다. 당신은 당신이 생각하는 바로 그 존재이다. 당신이란 '있음'은 당신이 결론 내리는 것이다.

자신을 열등하게 생각할수록, 당신은 더욱더 열등한 존재가 된다. 당신의 지성을 믿지 않을수록, 당신은 점점 더 우둔해진다. 당신이 아름답지 않다고 생각할수록, 당신은 점점 더 추해진다. 당신이 가난하다고 생각할수록, 당신은 더욱더 초라한 인간이 되어버린다. 왜냐하면 그렇게 되도록 당신이 미리 결정해 버렸기 때문이다.

신의 사랑이 얼마나 위대한지 숙고하라, 당신이 원하는 것은 무엇이든지 되게 하거나 창조하게 하면서, 당신을 한 번도 판단하지 않는다. 신이 당신에게 가지는 사랑에 대해 숙고하라, 그것은 당신이 품은 모든 생각들 그리고 내뱉는 모든 말들이 그대로 구현되게 한다. 이것을 숙고하라.

그렇다면 당신의 삶을 창조하는 이는 누구인가? 바로 당신이다. 당신의 삶을 설계하는 이는 누구인가? 바로 당신이다. 당신의 모든 것 그리고 당신이 경험했던 모든 것은, 신이라는 생각을 통해서 그리고 당신 전체의 추론을 통해서 당신이 창조해 온 것이다. 당신은 자신이 원하는 모든 것들을 정확히 당신의 삶에 받아들였고, 당신이 수용하는 가치에 따라 삶을 살아왔다. 당신에게 바람직한 것이 무엇인지, 무엇을 받아들일지, 무엇을 경험할 것인지를 결정하는 이는 당신이다. 그것은 바로 당신이며, 당신의 생각이다.

당신은 당신이 고통 받는 것을 즐기면서 바라보는 신들의 노예나 하인 또는 꼭두각시가 아니다. 당신은 최고의 자유를 누리며 멋진 삶을 살아가고 있다. 당신들 각자는 자신이 어떤 생각을 하건, 그것을 받아들이고 포용할 수 있는 자유의지를 가지고 있으며, 그 엄청난 힘으로 자신을 위해 모든 것을 창조해왔다. 당신의 모든 생각은 앞으로의 운명을 창조한다. 당신의 모든 느낌은 삶이라고 하는 당신의 길을 창조한다. 당신이 어떤 생각을 하고 느끼건, 그것은 삶에 그대로 나타날 것이다. 왜냐하면 신은 "모든 감정이, 그렇게 될지어다."라고 말하기 때문이다.

당신은 누구인가? 당신은 생각하는 능력, 창조하는 능력 그리고 되고자 하는 것은 무엇이든 될 수 있는 능력을 존재의 고요한 내면에 지닌 신이다. 당신은 지금 이 순간 당신이 선택했던 그대로의 모습이며, 어느 누구도 당신이 그렇게 되도록 도와주지 않았다. 당신은 법제가이며, 당신의 인생과 삶의 환경을 만드는 지고의 창조자이다. 당신은 진정 모든 현명한 지성을 가진 최고의 지배자이다. 그러나 당신은 이 생은 물론 수많은 생을 살면서 그것을 충분히 깨닫지 못했다.

한때 당신은 꽃을 창조할 수 있었다. 그런데 지금 당신은 자신을 위해 무엇을 창조할 수 있는가? 당신의 가장 큰 창조물은 불행, 걱정, 연민, 괴로움, 증오, 불화, 자기 부정, 노화, 질병 그리고 죽음이다. 당신은 제한된 믿음을 받아들임으로써 제한된 삶을 창조하고, 그것은 당신 안에서 확고한 믿음으로 굳어져 현실이 된다. 당신은 모든 것들을, 모든 사람들을, 심지어는 자기 자신까지도 끊임없이 평가하고 판단함으로써, 자신을 삶으로부터 분리하고 있다. 당신은 유행의 틀에 맞춘 아름다움과 스스로 허용한 다른 사람들의 제한된 의식에 둘러싸여 살아간다. 그러한 것들은 제한된 가능성 외에는 아무것도 받아들이지 않는다. 당신은 아이로 태어나 성인이 되어, 몸의 생명력을 잃고, 나이가 들어 죽는다고 믿는다.

당신들, 한때 자유로운 바람이었던 위대한 창조의 신들은, 대도시에 무리지어 살면서 문을 걸어 잠그고 두려워하며 사는 존재가 되어버렸다. 우뚝 솟은 산과 시원한 바람 대신, 고층 빌딩과 끔찍한 의식을 가지고 있다. 어떻게 생각해야 하고, 무엇을 믿어야 하고, 어떻게 행동해야 하고, 다른 사람들의 눈에 어떻게 보여야 하는지 규정하는 사회를 당신들이 스스로 창조하였다.

당신은 전쟁을 두려워하고 전쟁에 대한 소문도 두려워한다. 당신은 질병을 두려워한다. 당신은 다른 사람이 자신을 알아주지 않을까 두려워한다. 당신은 다른 사람의 눈을 쳐다보기를 두려워한다. 그럼에도 당신은 사랑이라는 애정에 굶주려 한다. 당신은 자신에게 일어나는 모든 좋은 일들에 대해 의문을 던지고 그것이 다시 일어날까 의심한다. 당신은 이 장터에서 성공과 명예, 금과 루피와 드라크마(고대 그리스 은화_역주)와 달러 그리고, 아, 작은 기쁨밖에 주지 못하는 것들을 위해 비굴해진다.

당신은 생각으로 자신을 절망에 빠트려왔다. 당신은 생각으로 자신을 가치 없는 존재로 만들어왔다. 당신은 생각으로 자신을 실패로 만들어왔다. 당신은 생각으로 병에 걸려왔다. 당신은 생각으로 자신을 죽음에 이르게 했다. 이 모든 것들은 당신이 스스로 창조해왔던 것이다. 불같이 타오르는 내면의 창조자 — 한 생각으로 우주를 창조하거나 혹은 하늘의 별을 영원히 빛나게 하는 힘을 가지고 있는 — 가 믿음과 교리, 유행과 전통, 제한된 생각에 의한 제한된 생각에 따른 제한된 생각에 자신을 스스로 가두어버렸기 때문이다. 또한 그것은 당신을 살도록 허용하지 않은 당신 자신의 불신이다.

당신이 믿지 못하는 것은 무엇인가? 당신이 몸의 감각을 통해서 인지하지 못하는 모든 것들이다. 즉 들을 수 없고, 볼 수 없고, 만질 수 없고, 맛을 보거나, 냄새 맡을 수 없는 것들이다. 그렇다면 나에게 믿음을 보여달라. 그것을 내 손에 놓아보라. 나에게 감정을 보여달라. 그것을 만지고자 한다. 생각을 보여달라. 그것은 어디에 있는가? 당신의 태도를 보여달라. 그것은 어떻게 생겼는가? 바람의 형상을 보여달라. 그리고 당신의 귀중한 삶의 순간을 앗아가는, 시간을 나에게 보여달라.

당신은 삶이라는 가장 위대한 선물을 믿지 못했다. 그리고 그것으로 인해 더 무한한 이해가 일어나는 것을 허용하지 못했다. 삶 후의 삶 그리고 그 이후의 삶을 살아오면서, 당신은 이 세상이라는 환영에 너무 깊숙이 빠져들어 당신에게 흐르는 경이로운 불꽃을 잊어버렸다. 독존적이고 전능한 존재인, 당신은 일천오십만 년 동안, 물질 속에 빠져, 당신이 창조한 교리, 법, 유행, 전통의 노예가 되었고, 국가와 교리, 성별과 인종에 의해 분열되었으며, 질시, 비탄, 죄악, 그리고 두려움에 빠졌다. 당신은 자신을 몸과 동일시함으로써 스스로 생존에만 매달리게 하였고, 무엇을 선택하건 그 꿈을 이루도록 허용하는 보이지 않는 본질인 내면의 신을 잊어버렸다. 당신은 불멸을 공공연히 거부하였고, 그 때문에 당신은 죽을 것이며 여기에 다시 그리고 다시 그리고 또다시 돌아올 것이다. 그래서 당신은 여기에서 일천오십만 년 동안 산 후에도 다시 여기에 있으며, 그럼에도 여전히 당신의 불신에 매달린다.

신, 생각의 총체는, 진정 장엄한 무대이다. 그리고 신은 당신이 마음대로 각본을 쓰고 그것을 무대에서, 차례차례, 상영하도록 허용한다. 막이 내리고, 마지막 인사말을 하고 마지막 절을 하면, 당신은 죽는다. 왜 죽을까? 왜냐하면 최고의 법제가인, 당신이 그렇게 될 것이라 믿기 때문이다.

이 삶은 모두 하나의 게임이다. 이것은 환영이다. 모든 것이 그러하다. 그러나 당신이라는 배우는, 이것만이 유일한 현실이라고 믿는다. 그러나 지금까지 존재했었고 앞으로도 영원히 존재하는 유일한 현실은 생명이며, 자유이며, 당신이 원하는 대로 게임을 하게 만드는 영원한 존재의 본질이다.

생각으로 자신을 무지, 질병, 그리고 죽음에 이르게 할 수 있는 힘이 당신에게 있다는 것을 알면, 좀 더 무한한 생각이 흐를 수 있게 단지 자신을 열어놓음으로써 훨씬 더 위대해질 수 있는 힘 또한 있다는 것을 알게 될 것이다. 그것은 당신으로 하여금 더 위대한 능력, 위대한 창조력, 그리고 영원한 생명을 갖도록 할 것이다. 인간의 몸을 처음으로 창조한 신이 바로 당신의 내면에 존재하는 힘이라는 것을 알게 되면, 당신의 몸은 더 이상 늙거나 병들지 않을 것이며, 또한 절대로 죽지 않을 것이다. 그러나 믿음에 갇혀 자신의 생각을 제한하는 한, 당신은 절대로 아침의 태양에 영광을 그리고 저녁 하늘에 미스터리를 부여하는 무한함을 경험하지 못할 것이다.

당신이 당신 자신에게 이곳에서 사라지라는 법령을 선포하면, 어떻게 될까? 글쎄, 몸은 죽을지라도, 두 눈 뒤에서 고요하게 생각하는 당신은, 항상 살아 있을 것이다. 당신이 이 세상을 떠나면, 만약 당신이 죽는 것을 선택한다면, 당신의 진정한 실체는 땅속에 묻혀 벌레들의 먹이가 되어 결국 한 줌의 재가 되는 것이 아니다. 당신은 바람과 함께 계속 진행 중이다. 당신이 가는 곳은 당신이 왔던 곳이며, 그곳에서 당신은 다음 모험에서 무엇을 하고 싶은지 결정한다. 모든 일들이 그렇게 일어난다. 그리고 신으로서의 자신을 되찾기까지 당신은 원하는 만큼 이 세상으로 다시 돌아올 것이다. 그런 후 진정으로 더 장엄한 경험을 위해, 또 다른 세상, 또 다른 곳으로 갈 것이다.

당신은 당신이 상상했던 것보다 훨씬 더 많은 사랑을 받고 있다. 왜냐하면 무엇을 하건 상관없이, 당신은 여전히 살아 있을 것이기 때문이다. 그런데 왜 그렇게 걱정하는가? 왜 싸우는가? 왜 병에 걸리는가? 왜 그렇게 슬퍼하는가? 왜 그렇게 자신을 제한하는가? 찬란한 아침 햇살을, 바람의 자유로움을, 아이들의 웃음소리를 왜 즐기지 못하는가? 투쟁하는 대신 왜 진정한 삶을 살아가지 못하는가?

당신은 다시 그리고 또다시 살 것이다. 당신의 씨앗은 영원하다. 그것은 영원하다. 당신의 모든 불신에도 불구하고 — 당신이 아무리 당신의 왕국을 제한하더라도, 당신이 아무리 걱정하고 절망한다 해도 — 당신이 절대로 없애지 못하는 것이 있다. 그것은 생명이다. 당신이 아무리 눈을 가리고 받아들이지 않는다 하더라도, 당신은 언제나 생명을 가지고 있다. 그것이 바로 신이라 불리는 가치이며 그것이 당신이기 때문이다.

지금 당신이 살고 있는 삶은 하나의 꿈 — 하나의 위대한 꿈 — 이며 하나의 허울에 불과하다, 만일 당신이 그렇게 살아간다면. 그것은 당신의 생각이 물질과 놀고 있는 것이며 또한 꿈꾸는 자인, 당신이 깨어날 때까지 생생한 현실을 창조해 당신을 감정에 얽매이도록 한다.

당신은 당신이 얼마나 아름다운지 결코 알지 못한다. 당신 자신을 한 번도 진정으로 본 적이 없었기 때문이다. 당신은 자신이 누구인지 그리고 무엇인지 제대로 보지 않았다. 신의 모습을 보고 싶은가? 거울에 비친 모습을 보라. 당신은 신의 얼굴을 똑바로 바라보고 있는 것이다.

당신이 가치 있음을 알라. 당신의 가치를 평가한다는 것은 아무런 의미가 없다. 당신의 아름다움을 제대로 보여주는 형상은 어디에도 없다. 당신의 왕국에는 끝이 없다.

가장 최고의 설법은 산상에서 위대한 마스터가 한 것이다. 그는 그의 말을 들으려고 온 수많은 사람들을 바라보면서, 이렇게 말했다. "신을 바라보라." 그것만이 그가 진실로 말하고자 — 신을 바라보라 — 하는 것이었다. 각자가 자신의 한계, 자신의 욕구 그리고 질병, 자신의 부 혹은 빈곤, 자신의 기쁨 그리고 슬픔, 자신의 삶 그리고 죽음을 만들었기 때문이다.

신을 바라보라. 그 말을 기억하라. 왜냐하면 당신은 모든 것에 거하는 신이기 때문이다. 어느 날 당신은 신을 보게 될 것이다. 그때 자신을 만져라.

그것만이 당신이 해야 할 유일한 일이다.

제 6 장

삶 후의 삶

"죽음이라는 것은 하나의 커다란 환영이다. 창조된 것들은 절대로 파괴되지 않기 때문이다. 죽음은 단지 몸만의 것이다. 몸에 거하면서 그것을 관장하는 근원은, 자신이 원한다면, 곧바로 돌아와 다른 육신을 가질 것이다. 몸 안에 존재하는 생명력은 영원하기 때문이다. 그것을 기억하라."

— 람타

당신이 꽃보다 못하다고 생각하는가? 그들의 삶은 어떠한가? 꽃봉오리로 태어나 따뜻한 햇빛을 받으며 아름답게 활짝 피어난다. 그러면 꽃향기가 사방으로 퍼져 새로운 생명이 시작됨을 알려 모든 것들을 기쁘게 한다. 새들은 더욱 힘차게 날아오르고, 벌들은 열심히 꿀을 만들고, 사람들은 즐겁게 사랑을 한다.

그 경이로운 꽃은 다음 해 다시 돌아오기 위해 씨를 맺는다. 그리고 꽃이 떨어지면 열매가 열리고, 아, 그것을 지혜라 한다. 그것은 삶의 결실이다. 과실을 수확하고 나면 향료와 추수의 계절 가을이 오고, 나무는 차가운 북풍에 떨며, 화려했던 잎사귀들을 잃어가기 시작하여, 결국에는 앙상한 가지만 남는다.

거대한 하얀 침묵이 내려와 나뭇가지는 두껍고, 눈 부신 빛으로 덮히고, 모든 것이 춥고 황량해질 때, 꽃은 어디에 있는가? 그것은 기억으로 남아 있다. 지혜로 남아 있다. 지난 봄 피어나던 그 모습 안에 남아 있다. 그리고 다시 피어난다. 계절이 바뀌어 겨울이 가고, 꽃봉오리는 다시 나온다. 그리고, 보라, 다른 꽃이 피어난다.

한 송이 꽃에도 생명의 영원함이 들어 있는데, 어찌하여 당신은 꽃보다 못하다고 생각하는가? 당신은 꽃이 단지 봄에 피어나, 여름에 과일을 만들고, 가을이면 잎이 떨어져, 겨울에 죽는다고 생각하는가? 가장 아름다운 꽃보다 당신의 삶이 훨씬 더 위대하지 않은가? 당신의 삶이 그것보다 훨씬 더 중요하지 않은가? 진정으로 그러하다. 해마다 봄이 되면 꽃이 계속 피어나듯, 당신 또한 삶 후의 삶 그리고 그 이후의 삶을 살 것이다.

당신이라는 꽃이 지금까지 보아왔던 모든 계절에 대해서 할 이야기가 얼마나 많겠는가.

학생: 작년에 어머니가 돌아가셨습니다. 어머니가 여전히 살아 계신지 알고 싶습니다. 만일 살아 계신다면, 그녀는 행복한가요?

람타: 죽음을 믿는가, 마스터?

학생: 죽음을 믿을 때도 있습니다. 그러나 죽어서도 우리는 여전히 살아 있을 것이라는 느낌이 들 때가 많습니다. 세 명의 자식이 있는데, 내가 그들에게 느낀 것은, 그들은 모두 태어날 때부터 성격이 달랐으며, 나이가 들어서도 그들의 독특한 성격은 크게 달라지지 않았다는 것입니다. 심지어는 집에서 키우는 개나 고양이도 어릴 때부터 기질이 각각 달랐습니다. 가끔 그들의 기질이 단지 이 생에서만 형성되었다고 생각되지 않을 때가 있습니다. 그래서 우리는 전에도 살았고 앞으로도 계속 살 것이라는 생각이 들곤 합니다.

람타: 아주 지혜로운 관찰이다, 존재여. 중요한 진실을 말해 줄 테니, 이것을 잊지 않기 바란다. 생명은 결코 사라지지 않는다. 몸을 파괴 — 머리를 잘라버리고, 배를 가르고, 그리고 당신이 할 수 있는 모든 끔찍한 일 — 할 수는 있지만 육신 안에 존재하는 개성적인 자아는 절대로 파괴할 수 없다. 어떻게 생각을 파괴하고, 날려 버리고, 칼로 베거나, 대항하여 전쟁을 할 수 있을지 잠시 숙고해 보라. 그렇게 할 수 없다. 이 세상에 거하는 모든 창조물의 생명력은, 인간이건 동물이건, 몸의 허울 뒤에 있는 개성이라는 눈에 보이지 않는 생각과 감정의 집합체이다.

육신에게 고결함, 생명력, 그리고 성격을 부여하는 것은, 에너지인, 눈에 보이지 않는 생각이라는 훌륭한 가치이다. 입을 움직이게 하고, 눈으로 보게 하고, 팔다리를 움직이게 하는, 이 경이로운 에너지는 몸 안의 모든 것들이 움직이도록 영향력을 행사한다. 어느 것도 에너지를 파괴하지 못한다. 어느 것도 다른 것으로부터 생명의 힘을 빼앗을 수 없다.

죽음이라는 것은 하나의 커다란 환영이다. 창조된 것들은 절대로 파괴되지 않기 때문이다. 죽음은 단지 몸만의 것이다. 몸에 거하면서 그것을 관장하는 근원은, 자신이 원한다면, 곧바로 돌아와 다른 육신을 가질 것이다. 몸 안에 존재하는 생명력은 영원하기 때문이다. 그것을 기억하라.

이 세상을 떠난 사람들에게 어떤 일이 일어나는지 말해주겠다. 몸이 더 이상 쓸모 없어지면, 에너지 - 혼 - 는 그 사람의 영에 의해서 빠져 나온다. 이 세상의 모든 것들은 혼을 가지고 있다. 심지어 동물들도 영과 혼이 있다. 만약 그것들을 가지고 있지 않다면, 그들은 생명을 유지하는 데 필요한 에너지와 창조력을 가질 수 없다.

영이 혼을 불러 몸에서 빠져나오면, 모든 것들이 고요하고 평화로워진다. 당신의 종교는 다음과 같이 말한다. "보라, 신의 요람에선 더 이상 고통도, 눈물도 그리고 슬픔도 없다." 이것은 사실이다. 이 세상을 떠나면, 몸의 본능이나 감각으로부터 자유로워지기 때문이다. 이것은 더 이상 두려움, 혹은 몸의 아픔이나 고통, 혹은 몸의 배고픔, 초조하게 만드는 시간에 대한 환영을 경험하지 않는다는 것을 의미한다. 물질적인 몸과 관련된 모든 것들이 더 이상 남아 있지 않게 된다. 그러면 당신은 소위 유토피아에 있는 것이다. 즉 신의 요람 안에 있는 것이다.

몸의 죽음은 잠을 자는 것과 같다. 영이 혼을 불러들이면, 혼은 몸 안에 있는 씰(용어정리 참고_역주) 혹은 차크라로 불리는 에너지 센터로 올라간다. 기억들의 집합인 혼은, 머리 한가운데 있는 마지막 씰인 일곱 번째 씰 - 뇌하수체라고 하는 — 을 통해 세포 덩어리인 몸을 떠난다. 이 길은 마치 바람 소리를 내며, 터널을 지나는 것처럼 느껴지곤 한다. 터널 끝에 보이는 그 빛은 당신 존재의 빛, 당신 존재의 영이다. 일단 혼이 몸을 빠져나가면, 몸은 숨을 거두고 그 존재는 자유로운 혼 - 자체가 된다. 이것은 순식간에 일어나며 어떠한 고통도 없다.

죽음의 순간에, 모든 것들이 눈부시게 빛나고 엄청나게 밝아질 것이다. 이 세상을 떠나는 순간, 당신은 물질의 밀도를 벗어나 빛의 존재로 돌아가기 때문이다. 그곳에서 당신은 단지 강력한 마음과 감정이며, 당신의 몸은 빛의 형상으로서 받아들이는 생각에 따라 전류적 형태가 바뀌는, 광체(光體, Body Of Light)이다. 그 시점에서 당신은 7개의 천국 중 하나로 간다. 어느 곳으로 갈지는 이 세상에서 감정으로 표현된 당신의 태도에 따라 결정된다.

여기서 천국이라고 하는 것은 단순히 삶과 그것의 다른 차원 혹은 왕국을 의미한다. 예수아 벤 조셉은 7개의 천국이 있다고 말했다. 실제로 존재하는 장소와 차원인, 7개의 천국이 진정 있으며, 이 세상은 그 중 하나이다. 이것들 중에 어느 것도 인간을 고문하거나 벌주는 지옥은 없다. 그것은 인간이 스스로 만든 것이다. 육신을 떠나면, 이 세상에서 당신이 가졌던 의식적인 이해 혹은 당신의 종합적인 감정 상태에 걸맞은 세상이나 진동 차원으로 갈 것이다.

7개의 다른 깨달음, 혹은 의식과 이해의 차원이 있다. 일곱 단계의 이해는 번식과 생존, 두려움과 고통, 권력, 느끼는 사랑, 표현된 사랑, 모든 생명에서 드러나는 신, 그리고 나는 신이다.

다음과 같은 것을 이해하기 바란다. 당신이 숙고하고 마음에 품은 모든 이해들은, 전부 고유한 진동 주파수를 가지고 있으며 그것은 감정으로 느껴진다. 그래서 고통에 대해 파악하여 마스터하기 원한다면, 고통을 불러일으키는 생각들을 함으로써, 고통을 느낄 수 있는 낮은 진동 주파수를 가지게 된다. 사랑과 사랑의 이해에 대하여 숙고하고 완전히 알아 표현하고 싶다면, 사랑을 나누고 표현하는 생각을 함으로써 높은 진동 주파수를 경험할 것이다. 당신의 의식이 이해를 위해 지속적으로 집중하면, 당신은 그것에 맞는 세상으로 갈 것이다. 왜냐하면 자기력이 강한 오라장인, 당신 존재의 영은, 그것에 맞는 진동 주파수로 당신을 이끌기 때문이다.

당신의 어머니는 이 세상을 떠나 크나큰 마음의 평화와 안식을 취하고 있으며, 그것은 그녀가 간절히 원했던 것이고 그녀에게 필요했던 것이다. 그녀는 이 세상에서 얻은 지식과 이해의 수준에 걸맞은 차원의 천국으로 간 것이다. 당신이 단지 지금 이 차원에 있는 것처럼, 그녀도 그녀에게 맞는 세상에 있는 것이다. 그녀가 있는 차원은 4차원이며, 그곳은 사랑을 느낄 수는 있지만 제대로 표현하지 않는 감정 태도를 가진 사람에게 맞는 차원이다. 당신의 어머니는 무척 정이 많은 존재였으나 그런 마음을 제대로 표현할 수 없었다. 당신과 그녀의 남편은 그녀를 제대로 이해할 수 없었다. 그녀가 대부분의 느낌을 표현할 수 없었기 때문이었다.

당신의 어머니는 지금 위대한 차원에 있으며, 그녀가 원하는 만큼 그곳에서 지낼 수 있다. 그녀가 발전에 대한 생각을 숙고한다면, 빛의 존재로서 생각의 다른 차원으로 계속 확장해 가거나, 혹은 이 세상, 1차원으로, 그녀를 가장 잘 표현할 수 있다고 느끼는 어떤 유전 형질으로든 돌아와 물질로 된 밀도 차원인, 이 세상에서 일곱 번째 이해의 차원까지 계속 발전할 수 있다.

이 차원, 이 천국은, 보여주는 세상이라고 한다. 왜냐하면 사람들은 이곳에서 자신들의 창조력을 물질로 목격할 수 있으며 어떠한 태도라도 감정으로 표현하고 있기 때문이다. 7개의 차원 가운데 유일하게 어둠이 있고 유일하게 빛의 음악을 들을 수 없는 곳이, 보여주는 세상이다. 다양한 지식을 가지고 태어난 사람들이 사회의식의 프로그램을 겪으며 무지해지는 곳도 바로 이곳이다. 그것이 바로 여기에서 일어나는 일이며, 그리고 그것이 이 지상에서 성장하기 힘든 이유이다.

당신의 어머니가 이 세상으로 다시 돌아온다면, 당신의 자식이나 혹은 자식의 자식 중의 하나로 태어날 수 있다. 당신이 살아 있는 동안 돌아온다면, 당신의 딸이 아이를 갖기로 했을 때, 그녀는 당신의 손녀로 돌아올 것이다. 그리고 당신이 스스로 허용한다면, 어머니를 알아볼 것이다. 당신이 그 아이를 볼 때 아이의 뚜렷한 얼굴이나 모습을 넘어선 어떤 느낌을 갖게 될 것이기 때문이다.

어머니가 당신을 알아차릴 수 있을까? 물론이다. 당신이 이 세상을 떠나면, 육신 안에 있을 때보다 훨씬 더 많은 것들을 알아차릴 수 있다. 당신이 인식하는 모든 차원과, 쉽게 조율할 수 있게 된다. 더 이상 물질이라는 밀도에 갇혀 있지 않기 때문이다. 당신은 더 가벼운 밀도, 더 높은 진동 주파수를 가지고 있기 때문에, 당신의 세상과 평행적으로 존재하는 다른 진동 차원을 볼 수 있는 능력을 갖게 되고, 그것들은 생각의 형태로 혹은 빛의 형태로 나타난다. 어머니가 원한다면, 당신을 쉽게 알아차릴 수 있을 것이며, 당신이 이 세상을 떠날 때, 당신이 원한다면, 이곳에 있는 사람들을 잘 알아차릴 수 있을 것이다.

당신의 어머니는 행복한가? 만약 여기에서 행복하지 않았다면, 이곳을 떠날 때, 느끼는 불행은 더욱더 강해진다. 몸이 없으면 순수한 느낌과 감정 상태에 있게 되기 때문에, 감정은 더욱더 증폭되고 강해진다. 그러나 그러한 감정의 증폭으로부터, 기쁨을 이해하고 계속 성장하기 위해 당신에게 필요한 차원을 구현하는 것을 빨리 배운다.

당신이 보면 무척 슬퍼할 세상에 대해 말해 주겠다. 그곳은 1차원과 2차원의 의식을 표현하고 있는 수많은 존재들이 있는 세상이다. 그곳은 끝없이 펼쳐진 들판과 같은 곳이다. 그곳에서 무엇을 발견할 수 있을까? 당신은 그곳에서 빛의 형태로 된 산이나 강, 초원이나 꽃 그리고 빛의 형태로 된 하늘을 볼 수 없다. 그곳에는 수십억이나 되는 수많은 존재들이 줄지어 누워 있다. 그들은 자신들이 죽었다는 환상 속에 살며 잠들어 있다. 그들이 사후세계의 삶은 없다고 확고하게 믿기 때문이다. 비록 그들의 생각이 에너지를 가진 상태에서 생생히 살아 있어 호기심도 많고, 충동적이며 변덕을 부리면서 여전히 살아 있음에도, 진정 살아 있음에도, 그들은 자신이 죽었다고 생각한다. 기억하라, 어떤 것이라도 확고하게 믿는다면, 진리라고 알고 있는 것이 어떠한 것이건 그것은 현실로 바뀔 것이다. 우리의 창조력과 의지는 그만큼 강력하다.

그곳에 있는 대부분의 존재들은 죽으면, 구세주가 다시 돌아올 때까지 죽어 있을 것이라고 배웠으며, 신의 사랑으로부터 멀어진다는 느낌과 두려움으로 인해 그러한 가르침을 진실로 받아들였다. 그래서 죽기 바로 직전까지, 그들은 부활을 기다리는 곳으로 간다고 믿었다. 이 차원에서, 수많은 존재들이 줄지어 누워 그들보다 위대한 존재라고 믿고 있는 누군가에 의해 부활되기를 기다리고 있다. 비록 우리가 그들을 깨우려 했지만 — 깨어나고 일어난 사람들이 몇 명 있다 — 대부분은 어떤 악마와 같은 존재가 나타나 그들을 깨우려 한다고 배웠으므로 그것 또한 진실이 되어 누가 그들을 깨우려 하든, 그들은 깨어나기를 거부한다. 그들이 살아 있다는 것을 깨달아 잠에서 깨어나기까지 수천 년의 세월이 걸릴 것이다. 가장 불행한 가르침이다.

이곳이 유일하게 고통스러운 세상이며, 그러한 가르침을 절대적인 앎이라고 믿고 있는 존재들이 있는 곳이다. 그리고 당신은 그곳에서 당신의 형제들이 아주 멀리까지 잠들어 있는 모습을 볼 수 있을 것이다. 다른 모든 차원에는 장엄한 삶이 있다.

학생: 람타, 죽은 사람들을 만나거나 그들과 소통할 수 있나요?

람타: 당신의 어머니를 보고 싶은가?

학생: 네, 아주 많이 보고 싶습니다.

람타: 그렇게 될지어다. 당신의 어머니가 동의하는지 알아보고, 그녀가 원한다면, 그녀를 볼 수 있는 시간을 마련하겠다. 그러나 그것은 전혀 예상치 않았을 때 일어날 것이기에, 착각이 아니라는 것을 알 수 있을 것이다.

당신의 어머니를 빛으로 보게 된다고 해서 그녀가 당신보다 더 위대하지 않다는 것을 알아야 한다. 그 빛은 그녀의 본질이 빠르게 진동할 때, 그 속도로 인하여 나오는 것이다. 그리고 당신도 그러한 빛을 가지고 있다. 빛의 존재로 보일 때, 그것은 단지 그녀가 높은 진동 주파수로 낮은 차원과 소통하기 때문이다.

바로 여기에 5차원으로부터 온 존재들이 있다. 그들이 사랑하는 사람들이 청중 가운데 있기 때문이다. 그들은 희미한 빛이어서 당신의 시야의 범위를 벗어나 본다면 볼 수 있을 것이다. 하지만 추상체로 이루어진 눈으로 직접 보려 한다면, 당신은 볼 수 없을 것이다. 그렇지만 그들은 여기에 있다. 알겠는가?

학생: 네, 잘 알았습니다. 감사합니다.

람타: 좋다. 알면 좋은 것이 있다. 아무것도 믿지 말라. 절대로. 믿음은 당신이 아직 알지 못한 것과 경험을 통해서 이해하지 못한 것을 자신에게 억지로 납득시키는 것이다. 그리고 믿음은 매우 위험하다. 왜냐하면, 믿음에, 당신의 삶과 태도를 맡겨버리고, 당신의 내면에서 진리로 확립되지 않은 것을 신뢰하여, 자신을 아주 약하게 만들어버리기 때문이다. 그럴 때 당신은 쉽게 조종당하고, 저주받고, 비난받고, 심지어는 목숨까지 잃을 수 있다. 이런 모

든 것들이 단지 믿음 때문에 일어난다.

　알고 싶은 것이 있다면, 그것이 무엇이건 알라, 그리고 이해를 위해 단순히 질문하고 당신 내면의 느낌에 귀를 기울이면 된다. 항상 당신의 느낌이 갖고 있는 지혜를 믿어라. 결코 그러한 느낌을 거스르지 말고 내면에서 좋은 것으로 느껴지지 않는 믿음을 자신에게 억지로 강요하지 말라.

　또 다른 것이 있다. 살인자와 살해자를 불쌍히 여겨라. 사람을 죽이면 그들은 반드시 처리해야만 하는 감정적으로 끔찍한 일을 겪게 되며, 그것은 대개 수천 년 이상이 걸리기 때문이다. 살해당한 사람은 곧바로 새로운 몸을 받아 태어난다. 살인한 사람은 결코 잊지 못한다.

　학생: 사람이 죽어 이 세상을 떠나면, 자신의 삶을 회고하고 다음 생에 무엇을 할 것인가 결정하기 위해 어디로 갑니까?

　람타: 이해의 과정에서 얻은 종합적인 태도와 일치하는 차원이나 천국으로 가게 된다.

　예를 들어, 당신, 존재는, 제한 속에서 생존을 비롯하여 고통, 권력, 표현하지 못했던 사랑 등에 관한 이해를 습득한 후, 5 차원의 의식인 사랑, 말로 표현된 사랑, 나타난 사랑을 표현하고 있는 중이다. 만약 당신이 이 때 이 차원을 떠난다면, 낙원이라고 하는 천국으로 갈 것이다. 그곳이 당신이 자각할 수 있는 가장 위대한 이해의 차원이기 때문이다.

　다시 말해, 마스터, 당신이 지금까지 알고 이해한 것들은 아주 넓고 광범위하다. 이제 당신은 자신만의 고유한 진리와 가치, 자신의 고귀함, 당신 진리의 자주성, 그리고 자신의 사고 과정의 힘을 이해하고 깨닫기 시작하였다. 당신은 주위의 삶을 통해서 자신의 아름다움을 보기 시작하였고, 다른 사람들에 대한 자비심과 모든 생명의 고귀함에 대한 존중을 키우고 있는 중이다. 당신은 이러한 모든 진리를 표현하고 있는 것이다. 왜냐하면 경험과 당신이 숙고하는 과정과 경험으로부터 이러한 것들을 당신의 왕국에서 실현되어야 할 진리로, 존재의 이상으로 받아들였기 때문이다. 이것은 당신의 의식적인 이해가 얼마나 성장했는가를 보여준다. 그러나 아직도 보고, 경험되고, 이해되어야 할 더 무한한 존재의 상태, 더 위대한 이해가 있다. 지금 현재 당신이 표현하고 있는 것들을 먼저 알고 완전히 이해하기 전까지는 이러한 것들을 즐기거나 혹은 이상으로 받아들일 수 없다. 더욱더 위대한 이해를 포용하기 위해서는 지혜를 쌓아야 하기 때문이다.

예를 들어, 자신의 지고한 아름다움을 먼저 알아보고 자신에 대한 사랑과 자비심을 표현하기 전까지, 당신은 진정으로 모든 생명의 아름다움을 보거나 느낄 수 없으며, 다른 사람에 대한 깊은 사랑과 자비심을 표현할 수도 없다. 자아에 대한 사랑이 이해 속에서 실제가 되면, 당신 이외의 모든 생명을 포용할 수 있는, 이해를 확장하는 기반을 갖게 될 것이다. 그리고 그러한 이해가 실현되어 앎이 되면, 자신의 바깥에 있다고 인지하는 생명이 자신임을 깨닫기 시작할 것이다. 알겠는가?

당신이 이 세상을 떠나면, 당신의 사고방식과 표현하는 감정적인 태도에 걸맞은 의식을 이해하는 차원으로 가게 될 것이다. 당신은 당신이 가진 의식보다 더 높은 의식 차원으로 갈 수 없다. 그러한 의식 차원이 존재한다는 것을 알지 못하기에, 그것은 당신의 현실이 될 수 없다.

학생: 그렇다면 우리의 삶은, 이 세상이건 혹은 여기를 떠날 때 가는 세상이건, 항상 우리가 생각하는 그대로이겠군요.

람타: 그러하다. 이것이 내가 당신에게 더 무한한 사고방식을 갖도록 가르치는 이유이다. 당신의 생각이 무한할수록, 당신이 어디에 있건, 당신의 삶 또한 더 무한해질 것이기 때문이다. 생각과 감정으로 이루어진 내면의 왕국인 이곳에서 당신이 창조하는 천국이 클수록, 이 세상을 떠나거나 혹은, 당

신이 선택하여 여기로 다시 돌아올 때, 더 위대한 천국을 경험할 것이다. 죄의식에 쌓여 있거나, 자신과 다른 사람들을 비판하고, 형제들에 대한 미움과 증오를 가지고 있는 사람들은 이 세상을 떠난다 해도 그것을 통해서 배우고, 경험할 수 있는 더 원대한 방법과 더 위대한 천국이 있다는 것을 알고 깨달을 때까지, 그러한 태도를 계속 경험할 것이다.

학생: 당신은 7 개의 차원(용어정리_역주)이 있다고 말했습니다. 다른 차원에 대해, 특히 7 차원에 대해 말씀해주시겠습니까?

람타: 당신이 사는 이곳은 1 차원으로서, 3 차원적 인지의 세상이다. 여기에서 사람들은 물질이라는 형태로 신에 대한 이해를 얻는다. 그것은 아주 훌륭한 일(mastery)이다. 왜냐하면 탄생의 과정을 거쳐 이 세상에 태어나 육신이 가지고 있는 한계와 본능을 극복해야 하기 때문이다.

이 차원은, 모든 의식 단계의 이해가 존재한다. 이곳이 표현하는 신 혹은 보여주는 세상이기 때문이다. 이곳은 당신의 감정적인 이해를 확장하기 위해 의식을 물질의 형태로 표현하고 경험할 수 있는 세상이다. 지구라고 부르는 이곳은 보여주는 세상에서 존재가 육신을 통해 경험하고 자신을 표현할 수 있는 수많은 곳 중 단지 하나라는 것을 알기 바란다.

2 차원은 그들의 이해를 위하여 고통, 후회 그리고 죄의식을 경험하는 세상이다. 3 차원은 힘의 세상이라 불린다. 그곳은 성교나 육체적인 수단을 통하지 않고 — 그런 것을 가지고 있지 않기 때문에 — 사고 작용으로, 그들이 가지고 있는 관점을 모든 사람이 보게 하려고 시도함으로써, 다른 것을 통제하거나 노예화하려고 하는 세상이다. 4 차원은 사랑의 세상이다. 이 세상에 있는 모든 이들은 깊은 사랑을 가지고 있지만, 그것을 제대로 표현하지 못한다. 그리하여 그들은 위대한 사랑을 경험하지만 그 사랑을 표현할 능력이 없는 빛 - 차원의 존재로서 살아간다.

5 차원은 낙원으로 불린다. 황금빛이라는 황홀함을 가진 첫 번째 세상이다. 태양으로부터 나오는 빛 그러나 황금색인 빛을 상상하라. 5 차원의 세상에서, 그 색은 모든 것을 감싸 안지만 그곳의 모든 것은 자신만의 독특한 색을 생생하게 유지한다. 또한, 어둠이 없고, 오직 황금색 빛만 있다. 그리고 음악 — 경이로운 음악 — 이 항상 들린다. 모든 것을 둘러싸고 있는 빛이 경이로운 조화의 움직임으로 색상에 따라 진동하기 때문이다. 이 조화로운 움직임은 공기가 아닌, 생명의 숨결이다. 그리하여 낙원의 세상은, 소리와 음악으로 숨을 쉬고 빛 속에서 살아간다.

알다시피, 당신의 세상인, 1 차원에서, 성욕, 고통 그리고 권력을 이해하고 마스터하여, 사랑을 표현된 현실로 이룬 사람들도 있다. 그리고 그들은 여기에서 그것을 다소 쉽게 이룰 수 있었다. 그러나 6 차원과 7 차원의 이해 차원에서 이루는 것은 보여주는 세상에서 쉽게 성취될 수 없다. 왜냐하면 그러한 이해는 보여지는 것을 넘어서기 때문이다. 1 차원에 살면서 사랑한 사람들 — 그들의 사랑을 말과 몸짓 그리고 행동으로 표현하고, 사랑으로 그들의 삶을 살아가기 원하는 — 은 이 세상을 떠나면, 5 차원으로 간다. 그리고 낙원의 세상에서, 이 낙원이 아주 멋지다고 생각하여 다른 세상이 있다는 것을 깨닫지 못해 수십억 살 된 이들도 있다.

5 차원에 살고 있는 이들은 자신의 사랑을 표현하고 구현할 수 있는 능력을 가지고 있다. 그곳에서는 당신이 원하는 것은 무엇이든, 순식간에 구현된다. 만약 낚시를 좋아하는, 어부가 낚시를 하고 싶다면, 그는 자신의 눈앞에 나타날 호수로 갈 것이다. 호수는 큰 사이프러스 나무, 포플러 나무, 그리고 어떤 것이든 그가 사랑하는 나무들로 둘러싸여 있을 것이다. 그가 가을의 호수를 좋아한다면, 포플러 나무는 갈색을 띨 것이고, 사이프러스 나무는 짙은 에메랄드 색으로 변할 것이다. 낚시하는 동안, 시원한 산들바람이 불기 원한

다면, 호수 위로 부드럽게 바람이 불어 올 것이다. 아름다운 호수에 작은 미끼를 던져 자신이 원하는 물고기를 잡는 생각을 하면, 보라, 그가 물고기를 잡을 것이다. 그러면 그는 물고기 — 이 지상에 있는 물고기와 비슷한 — 를 그가 원하던 꿈의 집으로 가져가 맛있게 요리하여 먹을 것이다. 그가 했던 것을 사랑하기 때문에, 그는 행복하다.

그곳에 사는 존재들은 그보다 더 좋은 곳이 있다는 것을 상상하지 못한다. 그래서 그곳을 낙원이라 부른다. 이곳은 사랑을 깨닫고 표현하지 못했던 자들은 성취하기 힘든 곳이다.

5차원에서 한동안 자신을 표현하다 보면 모든 것을 감싸고 있는 빛의 근원이 무엇이며 자신이 그곳에 있을 자격이 있는지에 대하여 결국 의문을 가질 것이다. 많은 이들은 그들이 왜 낙원에 있는지 궁금해 하지 않은 채, 그 세상을 그대로 받아들인다. 그러다가 그들도 마침내 음악과 빛들이 어디에서 오는 것일까 곰곰이 생각할 것이다. 그들은 눈부신 생명력의 에너지가 동등함을 가지고 있으며, 빛과, 꽃과, 물고기와, 호수와, 가을의 갈색 포플러 나무들이 동등하다는 것을 보기 시작할 것이다. 그리고 그는 삼라만상의 동등함에 대해서 숙고하기 시작할 것이다. 그렇게 할 때, 어느 것도 서로 분리되지 않은 하나의 흐름으로 보이기 시작할 것이다. 그가 그것을 보기 시작하면 — 사랑의 표현을 통해 이해하고 깨달은 모든 사랑을 지니고 모든 것, 모든 존재들이 하나임을 숙고하기 시작할 때 — 그는 6차원의 이해로 나아갈 것이다.

6차원의 천국은 말로 표현할 수 없다. 왜냐하면 어떠한 말로도 당신 — 나무와 바람 그리고 옆에 앉은 사람이 자신과 다르다고 믿고 있는 — 에게 어떤 것과 완전히 하나이며, 그러면서도 당신이 하나인 것과 분리되어 있다는 것을 말로 설명할 수 없기 때문이다. 6차원은 7차원으로 가기 위한 문이며, 어떤 이가 현실이라 인지하고 아는 것이 무엇이든, 그는 항상 완전히 그것이 되어 버린다. 그리하여 오직 하나됨 안에서 신을 보고 그 하나됨의 영역에서 살 때, 그는 자신이 보는 그것이 될 것이며 그것과 더불어 살 것이다. 그러한 되어감의 극치와 절정이 바로 7차원이다. 그 천국으로 가는 문은 순수한 논리, 순수한 생각, 순수한 생명, 순수한 빛, 존재하는 모든 것의 본질이자 근원인, 보는 것이 당신 자신이 되는, 6 차원을 이해하는 것이다.

이제 7 차원이다. 찬란함보다 더 한 찬란함을 상상하라. 계속 진화하는 그 찬란함의 중심핵은 더 이상 찬란함을 가질 수 없는 그러한 색조를 띠고 있음에도 찬란함을 방출하는 상태이다. 그 찬란함의 중심핵에서 경이로운 섬광이 일어난다. 그 바다의 중심핵은 움직이고 팽창하면서 위로 굽이쳐 올라간다. 중심 핵이 굽이쳐 올라감에 따라, 중심핵의 찬란함은 빛이 정렬하는 극적인 장관을 뿜어낸다. 그 정렬된 빛의 찬란함이 사방으로 퍼지고, 중심핵은 계속 진화하고, 계속 존재한다.

그 중심핵에서 뻗어 나온 이가 바로 당신이다. 당신 — 중심핵에서 뻗어 나와 찬란함의 장관에 더해지는 — 은 중심핵에 대한 생각을 숙고하며, 나아가는 고유한 형태의 중심핵이 되었다.

중심핵을 숙고하고 그것이 되어버린 당신은 이제 모든 생명이 분출하는 무대가 된 것이다. 중심핵의 방출로부터 찬란하게 나오는 것이 생각이기 때문이다. 그리고 그 생각으로부터, 당신은 지속적이고, 고유한 형태로, 모든 생명의 의식을 부양하고 확장시킬 것이다.

나의 말로는 충분히 설명할 수 없다. 그 비전은 시공간과 측정의 한계 — 언어의 한계 — 를 넘어서야만 하는 감정적 이해이기 때문이다. 그러나 당신에게 확언하건대, 마스터, 당신이 진화하고 이해를 확장 — 매 순간, 한 걸음 한 걸음, 깨달음 위에 깨달음으로 — 할수록 당신의 앞날은 더욱더 광대해져, 마침내 존재하는 모든 것을 당신의 감정으로 감싸 안을 것이다. 그때 당신은 기쁨 그 자체일 것이다. 그것이 7 차원이다. 그것이 신이다. 그것은 모든 것들이 궁극적으로 도달하는 곳이다.

학생: 사람들이 이 세상으로 다시 돌아오는 이유를 알고 싶습니다.

람타: 이 세상에 있는 사람들만큼이나, 마스터, 많은 이유가 있다. 대부분의 존재들은 이 세상으로 계속 돌아온다. 여기에서 수많은 생을 살아온 그들이 익숙하게 느끼기 때문이다. 이곳이 그들에게는 고향인 것이다. 이곳은 그들의 뿌리이다. 이 세상을 떠날 때, 그들은 많은 사람들에 대해 상당한 감정적 애착을 가지고 떠난다. 그러한 애착은 사랑으로 인한 것뿐만 아니라 죄의식이나 증오로 인한 것이기도 하다. 그래서 그들이 여기를 떠나면, 이 세상과 다른 사람들에 대한 집착이 감정적인 고리를 만들어 생 후의 생 그리고 그 이후의 생에도 계속해서 이곳으로 돌아오게 한다.

다양한 차원을 다니면서 경험을 쌓은 후 자신들이 이해하고 경험한 것들을 이 세상으로 가져오는 모험가들도 있다. 그런가 하면 이 세상에서 경험하고 싶은 것들을 다 한 후 다시 돌아오지 않고 다른 곳으로 가는 이들도 있다.

학생: 당신은 사람이 죽으면, 그가 가지고 있는 태도에 따라, 당신이 말하는 여러 차원이나 세상 중의 하나로 가며, 그곳에서 자신이 여기로 돌아올 것인지 결정한다고 말했습니다.

람타: 참으로 그러하다.

학생: 그렇다면 그 결정은 어떻게 하나요? 누가 그런 결정을 하나요? 각자 스스로 결정합니까?

람타: 한 존재가 전생에서 어떻게 표현을 했건, 마스터, 높은 곳에 앉아, 그 존재에게 어떤 특정한 차원이나 표현하기 위한 장소를 선택하도록 지시하거나 통제하는 이는 아무도 없다.

당신 질문에 대답하기 위해, 오래 전에 이 세상에서 살았던 한 사람에 대한 이야기를 하겠다. 그가 이 세상에서 떠났을 때, 그는 이 세상에서 힘과 고통을 경험하고 그것들을 이해하였으며, 사랑의 감미로움과 따뜻함을 표현하였다. 그것은 그의 이해가 5 차원의 세상과 일치한다는 의미이다. 그래서 그가 이 세상을 떠났을 때, 그가 간 곳은 자신이 원하는 만큼 편하게 쉴 수 있는 휴양지와 같은 곳이었다.

5 차원에서는 존재들이 그들의 생각 ― 그들의 목소리 ― 으로 무엇을 상상하고, 무엇을 원하건, 순간적으로 구현한다. 그들은 색상, 형상, 환상 그리고 삶의 모든 것을 경험한다. 그리고 더 많은 것들이 있지 않을까 곰곰이 생각하기 전까지, 그곳에서 원하는 만큼 자신들의 꿈을 이루면서 지낼 수 있다. 그리고 실제로 더 많은 것들이 있다. 아직 그들이 볼 수 없는 두 개의 차원이 존재하는데, 그 이유는 그것들에 대한 이해가 그들의 사고 과정에서 제외 되었거나 삶에서 표현해 온 적이 없기 때문이다. 그러한 세상을 경험하려면, 모든 것에서 신을 볼 수 있어야 하며 그들 자신이 신이 되어야 한다. 그들은 서툴게 사랑을 표현해 왔지만, 아직 신, 그리고 모든 생명과 하나임을 이해하지 못했다.

천국에서 짧은 시간을 보낸 후, 이 마스터는 무언가 더 있을지도 모른다는 생각에 잠기기 시작했다. 그리하여 그는 도움을 요청하였다. 이곳에서는 언제든 도움을 받을 수 있다. 보라, 그 앞에 눈부시게 빛나는 옷을 입은 경이로운 존재가 나타났다. 그는 그 존재에게 말하였다. "지혜로운 자여, 고민이 생겼습니다. 나는 여기 천국에서 모든 것을 가졌습니다. 평소 잡고 싶었지만 잡지 못했던 물고기도 잡아보았습니다. 갖고 싶었지만 가질 수 없었던 아름다운 집도 가졌습니다. 가꾸지 않아도 되는 꽃들도 있습니다. 정말 경이로운 곳입니다. 내 옷을 보십시오. 한 번도 이런 옷을 입어 본 적이 없습니다. 그러나 고민이 있습니다. 비록 여기에 많은 친구들이 있지만, 정작 내가 사랑하는 여인은 없습니다. 나를 고민하게 하는 것은 이것만이 아닙니다. 신은 어디에 있습니까? 나는 이러한 모든 경이로운 것들을 보았습니다. 나는 이러한 모든 경이로운 것들을 가졌습니다. 그러나 신은 어디에 있습니까?"

지혜로운 자가 그에게 말했다. "모든 것들을 즐기고 있지만, 무엇인가 더 있을지도 모른다는 의문을 가진 당신에게, 자신에게 많은 것을 베푼 신이 어디에 있는가 궁금해하는 당신에게 축복을 보냅니다."

"네, 그것이 제가 가장 많이 고민하는 것입니다. 나에게 이 모든 훌륭한 것들을 주신 신에게 감사를 드리고 싶습니다. 비록 내가 지금까지는 신을 조금 두려워했지만, 가능하다면, 신에게 경의를 표하고 싶습니다."

지혜로운 존재가 말했다. "마스터, 나와 함께 갑시다. 데려가고 싶은 곳이 있습니다."

눈 깜짝할 사이에, 그들은 한 연못가에 도착하였다. 그럼에도 어떠한 미동도 없었다. 지혜로운 자가 말했다. "마스터, 내 옆에 앉아 연못을 들여다보십시오."

그 남자는 연못을 들여다본다. 그가 무엇을 보는 것일까? 이전의 차원에서 그가 마지막으로 표현한 것을 본다. 어머니의 젖을 빨던 아기 때부터, 귀여운 엉덩이를 내놓고, 무릎이 까지며 구슬치기에 빠져 놀고, 청년의 시기에 내키지 않아 하는 여자에게 추근대고, 성인이 되어, 결혼하고, 그리고 영원한 사랑을 하고, 자식을 낳고, 기회를 얻어, 친구와 함께 일을 하여 재물을 모으는 것을 본다.

그는 무척 놀랐다. 이전에는 한번도 본 적이 없었던 것처럼 자기 자신을 보고 있었기 때문이었다. 그는 그 생에서 신이 존재한다고 믿었던, 선량한 사람이었다. 권력을 가졌음에도, 그것을 이용해 다른 사람들을 지배하려고 하지 않았다. 진심으로 가족을 사랑하고 그러한 사랑을 솔직하게 표현할 줄 알았다. 그는 그 생에서 다른 사람들을 가르치고 많은 것을 깨달은 자상하고 겸손한, 순수한 영으로 알려졌었다.

연못에서 펼쳐지는 그의 삶을 바라보고 그가 본 것들에 대해 숙고한 후, 그 남자는 지혜로운 존재를 바라보면서 말했다. "제가 잘 살았군요."

그 지혜로운 존재가 말했다, "그렇습니다. 당신은 잘했습니다. 단지 신이 누구인가에 대해서 전혀 알려고 하지 않았다는 것만 제외하고 말입니다. 당신은 항상 신을 자신과 모든 생명으로부터 분리시켰습니다."

"당신의 부인, 그녀를 봅시다. 부인에 대한 당신의 사랑이 가진 매우 위대한 점은 그녀가 가장 좋아하는 것들을 주었다는 것입니다. 당신이 그녀에게 모든 것을 다 주었음에도 그녀가 당신을 사랑할 수 있도록 자기 자신을 충분히 사랑하지 않았다는 것만 제외하고 말입니다. 모든 것을 줄 수 있는, 당신이 진정 얼마나 훌륭한 사람인지 당신은 결코 인정하지 않았습니다.

당신의 고민을 좀 더 쉽게 해결할 수 있도록, 당신에게 이것을 제안합니다. 다시 돌아가십시오. 그곳에는 당신이 구현했고 표현했던 것들이 있습니다. 이번에는, 자신을 사랑하고, 당신 존재의 내면에서 그 사랑을 표현하고, 모든 것들의 아름다움에서 신을 보는 법을 완전히 배우기 바랍니다."

"돌아가기로 결정했다면, 다음 생에 누가 될 것인가에 대해서 신중하게 선택할 것을 제안합니다. 그러면 당신 앞에 놓인 그 역할은 당신 자신이 되는, 아직 이해하지 못했던 것들을 이해하는 기회를 줄 것입니다."

"당신에게 잠시 혼자 있을 시간을 주겠습니다. 이러한 것들에 대해 곰곰이 생각하십시오. 충분히 생각하십시오. 돌아가기로 결정했다면, 나에게 알려 주십시오. 그러면 가장 좋은 방법을 말씀드리겠습니다."

그 남자는 그곳에 앉아, 약간 지칠 때까지, 숙고하였다. 그는 이전에 가질 수 없었던 모든 것들을 가지고 있으며, 만약 그가 돌아간다면 그 모든 것을 다 잃게 될 것이다. 그렇지만 그는 고민하였다. 자신을 낙원에 있도록 축복을 준 신을 발견하고 싶었기 때문이었다. 그는 지혜로운 존재를 불렀다. 그리고 그에게 "지혜로운 자여, 신을 보고 싶습니다. 그러나 제가 어떻게 해야 할지 모르겠습니다."라고 말했다.

지혜로운 존재가 말했다, "당신이 해야 할 것은, 마스터여, 당신 자신에게 알려주고 싶은 때를 결정하면 됩니다. 언제, 어떤 장소이건 상관없습니다. 당신이 원하는 경험을 하려고 한다면 시간과 장소에 상관없이, 당신에게 필요한 것들이 주어질 것이기 때문입니다. 당신이 전생의 가족으로 다시 태어나기를 특별히 원한다면, 제안하건대 — 그리고 이것은 단지 제안입니다 — 가족과 함께 하십시오. 당신은 그들과 함께 함으로써 가장 많은 배움을 성취할 수 있었기 때문입니다."

그 남자는 잠시 동안 이것에 대해서 생각했다. 그런 후 그가 말했다. "오, 지혜로운 자여. 또 다른 질문이 있습니다. 신을 보았을 때 그가 신이라는 것을 어떻게 알 수 있을까요?" 그 존재가 그에게 대답하였다. "자신을 알게 되면, 당신은 신을 알 것입니다."

그 대답이 남자의 마음을 무척 편안하게 하였다. 그가 존재한 이래로 신이 자신과 같을 수도 있다는 생각에 처음으로 신이 가깝게 느껴졌기 때문이다. 그래서 그는 지혜로운 존재에게 말했다, "나는 다시 돌아가 신을 보고 싶습니다. 그리고 다시 내 가족의 일원이 되기 원합니다."

지혜로운 존재가 말했다, "연못을 들여다보십시오. 무엇이 보입니까?" 남자는 연못을 들여다보았다. 그리고, 보라, 그가 떠날 때 어린아이였던 아들이 이제는 젊은 청년이 되어 고혹적인 여인에게 구애하는 것이 보인다. 그들은 서로 사랑에 빠져, 사랑의 행위가 이미 시작되었다.

지혜로운 존재가 말했다, "좋은 기회입니다, 마스터, 당신 아들의 자식을 통해서 돌아갈 수 있는 길이 주어졌습니다."

"내 아들을 통해서요? 내 아들의 아들이 되란 말입니까? 아버지인, 내가 내 아들의 아들이 되고 아들은 내 아버지가 되란 말입니까?"

"물론입니다. 이전에도 한 번, 그는 당신의 아버지였고 당신은 그의 아들이었습니다. 그래서, 자, 우리는 단지 이것을 다시 한 번 반복하는 것입니다."

그 남자는 이것에 대해서 생각해보더니 지혜로운 자를 쳐다보면서 말했다, "하지만 나는 아내를 무척 사랑합니다. 어떻게 내가 아내의 손자가 될 수 있습니까?"

"당신은 어릴 때부터, 유난히 할머니를 따를 것입니다. 당신이 성인이 될 때쯤, 할머니는 이 세상을 떠날 것입니다. 당신의 가슴 속에 있는 사랑을 표현할 수 있도록 도와주었던 무언가는 그 일을 마칠 것입니다. 그러면 당신은 신을 그 자체의 아름다움으로 보는 새로운 시각을 얻게 될 것입니다.

그 남자는 이 말에 대해서 곰곰이 생각하더니 말했다, "저에게 많은 도움을 주신 존재여! 모든 것들이 준비되면, 아들의 자식으로 태어나기를 원합니다."

지혜로운 이가 그에게 말했다. "그 씨앗이 곧 올 것입니다. 그것을 보면, 당신 아들의 빛의 일부가 되십시오."

"어떻게 해야 합니까?" 그리고 그는 주위를 돌아보았다. 그리고, 보라, 놀랍게도, 그 존재는 이미 사라졌다. 대신 그는 자신의 아들을 바라보고 있었다. 그가 이미 아들의 빛의 일부가 되었기 때문이다. 아들은 그의 아버지가 곁에 있다는 것을 모르지만, 최근 아버지에 대한 느낌이 자주 떠올랐다. "아버지가 만약 지금의 내 모습을 본다면 얼마나 좋을까?"라며 그의 아들은 생각했다. 물론 그는 그런 아들의 모습을 보고 있었다.

아이가 자궁 안으로 들어서는 시간이 되었다. 그 남자는 생각을 통해서 그리고 자신이 원하는 삶에 따라 아이를 설계하는 일부가 될 것이다. 그는 수정하는 순간에 몸으로 들어가거나 혹은 아이가 태어나고 나서 일 년 후까지 기다릴 수 있다.

그 남자는 몹시 조급했다. 모든 것들이 그에게 익숙했기 때문이다. 그래서 그는 되도록이면 빨리 아이가 되기로 결정하였다. 자신을 밀어 넣는 순간, 눈 깜짝할 사이에, 그는 자신을 완전히 잊어버렸다. 그가 처음으로 느낀 것은 자신의 목에서 나오는 기침이었고 누군가가 자신의 눈을 닦고 부드러운 천으로 감쌌다는 것이었다.

내가 당신에게 말한 이 이야기는 사실이다. 지혜로운 빛의 존재는 그 남자가 어떤 삶을 선택해 어떻게 자신을 표현하고 살아갈 것인지 대신 선택해주지 않았다. 지혜로운 존재는 단지 그 남자를 어떤 장소, 그의 혼이 베일을 벗은 신비로운 연못으로 데려갔고, 그가 전생을 본 후 다음 생에서 필요한 경험이 무엇인지 스스로 결정하도록 도와주었다.

그 생에서 비록 어린아이일지라도, 그 존재는 이미 사랑하는 법을 알았다. 그것은 그가 마스터해야 하는, 자신 안에 있는 신을 보고, 그것이 되는 것이었다. 그리고 그는 그렇게 하였다. 그 존재의 이름은 붓다였다.

당신은 항상 무엇인가를 선택해왔다. 그리고 당신은 항상 무엇인가를 선택할 것이다. 어느 누구도 당신을 위해 선택하지 않는다. 낙원에서 살았던 그 남자가 이 차원의 아름다움을 통해 신을 보려고 그리고 신이 되려고 더 많이 노력하지 않았다면, 그는 아직도 5차원에 있을 것이며, 그리하여 당신의 세상은 그의 위대한 지혜와 빛의 축복을 받지 못했을 것이다.

제 7 장
죽음 혹은 초탈

"죽음은 이 왕국의 필연적인 법이 아니다. 몸을 지니고 떠나는 것이 훨씬 더 쉽다. 그러면 당신은 반드시 출생을 통하여 다시 이 세상에 올 필요도 없고, 유감스럽게도 당신의 기억을 전혀 받아들이지 않는 의식으로 다시 올 필요도 없다."

— 람타

학생: 최근에 내가 임신한 것을 알았습니다. 알고 싶은 것이 있는데, 먼저, 이 아이가 왜 나에게 오려고 선택했을까요? 그리고 우리는 부모를 어떻게 선택하나요?

람타: 표현의 도구를 갖기 위해 자신의 부모를 어떻게 선택하는가? 많은 이유와, 많은 대답이 있다. 그러나 이 세상을 떠났다가 다시 여기로 오고 싶어 하는 모든 이들은 사람들이 아이 낳기를 기다리고 있다. 전생에서 자식을 낳은 이들은 언제나 생명의 유전 형질 — 부모라고 하는 — 을 통해 다시 돌아올 수 있다.

대부분 다른 생에서 그들의 자식이었거나 부모였던 친숙한 존재들을 부모로 선택한다. 그런가 하면 그들이 알지 못하는 부모를 선택하는 존재들이 있는데, 그것은 단지 그들이 이 세상에서 표현할 수 있는 매개물을 제공하기 때문이다. 어떤 존재들은, 이 세상에 오고 싶을 때 돌아올 수 있는 매개물이 종종 없어서, 그들에게 맞는 필요한 육신을 발견하기까지 몇백 년을 기다려야 할 수도 있다.

어느 누구도 진정으로 누군가의 어머니나 아버지가 아니다. 모든 사람들은 신이라는 생명의 모/부 원리(용어정리 참고_역주)의 아들이자 딸이다. 여기에 있는 모든 사람들은 서로 형제이며 자매이며, 서로 형제자매 간이다. 당신의 자식이나 부모는 진정 당신의 형제이자 신의 마음의 동등한 일부이다.

모든 존재들은 자신이 어떤 특출한 미모를 갖거나 부자나 가난한 사람이 되기 위해 이세상에 오는 것이 아님을 알고 있다. 그들은 이곳에서 살고 싶기에, 또한 이 단계의 감정적인 배움에서 진취적이 되기 위해, 자신의 내면에서 충족하기 원하는 감정적인 이해를 얻기 원하기에 여기에 온 것이다. 그것이야말로 삶의 경험을 통해서, 여기서나 혹은 다른 세상이나 차원에서, 얻을 수 있는 진정한 보배이다. 그것만이 영원 내내 당신과 함께 남는 유일한 것이기 때문이다.

당신을 선택한 존재는, 마스터, 당신 아버지의 아버지의 아버지였다. 일 세기 전에 시작된 혈통을 통해 돌아오는 것이다. 형제를 낳으려는 당신의 욕구가 그를 다시 돌아올 수 있게 한 것이다. 이제 그는 이 세상에 돌아올 수 있는 매개물을 갖게 되었다. 그 존재는, 말하자면, 당신이 낳을 자손이 될 순서가 된 것이다. 현재 이 청중 가운데 그들의 빛의 장에서 잉태되기를 기다리고 있는 존재들에 둘러싸여 있는 사람들이 많이 있다.

학생: 만약 내 아버지의 아버지의 아버지라면 남자아이를 의미합니까?

람타: 그렇다. 괜찮다고 생각하는가?

학생: 아, 네, 아주 마음에 듭니다. 람타, 또 다른 질문이 있습니다. 우리가 여기로 오기 위해서는 항상 산도를 통해 태어나야 합니까?

람타: 그 질문에 대답하려면, 마스터, 이곳이 3 차원적 지각(知覺)의 세상이라는 것을 먼저 알아야 한다. 이곳은 생각이 물질이라는 3 차원의 형태로 보이는 세상이다. 이 세상은 물질의 밀도로 이루어진 세상이다. 왜냐하면 생각이 빛이라는 진동 주파수로 확장된 후, 자신의 진동 주파수를 느리게 하여 일렉트럼(electrum 5차원에 있는 높은 주파수의 에너지를 일컫는 특별한 용어로서 양전하와 음전하가 분리되지 않는 상태를 말한다_역주)으로, 그리고 일렉트럼은 거친 물질로, 거친 물질은 이 세상에서 고형화되었기 때문이다. 이와 같이 이 차원의

물질은 빛이 자신의 진동 주파수를 낮추어 가장 밀도가 높은 형태를 갖게 된 것이다.

여기에 있는 모든 것들이 같은 밀도를 갖기 위해서는, 동일한 주파수로 진동해야 한다. 그래서 당신의 육신은 당신이 앉아 있는 의자와 같은 주파수로 진동하고 있다. 당신 육신의 감각이 물질이라고 하는 가장 느린 빛의 주파수를 인지하도록 설계되었기 때문에 이 세상이 당신에게 실재하는 것이다.

당신의 본질은 물질의 밀도보다 더 **빠른** 진동 주파수를 가진 빛 에너지이기 때문에, 당신이 물질로 된 몸을 가지고 있지 않다면, 이 세상의 물질을 통과해 버릴 것이다. 그래서 몸은, 그것의 밀도와 신체 기관을 통해서, 당신이 이 세상의 물질을 인지하고 경험하며 상호작용할 수 있도록 한다.

그래서 이곳 주파수의 일부가 되고 싶다면, 당신은 구현된 몸에 거해야 하며 그것의 일부가 되어야 한다. 육신을 가질 수 있는 하나의 방법은 산도를 거쳐 태어나는 것이다. 이 세상을 경험하기 위한 몸을 갖는 유일한 방법은, 산도를 거쳐 태어나는 것이고, 자아의 본래의 모습을 온전히 유지하며, 두뇌라는 기관을 활성화시키는 것이다. 두뇌의 기능이 완전히 가동되면, 당신은 물질의 진동 수준에서 벗어나 빛의 진동 주파수로 바뀌는 곳까지 진동 주파수를 올리도록 당신 마음대로 몸에게 명령할 수 있다. 그것을 초탈이라고 한다.

초탈은 단순히 당신 존재의 모든 것을 당신의 의식 수준에 맞는 다른 차원으로 가지고 가는 것을 의미한다. 죽음도 그곳에 갈 수 있는 확실한 방법이지만, 그렇게 되면 육신의 구조가 늙고 부패되어 더 이상 사용할 수 없도록 허용하는 것을 의미한다. 그렇게 되면 당신에게 육신은 없다. 초탈은 육신을 가지고 가는 것을 말한다.

이 세상을 초탈한 이들은 죽음이라는, 궁극적인 것을 마스터한 이들이다. 그들은 생각의 힘을 통해서 몸이 그들과 함께 빛의 존재로 갈 수 있는 지점까지 몸의 분자 구조의 진동 주파수를 올리는 법을 배워, 죽음을 영원히 초월하였다.

학생: 나는 아직도 초탈이 어떻게 당신을 이 세상으로 돌아오게 하는지 이해가 안 됩니다.

람타: 알다시피, 마스터, 당신이 몸을 가지고 간다면, 당신이 선택하는 어떤 주파수 차원이라도 몸을 올리거나 내릴 수 있다. 이곳의 주파수로 다시 돌아오고자 한다면, 당신은 다른 에고를 가진, 다른 몸을 찾을 필요가 결코 없으며, 다른 삶에서 존재하기 위해, 다른 나라에서, 다른 가족을 찾을 필요가 없다. 당신은 더 이상 제한적인 생각의 차원으로 다시 태어나 사회의식화의 과정을 겪을 필요도 없고 앎을 얻기 위한 자아의 표현을 위해 싸울 필요도 없다. 몸이 온 곳인 가장 순수한 빛의 형태로 돌아가기 위해 모든 것을 처음부터 다시 배울 필요도 없다. 당신은 이것이 단지 하나의 환영이자 게임이라는 것을 다시 배울 필요가 없다.

초탈을 이루고 나면, 당신은 육체를 영원히 유지할 수 있고 자신의 육신을 가지고 마음대로 오갈 수 있다. 이 세상의 일부가 되기 원할 때마다, 당신은 그저 이 차원과 같은 주파수에 맞추어 몸의 진동을 내리면, 이곳에 있게 된다.

여기에 있는 사람들 모두가 초탈할 수 있다. 왜냐하면 당신들은 피와 살이라는 환영 뒤에 숨어 있는 모든 우주의 창조자이기 때문이다. 당신의 마음대로 선택하여, 무한한 사고를 통해 이러한 일을 구현할 수 있다. 자신의 생각에 대한 비판을 극복하고 모든 생각을 받아들이도록 자신을 허용한다면, 자신이 꿈꾸는 어떠한 이상이라도 될 수 있는 힘과 능력을 가지게 된다. 그러면 당신은 생각으로 무엇이든지 할 수 있고 될 수 있다. 생각을 하고, 그 생각을 몸에 집중하여, 몸에게 빠르게 진동하라고 명령할 수 있다. 그러면 당신의 몸은 그 생각이 확고하게 유지하는 이상을 향해 올라갈 것이다. 온 몸이 엄청나게 빠른 속도로 진동하기 시작할 것이다. 그것이 빠르게 진동하는 동안, 몸의 온도가 올라가고 몸에서 광채가 나기 시작할 것이다. 몸이 계속 빠르게 진동하면서, 몸의 물질은 순수한 빛으로 그리고 순수한 생각으로 바뀔 것이다. 그러면 눈에 보이던 것들이 더 이상 보이지 않게 된다.

학생: 초탈한 사람들에 대해서 많이 듣지 못하는 것을 보면 초탈하기가 힘들어 보입니다.

람타: 오히려 그렇지 않다, 마스터. 초탈하기는 아주 쉽다. 사실, 죽는 것보다 더 간단하다. 성취하기 어려운 일은 자신의 생각에 대한 비판을 극복하는 것이다. 정말로 이루기 힘든 일은 인내심을 가지고 그러한 일을 하기 위해 당신에게 주어진 시간에 대한 환영을 없애는 것이다. 그러나 당신이 그렇게 할 수 있다면, 초탈은 단지 한 생각만으로도 할 수 있다. 그러면 당신은 항상 몸을 유지하면서 언제든지 자신이 원하는 어느 차원이라도 가는 여행자가 될 수 있다.

학생: 당신은 한 번도 죽음을 경험하지 않았나요?

람타: 한 번도 경험하지 않았다. 죽음을 초월했는데 어떻게 죽을 수가 있단 말인가? 알다시피 죽음은 하나의 커다란 환영이다. 죽음은 이 세상에서 받아들여진 현실로서, 모든 생각들이 반드시 그럴 것이라 하여, 그렇게 되어 버린 것이다. 그리하여 그것은 현실이 되었다. 존재여, 유일한 현실은 오직 생명뿐이다. 그 외의 모든 것은 환영에 불과하다. 환영은 생각이고, 그것은 게임이고, 그것이 현실이 된다.

죽음은 이 왕국의 필연적인 법이 아니다. 몸을 지니고 떠나는 것이 훨씬 더 쉽다. 그러면 당신은 반드시 출생을 통하여 다시 이 세상에 올 필요도 없고, 유감스럽게도 당신의 기억을 전혀 받아들이지 않는 의식으로 다시 올 필요도 없다.

학생: 그럼 우리는 죽을 필요가 없다는 말입니까?

람타: 어느 누구도 죽을 필요가 없다. 당신이 죽는다고 믿을 때만 죽게 된다. 하지만 몸은 반드시 죽을 필요가 없다. 몸을 설계한 신들이 그렇게 짧은 순간만 살도록 그것을 설계하지 않았다. 그들은 몸이 신체 기관이 아닌 내분비선에 의지해서 살도록 설계하였다. 내분비선에서 나오는 호르몬을 통해, 몸은 수십만 년 동안 살고 결코 늙지 않게 설계되었다. 몸의 세포 구조가 그렇게 프로그램 되어 있다. 역사적으로 불과 얼마 전까지도, 사람들은 수천 년을 살았다.

죽음은 단지 몸의 끝이지, 인성적인 자아의 끝이 아니다. 그러나 인성적인 자아의 태도로 인하여 몸의 생명력이 퇴화되고 몸은 죽음을 불러일으킨다.

당신의 몸은 단지 시키는 대로 반응할 뿐이다. 가슴 옆에 있는, 당신의 혼은, 감정 구조를 통해 온몸을 다스린다. 혼은 육신의 생명을 유지하기 위해 몸 전체로 호르몬이 퍼지도록 한다. 혼이 스스로 하는 것이 아니라 더 정확히 말하면 당신의 태도와 사고방식의 지휘 아래 하는 것이다. 여기에서의 당신 태도로 인해, 사춘기가 지나면 몸에서 호르몬이 더 이상 생성되지 않는다. 호르몬이 더 이상 생성되지 않으면, 죽음의 호르몬이 몸에서 활성화되어 몸은 점점 약해지기 시작해, 노화하고, 죽게 된다. 당신이 죄책감, 자기비판, 그리고 죽음에 대한 두려움을 가지고 살기 때문에 죽음의 호르몬이 몸에서 활성화되는 것이다. 당신들에게, 아름다움은 존재의 성격이 아니라, 외모의 젊음이 절대적인 기준이 된다. 당신을 묻어버리는 보험을 구매하여 당신은 죽음을 예상한다. 당신은 아프거나 병에 걸릴까봐 재산을 보호하기 위해 보험을 구매한다. 당신은 육신의 노화와 죽음을 재촉하는 모든 일을 다 하고 있다. 당신이 죽음을 온전히 기대하기 때문이다.

몸은 단지 하인이자, 축적된 생각의 도구일 뿐이다. 그것은 훌륭한 창조물이며, 이 세상에 존재하는 것 중 가장 정교한 도구이다. 그러나 그것은 자기의 마음을 갖도록 만들어지지 않았다. 그것은 부름을 받도록 특별히 만들어진 것이며, 당신이 살아 있도록 허용하는 한에서만 살아 있을 것이다. 만약 노화 — 몸이 쇠퇴하고 죽을 것이라고 기대하는 — 에 대한 생각을 받아들이거나 혹은 사랑, 행복 그리고 기쁨을 거부하면, 당신의 몸은 죽음이라는 부패를 향해 점점 쇠퇴할 것이다.

알다시피, 마스터, 당신이 그렇게 선택한다면, 지금 바로 이 순간에 시간을 완전히 멈추고 이 순간의 영원 속에 살 수 있다. 시간이 환영이기 때문이지 않은가? 누가 시간을 보았는가? 여기에 커다란 허구가 있다. 왜냐하면 당신은 보이지 않는 것은 믿지 못하면서도 시간을 전적으로 숭배하고 시간의 노예가 되어 있기 때문이다.

당신 내면에, 당신이 있는 바로 그 자리에, 육신의 나이를 젊음으로 되돌려 영원히 살 수 있는 힘이 있다. 어떻게? 단지 당신의 태도를 통해서이다. 몸이 나이 들거나 죽기를 원치 않는다면, 당신의 태도를 바꾸어라. 당신의 태도가 몸은 영원히 살 것이라고 말하게 하라. 죽음을 인정하는 모든 것들을 당신의 삶에서 없애도록 하라. 그러면 몸은 절대로 죽지 않을 것이다. 당신의 이해에서 "늙음"이라는 단어를 절대 갖지 말라. 당신의 이해에서 "영원"이라는 말을 가져라. 생일 축하는 그만두어라. 그것은 단지 노화작용을 확신시킬 뿐이다. 자신의 탄생을 기념하고 싶다면, 그렇게 하라. 대신 나이를 거꾸로 세어 젊어져라. 죽음을 기대하지 않을 때, 당신은 절대로 그것을 모를 것이다.

항상 지금 이 순간에 살라. 지금 이 순간 외에 어떠한 미래도 절대로 인정하지 말라. 당신이 그렇게 되도록 허용한다면 지금 이 순간은 영원할 것이다. 당신이 얼마 동안 살 것인가에 대해서 절대로 생각하지 말라. 왜냐하면 당신은 영원히 살 것이기 때문이다. 몸이, 당신의 몸이 영원하다고 숙고하라, 그러면 그렇게 될 것이다. 그렇게 간단한 것이다.

자신을 사랑하라, 마스터. 당신의 몸을 축복하라. 당신 존재의 주인인, 혼에게 말하라. 그리고 젊음의 묘약을 달라고 명령하라. 그러면 그렇게 할 것이다. 몸이 영원히 살 수 있다는 것을 알라. 어떻게 영원히 살 수 있을까? 그렇게 말하면 된다.

불사(不死)는 필사(必死)의 이해가 있을 때만이 이룰 수 있다. 죽음이라는 이 모조품은 사람들이 미래나 과거에 살지 않고 지금 이 순간에 산다면, 그리고 삶에 대한 태도가 죽음에 대한 기대보다 훨씬 더 강하다면, 전 인류에 의해 제거될 수 있다. 죽음은 이곳에서 앞으로 사라질 것이다. 왜냐하면 시간이라는 것이 더 이상 존재하지 않을 것이며 이러한 이해가 이 세상 모든 사람들의 살아 있는 현실이 될 것이기 때문이다. 그러면 죽음이라는 것은 무의미하고 아무것도 아닌 것이 될 것이다.

학생: 초탈에 대한 또 다른 질문이 있습니다. 예수님이 부활해서 다시 나타난 것도 초탈입니까?

람타: 바로 그것이 예수아 벤 죠셉이 했던 것이다. 그리고 내가 했던 것이다. 그것이 붓다가 했던 것이다. 그것이 오시리스, 오메카, 유카드, 그리고 라카비아가 했던 것이다. 그리고 당신이 알 수 조차 없는 수천 명이 더 있다.

학생: 당신은 우리 중 많은 사람들이 이 생에서 초탈을 이룰 수 있다고 생각합니까?

람타: 아주 소수의 사람만이 이 생에서 초탈할 것이다. 단지 소수의 사람만이 여기에서 가르치는 것들의 진정한 가치를 알고 깨달을 것이기 때문이다. 대부분의 사람들은 죽을 것이다. 그들이 나이 들고 노화하는 것을 받아

들이고, 자신들의 훌륭한 기계를 보기 좋을 때까지만 보살피기 때문이다. 그래서 나이가 들고 몸은 점점 쇠약해져, 죽게 될 것이다. 그러면 영과 혼은 몸과의 결합에서 떨어져 나와 자유롭게 된다. 그러나, 물질의 밀도인 이 세상에 다시 돌아오기 위해, 그들은 표현할 수 있는 도구를 필요로 한다. 그리하여 마스터들이 다시 태어나는 것이다.

여기에 있는 대부분의 사람들이 죽을 것이다. 그러나 죽는다고 해서 모든 이들이 끝난다는 것은 아니다. 그것은 단지 육신이라는 허울을 벗고 또 다른 허울을 입는 것이다. 그러나 만약 그들이 여기로 돌아오기를 선택했다면, 그들은 초탈을 이룰 수 있는 의식을 가지고 돌아올 것이다. 왜냐하면 머지않아 그것이 이해되고 현실로 받아들여질 것이기 때문이다.

학생: 태아에게 도움이 되도록 내가 할 수 있는 일이나 몸을 위해서 섭취해야 할 것이 있습니까?

람타: 당신의 몸에 대해서 당신이 할 수 있는 유일한 일은, 마스터, 몸이 어떻게 보여지는지 전혀 신경 쓰지 말라는 것이다. 당신의 몸은 항상 아름답다는 것을 알라. 그러면 아이도 이 세상에 태어날 때 그렇게 느낄 것이다. 임신 때문에 당신의 몸이 아무리 부풀어 올라도, 아이는 행복한 혼이 될 것이다. 당신은 배웠는가?

학생: 아주 많이 배웠습니다. 감사합니다.

람타: 또한, 마스터, 아이들을 키울 때, 그들이 성장하면 삶이 더 달콤해질 것이라고 절대로 말하지 말라. 그것은 다른 존재를 매우 제한하는 것이다. 삶의 모든 순간이 중요하다는 이해를 창조하라. 아이가 천천히 자라게 하고 원하는 대로 오랫동안 아이로서 지내게 하라. 그러면 당신은 당신의 사랑하는 형제에게 경이로운 축복이 될 것이며 그 기쁨을 이 세상에 나눌 수 있게 된다. 그렇게 될지어다!

제 8 장
창조와 진화

"하느님 아버지는 생명이라는 생동하고, 숙고하는 생각이며, 당신의 생각이 할 수 있는 것보다 훨씬 더, 결코 멈출 수 없는 나아감이다. 생각 혹은 생명이 영원으로 확장을 지속하기 위해 그것을 계속해야 하는 이유가 반드시 있어야 한다. 그 이유는 바로 당신이다. 당신들은 각자 신의 마음 일부가 되었다. 그리하여, 생명은 당신을 통해, 자신을 영원 — 지금 이 순간에 존재 하기에 진정 시간으로 측정할 수 없는 — 으로 계속 확장시키는 것이다. 왜냐하면 영원은 지금 이 순간에 존재하기 때문이다. 그것은 나아감이며 지금 이 순간의 영원함이다."

— 람타

누가 이 천국에 빛을 밝혔는가? 누가 꽃의 아름다움과 숲의 장엄함을 만들었는가? 누가 인간이라는 수수께끼와 경이로움을 창조했는가? 그것은 생명 전체인, 신이 아니었다. 그것은 당신인, 신들이자, 모두 — 모든 것 — 를 창조하고 존재하는 모든 것을 사랑하는 하느님의 경이로운 자식들이었다. 하느님은 근원이며, 모든 것들이 나온 생각의 집합이다. 그러나 생각하고 느낄 수 있는 능력과 자유의지의 신성한 본질을 가지고 있는 당신이야말로, 생명의 숭고한 창조자이다.

하느님은 진정으로 생각 전체이며, 존재하는 모든 것들의 근원이다. 그러나 하느님인 생각으로부터 훌륭하고 사랑스러운 모든 창조물을 창조한 이는 당신이다. 당신은 당신의 창조력과 독립적인 신성을 통해서, 생각을 받아들이고, 유지하고, 그리고 숙고할 수 있는 능력을 갖게 되었다. 그러한 지성으로 당신은 존재하는 모든 것들을 빚어냈다.

잠시 상상해보라. 자신을 신나게, 열광하게, 변화무쌍하게 하는 생각들을 상상해 보라. 이제 그 상상으로 인하여 일어나는 모든 감정을 느껴보라. 당신의 우주가 바로 그렇게 창조되었다. 인간이 바로 그렇게 창조되었다. 모든 것이 바로 그렇게 창조되었다.

나의 사랑하는 마스터여, 당신은 진정 모든 생명을 창조한 창조자이다. 밤하늘에 보이는 눈부신 빛들을 만든 것은 당신이다. 당신이 색채, 형상, 감촉 그리고 향기가 있는 현실을 창조하였다. 당신은 진정 존재하는 모든 것인 장엄한 하느님의 장엄한 창조물이다. 당신은 우주의 사생아가 아니라, 우주의 창조자이다. 당신은 인간이라 불리는 자신의 창조물에서 표현하고 있는 지고의 지성인 신이며, 모든 생명은 당신의 존재, 당신의 생각, 당신의 느낌을 기다리고 있다.

당신, 나의 존경하는 형제들이여, 당신은 모든 것을 창조할 수 있는 잠재된 지성과 힘을 내면에 지닌, 신성한 조화로 이루어진 탁월한 창조물이다. 그러나 당신은 아직 이것을 깨닫지 못하고 있다. 당신은 피와 살로 만들어진 창조물 그 이상이다. 당신은 내면에 있는 창조 능력을 지속하기 위해 형상으로 표현하고 있는 아주 경이로운 존재이다.

당신의 창조적인 사고 과정, 당신의 우수한 지성, 그리고 혼 안에 있는 깊은 감정 ― 당신에 관한 보이지 않는 모든 것 ― 없이는 당신은 아무것도 아닐 것이다. 그리고 당신의 창조력 없이는, 삶은 아무것도 아닐 것이다. 생각이 생명의 훌륭한 가치나 아직 살아보지 못한 영원으로 퍼져나갈 수 없기 때문이다.

당신의 훌륭한 창조적 가치 없이는, 어느 것도 그 자체로 인식되지 않을 것이다. 아름다운 꽃을 좋아하거나 감상하는 사람이 없다면 그 꽃의 생명이나 아름다움이 무슨 이유로 존재하겠는가? 당신이 없다면 그것은 여기에서 아무 의미가 없을 것이다.

당신이 없다면, 이곳은 창조성을 지닌 정액 안에서 허우적거리는 단지 하나의 형체 없는 행성일 것이다. 당신이 없다면, 계절도 없을 것이고, 꽃도 피지 않을 것이며, 태양도 결코 떠오르지 않을 것이며, 그리고 바람도 절대로 불지 않을 것이다. 왜냐하면 당신의 의도적인 계획에 따라 이 왕국은 창조되었고, 모든 것들은 당신 안에 있는 신을 영광스럽게 하기 위해 기꺼이 나왔기 때문이다.

어느 누가 이 경이로운 세상을 만들어 당신을 살게 하였는가? 당신이 한 것이다. 당신은 지고한 지성을 가진 창조물이 아니던가? 정말로 그러하다. 당신은 그것으로 진화한 것이 아니다. 당신은 항상 그것이었다.

자, 나는 당신들이 무한함이 되도록 가르치기 위해 여기에 왔다, 진정으로. 그러나 나는 당신이 가진 가치와 중요성을 먼저 가르칠 것이다. 당신이 신성하며, 지고한 지성과 전능한 힘을 가지고 있다는 것을 알려면, 당신의 유산을 이해하는 것이 중요하다. 태초에, 당신이 어떻게 엄청난 힘을 가진 한 줄기 빛이 되었으며, 인간이라는 수수께끼로 진화해왔는지 아는 것이 중요하다. 그래서 이제부터 그것을 설명하고자 한다.

당신들의 책 중의 책은 이렇게 말한다, "태초에 말씀이 있었노라, 그리고 모든 것이 말씀과 함께 있었노라." 이것은 적절치 못한 말이다. 생각이 없이는 말이 있을 수 없다. 왜냐하면 생각은 존재하는 모든 것의 기초이자 창조자이기 때문이다.

태초 — 당신이 태초라고 부르는 — 에 모든 것은 생각의 무한함이었다. 이제 생각의 무한함을 하느님 아버지라 부를 것이다. 당신이 신이라 부르는 것은, 좀 더 무한한 이해로 본다면, 생각, 주요 원리, 그리고 모든 생명의 토대이다. 존재하는 모든 것, 존재했던 모든 것, 앞으로 존재할 모든 것은, 생각으로부터, 신의 마음인 지성으로부터 나왔다.

태초에 생각의 끝없는 공간이 있었다. 그리고 생각이었던 신이 자신의 내면으로 들어가 스스로를 숙고하지 않았다면, 그는 언제나 형체 없는 생각이었을 것이다. 하느님이 그 자신인 생각을 숙고했을 때, 스스로를 고유한 형상으로 확장시켰다. 언제든지 생각이 숙고되면, 순수한 추론행위는 그 생각을 확장하기 때문이다. 그 생각이 점점 더해지면, 그것은 더욱더 커지고 거대해진다. 그리하여 하느님은, 스스로 한 번도 확장한 적 없었던, 자신을 숙고하여 위대함이 된다.

무엇이 하느님으로 하여금 자신을 스스로 이해하여 위대한 존재가 되게 했을까? 사랑이다. 숙고하는 생각의 참된 본질과, 목적은 바로 사랑이다. 스스로 숙고하여 고유하고 확장된 형상이 되고자 하는 욕구가 일어나도록 한 것은 자신에 대한 신의 사랑이다.

그 사랑의 움직임으로부터, 당신들 모두가 태어났다. 신이 자기 자신을 품에 안고 사랑함으로써 더욱 위대하게 되었을 때, 당신들 모두는 신이 확장한 바로 그것이 되었다. 당신들 모두는 경이로운 순간에 최초로 숙고하고 확장한 생각의 빛나는 일부가 되었다.

하느님 아버지가 최초로 창조한 개체로서, 당신들 각자는 신의 신, 하느님의 아들, 그리고 신의 마음이라는 신성한 지성의 일부가 되었다. 당신들, 신들은, 신에게서 직접 나온 유일한 창조물이다. 당신은 하느님과 완벽하게 똑같이 복제된 유일한 창조물이다. 왜냐하면 당신들은 확장된 형상의 하느님 자신이기 때문이다. 하느님의 모든 것은, 그의 사랑하는 자식들의 합성으로 무한하게 존재한다.

하느님 아버지는 생명이라는 생동하고, 숙고하는 생각이며, 당신의 생각이 할 수 있는 것보다 훨씬 더, 결코 훨씬 더, 결코 멈출 수 없는 나아감이다. 생각 혹은 생명이 영원으로 확장을 지속하기 위해 그것을 계속해야 하는 이유가 반드시 있어야 한다. 그 이유는 바로 당신이다. 당신들은 각자 신의 마음 일부가 되었다. 그리하여, 생명은 당신을 통해, 자신을 영원 — 지금 이 순간에 존재 하기에 진정 시간으로 측정할 수 없는 — 으로 계속 확장시키는 것이다. 그것은 나아감이며 지금 이 순간의 영원함이다.

계속 나아가기 위하여, 하느님은 당신들 모두에게 언제나 존재하고 언제나 존재할 수 있는 유일한 것을 주었다. 그것은 신 전체, 생각의 전체이다. 당신들 개개인에게 당신들 모두인, 하느님을 위해, 하느님에 의해 신성한 지성과 독자적이고, 창조적인 의지력이 부여되었다. 그러한 지성과 자유의지를 통해, 당신은 하느님인 생각을 얻어 당신의 숙고하는 사고 과정에 따라 자신을 확장하는 힘을 부여받았다.

하느님, 신성한 마음은, 끊임없이 자신을 확장하며 당신들 각자를 통해 더욱더 확장된다. 당신이 확장하여 무엇이 되건, 하느님은 기꺼이 그것이 된다. 하느님이 무엇이 되건 — 그의 사랑하는 모든 자식들의 확장을 통해서 — 당신은 쉽게 그것이 될 수 있다. 각각의 자식들은 하느님이 무엇이건 그대로 받을 수 있기 때문이다. 그리하여 당신의 숙고하는 생각을 통해, 당신은 언제나 나아가고, 확장하며, 놀랄 만큼 훌륭한 왕국인 신이 될 수 있다.

태초에 생각이 자신을 숙고했을 때, 빛이라고 하는 생각의 원리로 스스로 확장되었다. 그리하여 빛이 처음 창조되었다. 생각이 숙고되고 확장될 때마다, 그것은 항상 빛을 발산하는 낮은 진동 주파수로 내려오기 때문이다. 그래서 빛은 숙고되고 확장된 생각이 첫 번째로 낮아진 형상이다.

당신의 기원은 빛의 탄생까지 거슬러 올라간다. 처음 숙고를 통하여 탄생한 각각의 빛의 입자가 개체, 신, 인간이 되었기 때문이다. 그리하여 모든 것은 창조의 탄생과 동시에 빛의 존재가 되었다.

모든 이들이 동시에 창조되었다. 지금까지 존재했던, 혹은 앞으로 존재할, 모든 이들은 신이 스스로 숙고했던 그 순간 생각에서 빛으로 창조되었다. 생각의 공간으로부터 발산되는 빛은 생각의 강이라 불리는, 모든 생각의 흐름인, 신의 마음과 가까워지거나 혹은 일부가 되었다.

빛이 된 당신들 각자는 과거에도 지성이었고 지금도 그러하다. 그것은 빛으로 확장된 형태의 신이다. 당신 본래의 영속적인 몸인, 그 신성한 빛을, 당신 존재의 영 혹은 당신 존재의 신이라고 부른다. 당신의 영은 신이자, 하나의 형상으로 된 신의 마음이기 때문이다. 여전히 당신은 본연의 영, 본연의 신 자신, 본연의 광체를 가지고 있으며, 당신의 사랑스러운 하느님인, 생각이, 숙고하여 자신을 빛으로 확장하는 순간, 당신은 눈부시게 영광스러운 모습이 되었다.

태초에 신이, 혹은 생각이, 당신 존재의 영을 통해 지나갈 때, 비록 아주 짧은 순간이었지만 감정이 창조되었다. 그래서 하느님 아버지로부터 흘러나오는 사랑의 강물을 잡아 두기 위해 당신의 창조력을 통해 혼이 만들어졌다. 그것은 생각의 강으로부터 끊임없이 흘러나오는 생각들을 잡아 감정의 형태인 정지된 상태 — 기억이라고 하는 — 로 담아두기 위해서 만들어진 것이다.

당신의 영 안에 거주하는, 혼은 당신을 창조의 근원이 될 수 있게 한다. 창조하려면, 어떤 생각의 이미지를 기억 속에 확고하고 분명하게 잡아 둘 수 있는 능력이 있어야만 한다. 그렇게 함으로써, 당신은 그 생각을 숙고하고 그것을 현실이라는 창조적 가치로 확장할 수 있다.

예를 들어, 새롭고 독특한 꽃을 창조하기 위해, 당신은 우선 꽃이 피어나는 생각을 가져야 한다. 꽃에 대한 생각은 영 혹은 당신 존재의 빛과 하나가 된, 지속적인 생각의 흐름으로부터 가져와야 한다. 그러면 생각은 혼 안에서 감정의 형태인, 이미지로 분명하게 자리 잡게 된다. 욕구를 통해, 당신은 이제 생각인 "꽃"의 이미지를 기억해내어, 그것을 숙고할 수 있고, 그것을 당신이 원하는 대로 어떤 독특한 형상이나, 색깔, 혹은 크기로 확장할 수 있다. 그리하여 이제 당신은 원하면 언제든지 마음대로 독특한 꽃을 창조할 수 있다. 이 생각을 기억 속에 완전하게 고정시킴으로써, 당신은 그 그림을 완벽하게 그려낼 수 있는 것이다.

당신의 혼이 없었다면, 당신은 하느님을 창조적인 형상으로 확장하지 못했을 것이다. 왜냐하면 당신은 생각을 숙고하고 그것을 확장하여 창조하기 위해 그 생각을 고정시킬 수 없기 때문이다.

창조는 항상 존재해왔던 진정한 생명의 가치이다. 창조는 시작도 없고 분명 끝도 없다. 생각의 근원에서 나온 창조자는, 당신들이자, 빛의 존재들이자, 신들이다. 모든 것은 하느님인 생각에서 나온 자식에 의해 창조되었으며, 자식들이 무엇을 창조하건 그것은 확장된 하느님 자신이 된다.

당신 주위에서 볼 수 있는 모든 것을 물질이라고 부른다. 하느님은 물질이다. 모든 것이 하느님이기 때문이다. 물질의 창조자와 설계자는 장인(匠人) 중의 장인이자, 신인 당신이다. 당신은 처음부터 생각을 통해서 마음에 그리는 것은 무엇이든 물질로 바꿀 수 있는 의도적인 지성을 가졌기 때문이다.

모든 것이 생각으로부터 나왔다 ― 모든 것이. 물질이 된 각각의 것들은 창조하기 위한 이상으로 형상화 되기 위해 감정으로 받아들여진 하나의 생각에서 나왔다. 항상 무엇이 창조되기 전에, 그것에 대한 생각은 먼저 혼을 통해 이상으로 그려진다. 모든 물질적인 것들은 신들에 의해 이상으로 그려진 생각에서 창조되고 하느님인 물질에 의해 합해진 것이다.

모든 물질은 빛으로 둘러싸여 있다. 당신의 과학자들은 만약 빛을 가지고 그것의 진동 주파수를 낮추거나 느리게 한다면, 거친 물질이 된다는 것을 추측 ― 그리고 그들의 추측이 맞다 ― 하기 시작하였다. 그렇다면 빛은 어디에서 오는 것일까? 생각, 신이다.

어떤 생각을 숙고하고 감정적으로 받아들일 때마다, 그 생각은 빛의 진동 주파수로 확장한다. 빛의 입자 운동을 느리게 하고 응결시키면, 당신들이 전기라 부르는, 양극과 음극을 가진 전자기장인, 일렉트럼을 창조한다. 그 생각을 더욱더 느리게 하고 좀 더 응결시키면, 전자기장을 넘어, 일렉트럼은 물질로 뭉쳐지게 된다. 물질은 형상이라는 분자구조와 세포구조로 응결된다. 그리고 그 형상은 혼이 이상적인 창조로 마음에 그렸던 생각에 의해 유지된다.

모든 것들은 속도가 없는 — 생각 — 것을 취해 그것을 속도가 있는 — 빛 — 것으로 확장한 후 당신이 이것과 저것 그리고 당신 주위에 있는 모든 것을 창조할 때까지 빛을 낮춤으로써 창조된 것이다.

사랑하는 마스터들이여, 당신의 사고 과정을 통해서 존재하는 모든 것들의 아름다움과 화려함을 창조한 이는 바로 당신이다. 단지 생각에 의해 그리고 그것들을 존재로 느낌으로써 모든 것을 창조 — 생각에서 빛으로, 일렉트럼으로, 물질로, 형상으로 — 해왔던 이는 바로 당신이었다. 왜냐하면 빛으로 낮추어진 생각이었던, 당신은 자신이 되었던 그 빛을 숙고하였고 그 빛을 사랑하였으며, 그렇게 함으로써 빛을 한 단계 더 낮추어 일렉트럼을 창조하였기 때문이다. 당신이 일렉트럼을 숙고했을 때 당신의 사고 과정으로 신은 일렉트럼이 되었고, 당신은 일렉트럼을 낮추어 거친 물질, 혹은 생각의 가장 낮은 형태이며 하느님의 다른 차원인, 응결된 생각이 되었다.

그리하여 당신의 첫 번째 움직임은 생각이 물질로 변하는 과학을 인식하는 것이다. 그러한 과학은 결코 가르쳐진 것이 아니라 단지 이해되었던 것이다. 왜냐하면 당신이 스스로 경험하는 삶의 과정이었기 때문이다. 그러한 과학으로부터, 그러한 이해로부터 창조된 형상이 시작되었다.

태초에 창조된 형상으로서, 신들은 자신들을 숙고하였으며, 빛이었던 그들은, 항성을 창조함으로써, 빛의 이상을 물질로 창조하였다. 수십억 개나 되는 수없이 많은 항성이 있다. 모든 항성은 집중으로 혹은 일렉트럼의 진동 주파수를 낮춤으로 얻어진 기체의 융합에서 생긴 것이다. 생명의 중심이 되는 불꽃, 거대한 항성으로부터 행성이라는 회전하는 구체가 창조되어 궤도로 밀려 나갔다. 행성 위에서, 신들은 많은 것들을 설계하였다. 당신이 무엇인가 설계하는 것을 배우기까지 영겁의 세월이 걸렸다.

　누가 이 세상을 그리고 태양계를 둘러싸고 있는 이 거대한 우주 전체를 창조했는가? 그것은 당신이다. 정말이다. 당신이 정말 그것들을 설계하였다. 생각을 숙고하며 창조했던 모든 것들은 당신의 경험을 확장하였으며, 당신의 혼 안에서, 생각의 가장 진실된 보물인, 느낌이 일어나게 하였다. 바로 이 느낌을 통해서 물질세계가 창조된 것이다.

　당신의 신성은 정녕 최초로 생긴 빛의 불꽃이자, 창조자이며, 당신은 당신의 독자적인 의지를 통해서 하느님으로부터 존재하는 모든 것을 창조해 왔다 – 모든 것을. 신은 우주를 창조하지 않았다. 그가 바로 우주이다. 당신은 모든 것을 혼에서 느낌으로 자신의 사고 과정으로부터 창조하였다.

　당신들 대부분은 아주 오래 전에 지구라고 하는 이 세상에 온 신들이었으며, 여기에서 당신들은 모든 생명을 창조하고 진화시켰다. 당신이 알고 있는 시간으로, 수백만 년 동안 당신은 하느님인 생각으로부터 그리고 당신의 지고한 지성과 창조력으로 당신의 이상적인 창조를 설계하였다.

　당신, 빛의 존재는, 물에 있는 기체의 반응을 통해 형성된 박테리아로부터 이 지상에 살아 있는 유기체를 구성하였다. 그것이 바로 생명의 다양한 가치를 창조할 수 있었던 진흙이었다. 당신의 첫 창조물은 한낱 물질 덩이로 표현 되어진 어떤 덩어리에 불과했다. 그 당시 당신의 창조능력은 매우 단순하였다. 왜냐하면 당신은 물질계와 그것으로부터 창조하는 방법을 겨우 이해하기 시작했기 때문이다. 그러나 오랜 세월에 걸쳐 당신은 이 지상에 식물과 동물 그리고 다른 모든 생명체들을 창조하였다.

　당신의 창조적인 감정의 표현으로써, 창조적인 삶의 표현으로써 고안된 창조물들인, 생명체는 움직이고 그들 자신을 표현할 수 있었다. 꽃은 당신들 중의 한 그룹에 의해 창조되었다. 색상이 입혀지고 향기가 더해졌다. 그 후,

여러 가지 다른 종류의 꽃들이 다른 모양으로 만들어졌다.

당신이 이러한 것들을 만들 때 전혀 힘이 들지 않았다는 것을 알아야 한다. 빛의 존재로서 당신은 일을 할 수 있는 육신을 가지고 있지 않았기 때문이다. 창조하고 싶은 것이 어떠한 것이든, 당신은 바로 그것이 되었다. 물질에 실체를 부여하기 위해 ─ 그것에 특성을 부여하기 위해 ─ 당신은 자신이 창조한 모든 것의 일부가 되었다. 각각의 창조가 창조자의 지성을 가진 생명체가 되면, 당신은 창조물에서 벗어나, 항상 더 위대한 창조를 추구하였다.

여기에서 창조된 모든 것의 내면에 그 창조자의 숨결이 들어가지 않았다면, 그토록 아름답거나 장엄하지 않았을 것이며 존재하는 의미도 없었을 것이다. 창조물에 본능이라는 유전자 기억의 패턴 혹은 지성을 불어넣은 이는 바로 당신이다. 이러한 본능이 당신의 창조물에게 존재하는 목적과 수단 ─ 생식과정과 유전인자의 공유를 통해서 ─ 을 부여함으로써 새로운 종(種)이 진화할 수 있었다. 하지만 새로운 종들은 여전히 본능이라는 지성을, 진화를 위한 패턴을 작동시키는 위대한 창조적 신의 생명의 숨결을 지니고 있다. 그리하여 모든 생명체는 그 안에 당신으로부터 나오는 생명의 불꽃인 신성한 본질, 신, 그들의 창조자를 지니고 있다.

먹이 사슬이 이 지상에 확실하게 정착된 후에야 신들은 그들의 창조물을 경험하고 그들의 창조력을 계속 표현할 수 있는 물질적 매개체를 창조해야겠다는 결정을 하였다. 그것을 위해 인간이라고 하는 육신을 창조하게 된 것이다.

생각은 물질을 통과하는 성질을 가진, 침투하는 주파수이다. 그래서 빛의 형태로 된 생각인, 신들은, 꽃이 될 수는 있었지만, 꽃의 냄새를 맡을 수 없었기에, 꽃이 가진 속성을 결코 알 수 없었다. 그들은 미풍처럼 나무 사이를 지날 수 있었지만, 나무를 느끼거나 감쌀 수는 없었다. 그들은 돌멩이를 통과할 수 있었지만, 그것을 느낄 수는 없었다. 생각은 돌멩이라는 물질의 영향을 받지 않기 때문이다. 그것은 낮은 진동 주파수의 속성을 느낄 수 있는 민감성을 갖지 않았기 때문이다.

신들이 꽃 냄새를 맡고, 꽃을 들어보고, 몸에 달아보기 위해서 — 그들이 꽃의 아름다움을 알고 그것의 생생함을 경험하기 위해서 — 그들은 꽃이 진동하는 것과 같은 속도로 진동하는 물질의 매개체를 창조해야만 했다. 모든 것이 창조된 후에, 인간이라는 육신이 만들어졌으며, 신들은 생각의 가장 낮은 형태로 된 거친 물질 — 혹은 고형체라 칭하는 — 을 통해서 그들의 창조물을 느끼고 경험하며 창조력을 표현할 수 있었다.

생각을 통해 신들이 탈 수 있는 이상적인 도구로써 인간이 창조되었다. 그것은 신들에게 완벽한 육신이었다. 그것은 혼을 담을 수 있었으며 신의 영으로 감싸 안을 수 있었기 때문이다. 육신을 통해서, 신들은 꽃을 만지고 꽃향기를 맡고, 그리고 그러한 경험이 행위의 보석인, 느낌으로 혼에 영원히 기록될 수 있었다. 이제 신들은 나무를 쳐다보고 그것을 숙고하고, 냄새 맡고, 그리고 그것의 아름다움을 만질 수 있게 되었다. 신들은 서로를 볼 수 있고 만질 수 있고 포옹하고 말할 수 있게 되었다. 그들은 서로 돌봐주고 관찰하며 서로에게 자신의 감정을 표현할 수 있게 되었다. 이제 신들은, 인간으로서, 느낌이라는 보이지 않는 속성을 통해 물질을 다룰 수 있는 완전히 새로운 모험을 할 수 있게 되었다.

그래서 빛의 존재로서 물질의 밀도를 갖지 않았던, 신들은, 자신의 이상에 적합한 밀도를 창조하였다. 그들은 물질로 된 육신을 통해 또 다른 현실을 표현할 수 있게 되었으며, 생각은 물질이라는 형태로 구현되었다. 그것에서, 그들은 신성한 생각이 인류라는 지성으로 가득 찬 세포의 집합으로 구현된, 신이 되었다. 그래서 그들은 신/인간, 인간/신이 되었다. 경이로운 인간의 형상으로 표현하고 있는 신이자, 신이 영원히 계속 확장할 수 있도록 내면에 존재하는 하느님을 표현하고 있는 인간인 것이다.

일부 신들이 모여 많은 실험을 한 후에 처음으로 인간이 태어나게 되었다. 처음에는 남자만 창조되었으며, 그들은 생식기조차 없었다. 그것은 몸 안에 있었기에 그들은 복제라는 과정을 통해서 스스로 생식하였다. 그래서 인간이 처음 창조되었을 때 그들의 육신은 거의 비슷하였다. 그 당시 그들의 모습은 아주 보잘것없어서 지금의 당신들 모습에 비하면 기이하게 보일 것이다. 하지만, 그 당시의 신들에게, 그들은 아름다웠다. 불행하게도, 그들의 발은 재빠르지 못하여 계속해서 주위에 있는 짐승들의 먹이가 되곤 하였다. 그래서 신들은 자신들의 마음에 들 때까지 오랫동안 인간의 육신을 시험해보고, 검증하면서 변형시켜 나갔다. 육신이 완전히 다듬어지자, 많은 신들이 환호하였고 육신을 가지고 새로운 모험을 하기 위해 생명을 탐구해 나갔다.

신들이 거하는 육신은 빛의 존재가 자신들의 육신을 계속 개선해갈 수 있는 강력한 구조의 거처로 설계되었다. 그리하여 그들은 위험한 환경에서 살아가고 공존할 수 있게 되었다. 육신은 신이 감정으로 받아들였던 모든 생각의 기억들을 각각의 세포에 패턴의 형태로 담아 둘 수 있었고, 복제 과정을 통해서 다음 세대로 이어질 수 있도록 설계되었다.

좀 더 완전한 형상의 인간으로, 훨씬 뒤에 자궁을 가진 인간 혹은 여자가 창조되었을 때, 유전자 분배라는 방법으로 육신은 점점 더 독특하고 정교해졌다. 성교하는 그 순간까지 획득한 모든 이해의 유형을 남자는 정자에 담고, 여자는 자신의 난자에 담는다. 성행위를 통해, 이 두 사람의 유전 형질이 하나가 되어 그들의 배움과 깨달음을 바탕으로 한 훨씬 더 나은 실체를 자식으로 창조하게 된다. 하지만 그들은 이 과정을 통해서 좀 더 나은 몸을 창조하는 것이지, 좀 더 위대한 영을 창조하는 것은 아니다.

　신이 인간으로서 살아가는 것에 대한 이해가 커지기 시작하면서 — 그들의 생존이 그것을 필요로 함으로써 — 인간의 몸은 원시적인 형상에서 완전하게 다듬어졌고, 혹은 진화되었고, 이러한 과정은 당신들의 시간으로 일천오십만 년 동안 지속되었다. 지금의 당신 모습이 되는데 그렇게 오랜 시간이 걸렸다.

　당신의 몸은 아직 어리다. 인간이, 당신이 테스트를 거쳐 똑바로 서기 시작한 것은, 불과 일천오십만 년밖에 되지 않았다. 그러나 빛의 존재인, 당신은, 항상 존재해왔다. 시간이라는 것이 존재하지 않는데 어떻게 시간을 근거로 생각의 시초를 결정할 수 있겠는가? 당신은 그렇게 오래되었다. 당신들의 시간으로 말하고 측정하자면, 수십억 년에 걸쳐, 당신은 일렉트럼에서 창조하였다. 그다음 일렉트럼이 거친 물질로 낮아지면서 새롭고 다양한 모험이 시작되었다. 그리하여 수십억 년 동안의 설계와 탐구를 통해서, 인간은 응축된 생각과 농축된 물질로 이루어진, 숨 쉬며 살아 있는 창조물이 되었다.

　이 세상의 모든 것들은 당신이 창조하였다. 만약 그것이 당신들 모두를 위한 것이 아니었다면, 현실은 이곳에 존재하지 않았을 것이다. 동물은 사랑받고 있다. 왜냐하면 그들이 창조자인, 당신을 통해서 생명의 숨결을 받았기 때문이다. 꽃들은 사랑받고 있다. 그들이 당신의 아름다운 패턴을 가지고 있기 때문이다. 모든 생명이 그러하다. 그리고 이것은 모두 당신 때문이다.

　당신은 누구인가? 당신은 위대한 빛의 신이며, 모든 생명의 위대한 창조자이다. 당신은 창조적인 물질로 확장되고 낮추어진 장엄하고, 무한한 생각이다. 당신은 신이며, 인류라고 하는 형상을 경험하고 있는, 영원한 생각이다. 당신은 생각의 확장을 영원으로 지속하기 위해서 인간으로 구현된 신이다.

학생: 나는 지금 당신이 가르치는 모든 내용들을 계속 배워야 할지 말아야 할지 결정해야 합니다. 당신이 말하는 모든 것들은 나를 기쁘게 하지만, 그것들이 사실인지 아닌지에 대한 의심 때문에 주저하고 있습니다. 당신이 말한 내용이 사실이라는 것을 확신시킬 수 있는 말이나 행동을 보여줄 수 있습니까?

람타: 없다. 그러나 당신에게 질문 하겠다. 진실이 아닌 것이 무엇인지 나에게 말해달라.

학생: 진실이 아닌 것이요? 글쎄요. 예를 들어, 최근에 어떤 청중이 가지고 있던 녹음테이프를 통해서 창조가 어떻게 시작되었는가에 대한 당신의 강연을 들었습니다. 내가 들었던 그 어떤 설명보다, 아주 명쾌하고 상세했습니다. 당신이 말한 대로 그렇게 일어났다고 믿고 싶습니다. 그러나 그것들이 모두 사실이라고는 확신할 수 없습니다.

람타: 그렇다면 어떻게 창조가 일어났는가?

학생: 나는 설명할 수 없습니다. 그래서 좀 더 나은 이해를 찾고 있던 중입니다.

람타: 창조에 대한 여러 가지 이야기를 들었을 것이다. 당신은 어느 것을 선택하겠는가?

학생: 두세 가지 정도를 들었지만 당신의 설명이 가장 마음에 듭니다.

람타: 왜 그런가?

학생: 글쎄요. 더 상세하기 때문입니다.

람타: 어떻게 그렇게 상세할 수 있을까? 사람들은 어떻게 자신이 말하는 것을 알게 되었을까?

학생: 경험을 통해서이지요.

람타: 그렇다. 그것은 어떻게 그렇게 되었는지 그리고 어떻게 그러한지

에 대한 나의 경험이다. 나는 그렇게 기억한다.

학생: 그렇다면 당신은 나의 의문들을 이해할 수 있습니까?

람타: 충분히 이해한다. 당신은 기억하도록 자기 자신을 허용하지 않았기 때문이다. 그러나 당신에게 말하겠다. 다시 한 번 잘 듣도록 하라. 다른 모든 것들은 어떠한 설명도 제대로 하지 못했다. 그러나 내 설명에는 어떤 결함도 없으며, 다른 모든 것들도 마찬가지이다.

당신을 확신시키라고? 그렇게 하지 않을 것이다. 나는 절대 당신을 확신시킬 수 없기 때문이다. 단지 당신이 그 일이 일어나도록 허용하라.

학생: 그렇다면 확실히 알기 위해서 몇 가지 질문을 해도 괜찮습니까?

람타: 괜찮다.

학생: 당신은 하느님이 우리를 통해 확장한다고 말했습니다. 그 말은 신성한 마음이 우리를 그리고 우리의 창조물을 통해서 실질적으로 성장한다는 의미입니까?

람타: 그렇다. 태초에 하느님은 형상이 없는 보이드였으며, 빛이 없는 공간이었다. 그가 스스로 숙고하여 자신의 존재를 받아들이지 않았다면 그는 항상 그러한 상태로 존재했을 것이다. 그가 스스로 숙고했을 때, 그는 자신을 생각의 첫 번째 확장인, 빛으로 확장하였다. 그 빛으로부터, 우리 모두가 나왔다. 왜? 영원으로 하느님의 확장을 지속하기 위해서이다. 어떻게? 하느님이 빛의 형상인 우리를 탄생하게 했던것과 같은 숙고의 과정을 통해서이다.

우리의 혼이 탄생한 그 장엄한 순간부터, 우리는 모두 제각기 진화하고 확장하기 시작하였다. 우리의 혼은 생각을 붙잡아 감정이라는 형태로 저장한다. 그것을 통해서 우리는 내면으로 들어가, 생각을 숙고하고, 창조로 확장시킬 수 있게 되었다. 이렇게 하여 세상이 생기게 된 것이며, 씨앗은 꽃을 피우고, 동물은 돌아다니게 된 것이다.

당신의 사랑하는 하느님인, 생각은, 그 자체로는 구현되지 않은 감정이다. 생각이 혼 안에서 감정으로 일어나기 전까지 그 생각은 존재로서 신빙성이 없다. 생각이 받아들여지고 그것이 혼에 기록되면, 그때서야 현실이 된다. 그러면 그것은 모양을 가진다. 그러면 그것은 구조를 가진다. 그러면 그것은 영속성을 가진다.

당신이 여기에서 보는 모든 것들을 누가 창조했는가? 그것은 신이 아니라, 생각이다. 그것은 생각을 붙잡아 낮아진 물질의 형상으로 느낀, 당신, 신이며, 감정이다. 하나의 생각이 감정이란 형태로 혼 안에서 받아들여지고 창조의 이상으로 구성되어 창조된 형상으로 표현되기까지 당신들이 말하는 현실은 일어나지 않는다. 생각에 신빙성을 부여하고 당신이 현실이라 일컫는 형상을 갖게 하는 것은 느낌이며 감정이 가지고 있는 가치이다. 하느님은 매 순간 이런 식으로 성장한다.

그래서 창조된 형상은 생각이 감정으로 진화한 것이다. 그렇게 물질이 창조된 것이다. 그러한 방법으로 당신은 창조하고, 진화하고, 되어가고, 표현하고, 당신이 선택한 것은 무엇이건 할 수 있는 것이다. 당신이 되도록 허용한 그 생명력은 당신을 단 한번도 심판하지 않았다. 왜냐하면 당신 존재의 상태에서, 당신은 확장하고 신의 마음에 신빙성을 부여하기 때문이다.

하느님은 당신을 통하여 활동할 뿐만 아니라, 당신을 통하여 느끼고, 당신을 통하여 존재한다. 당신이 바로 그가 존재하는 모습이며, 그리고 그러한 현실이 매 순간 재창조되는 중이다. 그것이 바로 당신이 하는 모든 것이, 당신이 했던 모든 것이, 언제나 신에게 받아들여졌던 이유이다.

여기에 있는 모든 것들은, 생각과 빛에 의해서 탄생한 것이며, 당신이 창조하였다. 그리하여 천국, 하느님의 왕국은, 그의 사랑하는 자식인 당신, 자기 자신을 통해서 확장해왔다. 그러므로 자신을 한없이 사랑하라. 당신은 기쁨을 위해 모든 것을 창조해온 아름다운 존재이기 때문이다.

학생: 감사합니다, 람타. 또 다른 질문이 있습니다. 인간은 이 지상에서 일천오십만 년 동안 존재했다고 당신이 말했습니다. 그러나 내가 알기로, 과학자들은 인간이 여기에서 겨우 일백만 년 혹은 기껏해야 이백만 년 밖에 살지 않았다는 증거를 가지고 있습니다.

람타: 고고학자들은 사람들이 이해할 수 있도록, 방사능을 근거로 하여 그들이 발견한 것들의 연대를 추정한다. 그것들에 방사능을 주는 것은 태양이라는 빛의 원리이다. 과학자들이 믿고 있는 바와 달리 태양은 이 지상에 직접적으로 빛을 쏟아붓지 않았다. 지구가 오랫동안 물로 둘러싸여 있었기 때문이다. 당신들의 대양이 된 그 물은, 그 당시에는 아직 대기 중에 있었다. 태양에서 온 빛이 수분층에 부딪히자, 빛은 산란되었다. 그리하여 빛이 사방으로 퍼졌다. 그래서 그 당시에는 오늘날처럼 빛에 노출된 것은 아무것도 없었다. 그러나 과학자들은 태양 광선이 실제로 비친 것보다 훨씬 더 오랫동안 이 지상에 직접 비추었을 것이라고 믿음으로써 그들이 발견한 방사능만을 가지고 인간의 출현을 추정한다.

신들은 인간으로서 이 지상에 일천오십만 년 동안 살아오면서 육신을 완전하게 만들기 위해 다양한 형상의 육신으로 존재해 왔다. 내가 방금 한 말들은 당신 스스로 그것에 대해 숙고하고 추론할 수 있는 실마리가 될 것이다.

이제 나에게 말하라, 마스터. 왜 당신은 다른 사람들의 창조 이야기보다 내 이야기에 귀를 기울이는가? 왜인지 아는가?

학생: 단지 당신의 설명이 마음에 들었기 때문입니다.

람타: 하지만, 왜 마음에 드는가?

학생: 당신은 우리 모두가 완전하고, 어느 누구도 다른 사람들보다 못하지 않으며, 그리고 생명은 영원하다고 말하기 때문입니다.

람타: 그렇다. 그 말은 또한 당신들의 종교가 가르치는 모든 것들이 틀릴 수도 있다는 것을 의미한다. 이 가르침이 왜 훌륭한지 아는가? 어쩌면 악마, 지옥 혹은 죄악, 천벌 그리고 두려운 신 같은 것이 정말 없다는 것을 의미하기 때문이다. 그들이 틀릴 수도 있다.

제 9 장
천사보다 더 높은

"당신에게 말하겠다. 인간의 한 구성원이 된다는 것은 신성한 경험이다. 인간이 되었을 때, 당신이 신을 온전히 경험하기 때문이다. 오직 당신이 인간이 되었을 때만이 천국 전체를 품에 안을 수 있는 곳으로 여행을 한 것이다."

— 람타

당신은 진정으로 눈부신 존재이다. 당신들 모두 그러하다. 당신은 변화무쌍하고, 창조적이고, 독특하고, 그리고 진정으로 신성하기 때문이다. 당신은 당신이 비천한 창조물이라고 배워 왔지만, 진정으로 중요한 것은 삶이라 불리는 이해 속에서 당신이 어떻게 알려져 있는가이다. 그리고 그러한 이해 속에서 당신은 하느님 아버지의 사랑하는 사람으로 알려져 있다. 왜냐하면 당신이 신의 마음의 영원한 일부이기 때문이다. 당신은 아직도 자신이 얼마나 고귀한 존재인가를 깨닫지 못하고 있지만, 언젠가는 알게 될 것이다.

당신은 나에게 사랑하는 형제이다 ― 나에게뿐만 아니라, 보이든 보이지 않든, 모든 우주와 모든 차원의 삶에 있는 모든 존재들에게. 왜냐하면 우리는 모두 은총, 지성, 그리고 당신의 모든 엉뚱한 노력에도 상관없이, 모든 영원을 통하여, 당신을 격려하고 유지하는 경이로운 생각인 신이라는 사랑으로 훨씬 더 위대하게 모두가 연결되어 있기 때문이다.

당신이 알고 있는 것보다 당신은 훨씬 더 위대한 보배이다. 당신들 중 어느 한 사람이라도 없었다면, 생명이나 우주 그리고 분자 구조까지도 결코 존재하지 않았을 것이다. 당신을 위해서 그리고 당신 때문에, 삶은 지성과 끊임없는 생각의 패턴이 화려한 현실의 색채로 바뀌는 활기찬 무대 ― 말하자면, 드라마 ― 를 펼쳐 왔다. 당신은 진정으로 고귀하다. 당신이 자신에 대해서 어떻게 생각하든, 당신은 존재하는 모든 것을 보여주는 웅장한 무대에 기여해 왔기 때문이다.

당신은 눈부신 존재이다. 인류를 구성하고 있는 당신들 모두를 바라보라. 비슷하게 생겼을지라도 똑같이 생긴 사람은 없다. 당신들은 수분작용으로 씨앗을 퍼트리며 더욱더 아름답고 깊은 빛깔의 새로운 꽃들을 창조하는 아름다운 정원의 꽃들과 같다. 당신들은 모두 아름답지만, 서로 다르다. 당신들은 제각기 자신만의 고집스러운 의지와, 창조적인 계획으로 자신만의 고유함을 통해 표현하고 있는 신이기 때문이다.

당신들 모두는 한때 빛을 발하는, 한 줄기 생각이었다. 그리고 영원으로 나아가는 지속적인 신이 되었다. 탐험을 위한 위대한 왕국을 세우기 위해, 당신은 아주 신중하게 여러 가지 많은 실험을 거쳐 물질로 된 육신, 말하자면 응축된 생각을 설계하였다. 육신을 통해서 당신은 다른 존재의 차원에서 자신을 표현할 수 있게 되었으며, 신이라고 하는 생각 전체의 패턴을 탐험할 수 있게 되었다. 그리하여 무한한 창조성으로 향하는 모험을 하면서, 한때 형상 없는 빛이었던 당신은 자신을 인간이라는 세포물질로 변형시켰다. 그리하여, 당신은 신/인간, 인간이라는 살아 있는 유기체를 통하여 표현하는 신의 마음이라 불리는 지성이 되었다.

인간으로서 당신은 놀랄만한 지성이다. 당신은 자신의 세포 구조에 생명의 숨결을 불어넣고 생존하기 위한 본능적 수단을 부여했을 뿐만 아니라, 신성한 목적과, 당신의 지고한 지성을 물질적 육신을 다듬고 진화시키기 위해 통합하였다. 당신이 설계한 과학적 진화를 통해, 당신 스스로 네안데르탈인에서 인간인, 호모 사피엔스로 진화하였다. 그리하여 이 지상에 인간은 ─ 억겁의 세월과 수많은 시행착오, 진화 그리고 많은 고통을 통해 ─ 지금 내 앞에 앉아 있는 직립인간이 된 것이다.

당신들 모두가 창조적인 지성의 힘을 보여주기 위해 보여주는 세상인 이 차원의 삶, 위대한 차원의 삶인 이곳에 있는 것이다. 왜냐하면 당신의 사랑하는 하느님인, 생각은 빛에서부터 밀도를 가진 물질에 이르기까지 구현된 모든 형상으로 여기에 존재하기 때문이다.

지성은 어디에서나 번성한다는 것을 알고 있는가? 진정으로 그러하다. 당신들이 지구라고 부르는 여기 이곳에서 인간 — 생각과 물질의 결합인 — 은 진화의 정점에 있다.

인간인, 당신이, 퇴보할 수 있다고 생각하는가? 당신이 보이지 않는 존재보다 못하다고 생각하는가? 그렇지 않다. 당신은 영원한 사고 과정 전체를 이해하기 위한 장엄한 모험 중에 있다. 인간의 형상으로 신이 되지 않으면, 당신은 하느님인 완성됨을 결코 이해하지 못할 것이다 — 어느 누구도. 왜냐하면 신의 왕국은 빛으로부터 일렉트럼으로, 물질로 그리고 형상으로 확장하기 때문이다. 따라서 신은 단지 더 높은 주파수의 생각일 뿐만 아니라, 또한 거친 물질이라는 가장 높은 밀도와 가장 낮은 주파수의 생각이기도 하다.

오직 인간이 되었을 때만, 하느님의 존재를 모든 생각의 형상으로 표현할 수 있다. 왜냐하면 당신이 신/남자, 신/여자일 때, 생각이자 감정이며 계속 진화하는 의지일 뿐만 아니라 빛이며, 일렉트럼이며, 피와 살의 형상을 한 물질이기 때문이다. 어느 누구도 인간의 모습을 한 신이 되기 전까지 하느님의 왕국 전체를 제대로 표현할 수 없다.

당신의 사고 과정 전부를 이해하기 위해서 — 당신의 존재 전체와, 자신인 신을 품에 안기 위해서 — 당신은 충분히 융통성이 있어야 하고 이 세상을 포함한, 존재하는 모든 차원에 오를 수 있도록 자신을 충분히 사랑해야만 한다. 거친 물질 세상에서 살아보고 자신을 표현해보면, 당신은 물질이라는 형상으로 된 신에 대한 이해를 갖게 될 것이다.

아직까지 신/인간이 되어보지 않은 존재들은 지혜와 모든 생명에 관한 이해를 얻기 위해 반영할 수 있는 신에 대한 충분한 경험이 없다. 경이로운 이 세상의 일부가 되고자 — 세상을 진화시키고, 산들을 움직여보고, 사물에 색을 입혀보고, 신성한 기념비를 세우기 위해 — 여행하는 자들만이, 오직 그들만이 사랑, 기쁨, 그리고 창조의 복잡함을 이해할 수 있다. 오직 이러한 여행자들만이, 당신들만이, 영원의 이해를 얻어 왔고 추구하려는 자들이다. 왜냐하면 그들은 모든 생명을 위하여 영원을 창조하는 자들이며, 물질 차원이 존재하는 한, 그 차원은 무한한 창조성으로 생명의 나아감을 허용하기 때문이다. 그래서 남자와 여자가 된다는 것, 집합적인 인간이 된다는 것은, 진정 하나의 특권이다. 그것은 영광이다. 그것은 진정 신성한 삶이다.

당신들이 천사라고 불러온 존재들이 있다. 그리고 그러한 신성한 창조물이 되기 원하는 사람들이 많다. 그러나 그들은 인간으로서 살아보지 않아 합리적 균형을 이룰 수 없다는 약점을 가지고 있다. 그들은 단지 에너지이며, 결국 신/인간이 될 신들이지만, 그들은 인류에 대한 연민이나 자비심을 가지고 있지 않다. 보이지 않는 세상에 있는 존재들이 인간이 되어보지 않고서 어떻게 인간인 당신을 완전히 이해할 수 있겠는가? 인류는 그들보다 훨씬 더 진화된 존재이다. 그들은 인간이라는 제한적인 형상으로 살면서 신을 이해해 본 적이 없기 때문에 인류의 기쁨과 고통 그리고 인류에 대한 이해가 제한적이다.

당신에게 말하겠다. 인간의 한 구성원이 된다는 것은 신성한 경험이다. 인간이 되었을 때, 당신이 신을 온전히 경험하기 때문이다. 오직 당신이 인간이 되었을 때만이 천국 전체를 품에 안을 수 있는 곳으로 여행을 한 것이다.

인간이 되었다고 해서 당신의 지위가 낮아진 것이 아니다 — 이것을 반드시 알아야 한다. 인간적인 요소가 되어보지 않았다면, 당신은 결코 하느님의 왕국으로 들어갈 수 없기 때문이다. 당신이 한 번도 삶으로 내려오지 않았다면 어떻게 천국으로 오를 수 있겠는가?

그것은 가치 있다. 그것은 보람 있는 것이다. 당신 내면에 존재하는 전지전능한 신이라는 불꽃을 이해하기 위해서 인간이 된다는 것은 지혜로운 일이다. 모든 생명은 이 불꽃으로 이루어졌으며, 거친 물질의 지고한 지성 ─ 인류라고 하는 ─ 을 통해서 그것을 경험하면 완전한 신의 모습을 보게 된다. 그리고 당신이 신 전부 ─ 내면과 외면, 공간, 물질, 피와 살, 사랑과 기쁨 그리고 고통 ─ 를 완전히 이해했을 때, 비로소 하느님 전체가 될 것이다.

당신이 이 세상에 있는 이유는 지금 현재 머물고 있는 육신의 밀도를 통해 신을 계속 탐험하기 위해서이다. 그러한 당신의 창조적인 진화를 도와주는 것은 생명이며, 원자의 영역에서 원자를, 우주의 영역에서 지구를 붙잡아 두는 힘과 동일한 생명력이다. 그 생명력은 자신만의 우주 원칙을 가지고 있으며, 그것은 항상 진화하고, 항상 확장하며, 항상 무엇인가가 되는 것이다. 당신이 살아가는 목적은 삶을 경험하고 그것으로부터 배우며 그리고 배운 것들을 다듬어 생명이라고 하는 원리로 다시 통합하는 것이다.

이렇게 살아가는 것을 창조라 한다. 창조적인 생각을 하고 지혜를 얻기 위해서, 위대한 미스터리인 당신을 이해하고, 발견하여, 물질을 통해 그것을 표현하는 것이다. 그럼에도 이 차원에 있는 모든 것은 거대한 환영이다. 모든 사람들은 3차원의 세계가 현실이라고 생각하지만, 그렇지 않다. 인간이 즐기고 있는 모든 게임은 환영 ─ 꿈 ─ 이다. 왜냐하면 이 현실은 꿈처럼 사라지기 때문이다. 진정한 세계는 당신의 내면에 있으며, 매 순간 당신이 느끼는 감정과의 조우에 있다. 진정한 세계는 감정적 견지에서만 존재하며, 논리가 아닌 흐르는 사랑에 의해 지배된다.

당신이 현실이라고 말하는 이 세상은 혼 안에 흐르는 감정을 통해서 현실을 인지할 수 있는 눈이 없었다면 절대로 존재하지 않았을 것이다. 그것은 아무것도 아닐 것이기 때문이다. 물질로 이루어진 이 낙원에 있는 모든 것

단순히 이 경이로운 창조에 참여하는 모든 사람들의 혼 안에 들어 있는 감정을 일깨우기 위해 창조되었다. 왜? 지혜라는 삶의 가장 위대한 보상을 얻기 위해서이다. 또한 지혜는 지적인 이해가 아니다. 그것은 진정으로 경험을 통해 얻는 감정적인 이해이다.

삶, 이 장엄한 무대는, 당신의 왕국이다. 이곳은 당신의 환영을 창조할 수 있는 무대이다. 이 경이로운 무대는 당신이 어떠한 현실을 원하든 꿈을 현실로 만들 수 있는 기회를 제공한다. 왜냐하면 당신 자신인 신은 어떠한 생각으로도 꿈꾸고, 그것을 감정으로 느끼고, 꿈을 현실로 구현할 수 있는 무한한 자유를 가지고 있기 때문이다. 그리고 그 사이에 언제든지 당신의 마음을 바꿀 수 있다.

밀도가 있는 세상에 사는 이유는 이곳에 살면서 증명하기 위해서이다 ― 그리고 이것은 오직 인류에게만 한정된 경험이다. 매번 생각이 감정으로 바뀌면서, 그것은 곧 현실로 나타난다. 그 이해가 완전히 파악되었을 때, 그 엄청난 창조의 힘이 실현될 때, 당신이 신인 것을 알게 되어 내면의 조화가 점점 빨라진다. 그러나 이러한 인간적 경험이 없다면, 당신은 절대로 자신이 신이라는 것을 알지 못할 것이다.

이것이 당신이 품어야 할 삶이다. 이것은 열정적인 모험과 도전으로 가득 차 있어 풍요롭다. 이것은 당신이 되기 위한 하강과 진화를 위해 모든 문을 개방하고 수많은 기회를 제공할 것이다. 무엇이 되기 위해서인가? 모든 축적된 경험은 당신과 신을 동일하게 할 것이다. 물질에서 업적을 이루어 자신의 영광을 증명할 수 있는 능력은 오직 신만이 갖추고 있기 때문이다.

당신은 신/남자, 신/여자가 되라고 위임받았다. 왜냐하면 오직 신이 인간이 되었을 때만 이 세상의 삶이 창조되고 진화할 수 있기 때문이다. 당신은 진실로 훌륭한 존재이다. 당신이 알고 있는 것보다 당신은 훨씬 더 강력하다. 당신의 모든 감정, 모든 생각들은 생명을 창조한다. 생명을 실재하게 하고, 앞으로 나타날 모든 생명을 지원하는 것도 당신에게 달려 있다. 그것은 보이지 않는 곳의 존재들이 하는 일이 아니다. 보이지 않는 곳에 있는 그들은 자신들의 이해로 계속 나아가고 있다. 그러나 모든 왕국 중에서 가장 아름다운 에메랄드 보석인 이 물질왕국을 누가 지탱할 것인가? 당신이다. 당신이 어떻게 생각하고 받아들이느냐에 따라.

　모든 것들에 가치를 부여하는 유일한 이가 바로 당신이다. 생명이라 부르는 무대에 무엇인가 계속해서 더하는 이가 당신이다. 이 신의 왕국을 높이고 영광스럽게 하는 이도 당신이다. 당신이 그것을 알지 못하는 이유는 자신이 천사보다 더 낮은 존재라고 생각하기 때문이다. 전혀 그렇지 않다. 아직은 그것을 확실히 알지 못하겠지만 언젠가는 알게 될 것이다. 왜냐하면 곧 생명과 무지개 그리고 색과 빛들이 당신이 진정으로 누구인지 상기시켜줄 것이기 때문이다. 이것을 깨달음의 시대라고 부른다. 그때에, 이곳의 삶은 어떻게 될 것인가? 사람들은 자신이 신의 마음의 일부라는 것을 깨닫기 위해 경험의 필요성을 이해하게 될 것이다. 그것을 알게 된다면, 어떠한 모험이 기다리고 있을까? 당신은 영원의 모든 것을 즐길 수 있을 것이다. 당신은 무한한 생각 전체를 가져 물질, 시간, 공간, 거리 그리고 자신을 재평가 하고 다시 보게 될 것이다.

　당신은 정말로 경이로운 존재이다. 왜냐하면 지금의 당신이 되고자 기나긴 여정을 거쳐 이 지구로 왔기 때문이다. 그것은 존재하는 모든 것, 즉 생각에서 빛으로, 그 빛에서 일렉트럼의 분리로, 거친 물질로 그리고 이 차원으로 이어지는 모든 것 안에 있는 하느님을 알기 위한 여정이었다. 당신들 모두가 그러한 여정을 해왔다. 그 여정에서 당신은 훌륭했으며, 약간의 위험이 따랐기에 대담함도 갖게 되었다. 그러나 위대한 불사의 자아는 물질세계로 들어오기 위해 많은 변화를 거치면서 자신의 정체성을 망각하고 생존의 혼란 속으로 빠져들 가능성이 아주 높았다. 그리고 안타깝게도 대부분의 사람들이 그렇게 되어버렸다.

당신들이 왜 나라는 수수께끼 같은 존재의 말을 열중해서 듣고 있는지 아는가? 왜냐하면 내가 방금 말한 것들이 진리라는 것을 알기 때문이다. 그리고 당신들은 이 모든 것들이 태동하였던 최초의 그 신성한 앎으로 돌아갈 길을 찾고 있었기 때문이다. 당신은 내면의 깊숙한 곳에서, 자신이 단순히 피와 살로 이루어진 그저 하나의 물질 덩어리가 아니라 그보다 위대한 존재, 오히려 신성한 존재라는 것을 알고 있다. 그리고 당신은 그러하다. 당신은 그것을 깨닫기 위해, 그리고 신성한 원리인 당신 자신을 받아들이기 위해, 또한 당신 내면에 태초의 빛이 있음을, 그리고 자신에게 생명의 숨결을 불러일으킨 태초의 생각을 발견하기 위해 여기에 있는 것이다.

나의 아름다운 마스터여, 당신은 바람에게 생명을 주었다. 당신은 태양이 그 자리에 있어야 할 이유를 주었다. 당신은 먹구름에게 비바람을 몰고 와 지구의 갈증을 풀어주고 양분을 내리는 의미를 주었다. 그러나 당신은 이러한 것을 알지 못하고 있다. 항상 자신이 진정한 신인 생명의 사랑보다 못하다고 여겨왔기 때문이다. 나는 당신을 깊이 흠모한다. 나 또한 당신처럼 인간이었기 때문이다. 나도 당신들의 환영 속에서 살았다. 그리고 당신들의 꿈이 되었다. 내가 갔던 그곳에 당신도 한순간에 갈 수 있다. 그러나 자신을 끌어 안음으로써 신을 품에 안고 이 삶을 기꺼이 받아들이고 나서야 비로소 그곳에 갈 수 있을 것이다.

나는 내 존재의 깊은 곳에서 당신에게 경의를 표한다. 당신은 진정 위대하다. 당신은 진정 사랑받고 있다. 당신은 진정 필요하다. 당신은 진정 소중하다. 당신은 영원함의 이유이다. 당신은 진정 삶의 이유이다.

제 10 장
확인할 수 있는 신

"하느님은 경이로운 당신의 존재 밖에서 결코 확인될 수 없다. 그런 시도를 하는 것조차도 당신 자신에게 부당하다. 당신 내면으로부터 나오는 것을 설명하기 위해 당신이라는 존재 밖으로 나가는 것이기 때문이다. 신을 확인할 수 있는 유일한 방법은 당신 내면에 존재하는 신을 관찰하는 것이다."

— 람타

당신들 각자가 이 세상에 존재하는 많은 이유가 있지만, 무엇보다 가장 장엄하고 가장 중요한 것은, 최대의 미스터리인 자아를 이해하고 사랑하는 것이다. 이것을 적절하게 말하자면 태초에 당신을 신임했던, 내면에 존재하는 하느님인, 그를 통해 당신은 창조하고 진화하며, 그리고 다시 한번 그가 될 것이다.

당신이 신처럼 되고자 할 때 — 내면에 존재하는 신을 완벽하게 표현하기 위해 — 당신은 정확히 무엇이 되려고 하는 것인가? 그것이 되기 위한 기준점을 제공하는 신의 정체성은 무엇인가? 이제, 그에 대해 알아보자. 당신은 정확히 무엇이 되어 가고 있는 것인가?

내가 사랑하고, 내가 받드는, 모든 경이로움이 일어나도록 하는 신은, 생명 전체의 나아감이다. 영원의 나아감인, 생명의 왕국의 나아감에서, 지금 이순간은 존재하는 모든 것이다. 지금 이 순간에, 바로 이 특정한 순간에, 신은 그들로서 존재하는 모든 것이다. 그리하여 지금 이 순간, 신은 존재하는 모든 것들의 있음이다. 그리고 앞으로 다가올 많은 지금(Nows)에도, 신은 자신의 존재를 표현하며 그 자체 — 역동적으로 살아 있고, 느끼고, 확장하고, 진화하는 — 로 나아가는 모든 생명의 맥동이다.

신은 존재하는 모든 것들의 결정(決定)이며, 그럼에도 어떠한 경계도, 시작도, 그리고 끝도 없다. 그것은 유사함이 없는 무한함이다. 신의 있음은, 현실을 넘어선 현실, 차원을 넘어선 차원, 그리고 우주를 넘어선 우주이다.

당신은 하나의 작은 은하계에 있다. 그리고 만일 당신들만이 이곳에 존재하는 유일한 생명이라고 생각한다면, 당신은 다소 오만하다. 당신의 은하계 하나에만 100억 개의 태양이 있으며, 각 태양마다 생명을 지탱해주는 행성들이 있다.

태양계가 얼마나 많은가에 대해서 당신에게 말해줄 수 있는 숫자는 없다. 전혀 없다. 모든 행성, 크고 작은, 그곳에 살고 있는 생명들을 셀 수 있는 숫자는 없다. 그것을 말해줄 수 있는 숫자는 없다. 무한이라는 것을 이해하려면, 당신의 사고를 재프로그램 하여 시간, 거리, 그리고 측정을 넘어서 인지해야만 한다. 더 위대한 현실에서는, 이런 것들이 존재하지 않기 때문이다.

신은 존재한다. 시작은 언제였는가? 시작은 없었다. 신은 항상 생각이었고, 우주였고, 텔스타에게 생명을 부여하고 지탱하는 보이드였다. 텔스타가 무엇인지 아는가? 그것은 빛을 물질로 바꾸어 우주를 향해 분출하여 항성계를 창조한다. 그렇다면 텔스타는 어디에서 왔는가? 생각, 신, 우주, 위대한 보이드, 당신이 찾고 바라보는 별과 영원의 장소이다. 흠 없고 무한한 존재인 신을 보고 싶다면, 끝이 없는 무한한 우주를 생각하라. 왜냐하면 우주는 당신이 보는 모든 것들을 둘러싸고 있으며, 존재하는 모든 것을 지탱하고 신뢰하는 생각의 강이기 때문이다.

모든 사람들이 우주 공간을 아무것도 없는 것처럼 말한다. 그러나 모든 것이 궤도 안에서 자신의 자리를 확고하게 유지하는 힘은 무엇인가? 보이드에서 지구를 지탱하고 있는 것은 무엇인가? 수백억 개의 태양이 있는, 당신들의 은하계를 지탱하는 것은 무엇인가? 무엇이 그것을 그 위치에 있게 하는 것일까? 무엇이 당신들의 태양을 그 자리에 있게 만드는 것일까? 무엇이 모든 물질이 통과하도록 허용하였을까? 무엇이 진정 빛이 여행하는 길인가? 아무것도 없다 말하겠는가? 수백억 개의 태양과 그들의 태양계를 지탱할 수

확인할 수 있는 신

있는 아무것도 없음을 나에게 보여달라.

신은 하나의 측면에서 보면 모든 것들의 본질을 구성하는 물질이다. 다른 측면에서 보면 다른 차원의 시간 흐름이며, 평행우주를 창조하는 시간 왜곡이다. 또 다른 차원에서 보면, 물질에 힘을 주는 빛이라는 스펙트럼이다. 그러나 신의 가장 위대한 측면은, 당신을 제 위치에 있게 하는, 아무것도 없음이다. 그것은 생각, 그리고 우주의 영원함이다.

신 ─ 맥동하는, 확장하는, 진화하는 ─ 은 영원으로 나아가는 생명 전체이다. 지금까지 존재했던 것을 허용하는 있음이며, 모든 만물에 스며들어 있으며, 앞으로 일어나는 것들에 대한 약속이다. 생명을 부여하는 움직임이며, 이루어야 할 목표나 이상이 없는 무한한 사고 과정이지만 계속하여 생각에서, 빛으로, 물질로 생명을 창조한다. 신은 항상 변하고, 항상 창조하고, 항상 확장하며, 항상 존재하는 의욕적인 힘 안에 있는 모든 것의 본질이다.

모든 것을 아우르고, 전능하고, 항상 진화하고, 항상 움직이고, 항상 허용하고, 항상 존재하는 것을 어떻게 확인할 수 있을까? 지금의 신과 다음 순간의 신이 동일하지 않은데, 어떻게 신이 무엇이라고 말할 수 있을까? 끝없이 펼쳐져 있는 우주를 어떻게 인지할 수 있는가?

유한하게 생각하는 마음으로, 당신은 시간, 거리, 공간, 물질을 초월한 것을 확인할 수 없다. 제한된 당신의 마음으로는 멀리 떨어져 닿을 수 없기 때문에 묘사할 수 없다. 비록 하느님이나 아버지라는 말이 사용되었다 할지라도, 그것들은 단지 존재하고, 존재해왔고, 존재할 모든 것을, 과거의 있음으로부터 현재의 있음까지 그리고 무한하고 영원한 있음을, 일컫는 말에 불과하다.

신이 되기 위해 당신은 어디에서 기준점을 찾아야 하는가? 당신 안에서이다. 당신은 신의 형상이자, 신의 복제이기 때문이다. 당신이라는 존재의 본질은 나아가고, 진화하고, 항상 변화하고, 항상 창조하고, 항상 존재하는 것이다. 당신은 생각이다. 당신은 빛이다. 당신은 일렉트럼이다. 당신은 형상이다. 당신은 순수한 에너지이고, 놀라운 힘이며, 맥동하는 감정이고, 지고한 생각이다. 당신이 최고 수준의 지성 — 힘, 존엄, 신성, 그리고 은총 — 이라 인지해 왔던 것은 바로 당신이다. 당신은 누구인가? 당신은 바로 확인할 수 있는 신이다.

하느님은 경이로운 당신의 존재 밖에서 결코 확인될 수 없다. 그런 시도를 하는 것조차도 당신 자신에게 부당하다. 당신 내면으로부터 나오는 것을 설명하기 위해 당신이라는 존재 밖으로 나가는 것이기 때문이다. 신을 확인할 수 있는 유일한 방법은 당신 내면에 존재하는 신을 관찰하는 것이다. 어쨌든, 이것이 좀 더 근사하지 않은가? 그것은 당신을 무한한 창조에 대해 이해하려 애쓰는 복잡함에서 벗어나, 당신을 여기 그리고 지금의 삶, 당신 자신의 사고 과정, 그리고 당신 자신의 있음으로 돌아오게 한다.

하느님을 인지하고, 이해하고, 감정적으로 알 수 있는 유일한 방법은 자신이 누구인지 이해하고 감정적으로 아는 것이다. 그러면 당신은 신을 알 수 있을 것이다. 그리하여 당신은 말할 것이다, "나는 하느님이 누구인지 안다, 나는 하느님과 하나이기에, 내가 누구인지 나는 안다."

신처럼 되는 것은 당신 자신이 되는 것이다. 당신이 있음으로 존재할 때, 한정적이지 않고, 무한하고, 창조적이고, 자유롭다. 당신은 허용이다. 당신은 움직임이다. 당신은 고요하다. 당신은 기쁨이다. 당신은 순수한 에너지이고, 강력한 지향(志向)이고, 모든 느낌이고, 모든 생각이다. 당신 존재의 모든 것과 당신의 모든 숨결로 존재하며 자신을 사랑하고 자신의 훌륭한 가치가 삶으로 흘러나오도록 하는 것이 신처럼 되는 것이다.

그저 당신 자신을 허용하라, 있음이 되도록. 존재할 때, 당신은 모든 것이다. 신이 된다는 것은, "나는 존재한다."라고 말하는 것이다.

제 11 장

사랑의 선물

"궁극적인 형태의 사랑은 당신 각자를 통해서 계속 나아가려는 그 자신인 생명을 허용하는 하느님의 열망이다. 사랑의 가장 순수한 형태는 하느님이 당신들 각자에게 부여한 자유의지이다. 그러한 의지를 행사함으로써 당신은 생각의 여러 차원을 탐구하고 자신을 위대함으로 확장하며, 그것이 신의 마음을 확장한다."

― 람타

당신의 신성한 의지와 분리된 신의 의지라는 것은 절대로 있을 수 없다. 신이 하나의 생명만을 단조롭게 표현하려 했다면, 그는 당신을 절대로 창조하지 않았을 것이며, 당신 자신만의 의도적인 독자성을 표현할 수 있는 의지를 당신에게 부여하지 않았을 것이다.

신의 뜻이라고 하는 것은 인간에 의해서 만들어졌으며 그럼으로써 그는 형제들을 지배하고 통제할 수 있었다. 그럼에도 당신이 그러한 가르침을 믿고 신의 의지가 당신의 의지와 분리되어 있다고 본다면, 당신은 항상 신의 의지와 당신의 의지 사이에서 고민할 것이다. 어떤 일을 하기 원하고 그것을 꼭 해야 한다는 느낌이 들어도, 신의 의지가 해서는 안 된다고 말할 것이기 때문이다.

신은 당신과 분리되지 않았다. 당신과 그는 하나이며 동일하다. 당신의 의지가 곧 그의 의지이다. 당신이 무엇을 하기 원하든 그것은 신성한 섭리이자, 신성한 의지이다. 그래서 당신은 운명과 대립되는 것이 아니다. 운명은 미리 정해진 것이 아니라 전적으로 당신에 의해 결정되는 것이기 때문이다. 당신이 생각하는 모든 것은 앞으로 다가올 순간을 창조한다. 바로 이 순간은 단지 조금 전에 당신이 품었던 생각으로 인하여 일어난 결과이다. 그것이 신의 과학이다. 하느님이 당신에게 원하는 유일한 것은 혼 안에서 느끼는 감정에 따라, 하느님 자신인 생명 전체를 경험하는 것이다. 왜? 그런 경험을 통해서 당신은 기쁨이 무엇인지 그리고 당신과 모든 생명에 대한 신의 무조건적인 사랑이 무엇인지 이해할 수 있기 때문이다.

만약 신과의 관계가 불편하다면, 아마도 당신은 신에 대한 이미지를 다시 만들어야 할 것이다. 당신이 그와 싸워야 한다면 신은 모두를 사랑하는 것이 아니라고 나는 말할 것이기 때문이다.

태초에 하느님이 가장 장엄한 자신에 대해 숙고했을 때, 그는 자신을 찬란한 빛으로 확장하였다. 그러한 빛의 확장으로부터 당신들 모두 각자만의 독특하고, 고유한 움직임의 형태인 신이 되었다. 그래서 당신은 생각을 영원으로 계속 확장할 수 있게 되었다.

신이 당신의 숙고하는 생각을 통해 항상 확장하는 고유함이 되기 위해, 신 자신인 생각으로부터 독창적으로 창조할 수 있는 힘을 당신들 각자에게 부여할 필요가 있었다. 그는 당신에게 자유의지라는 행위를 부여함으로써 이 일을 하였다. 의지의 원칙이 당신들 모두에게 주어졌다. 그래서 당신은 고유하고 독자적일 수 있었고, 또한 당신은 자신의 진리의 창조자, 당신 자신의 이해에서 주권자가 될 수 있었다.

당신이 원하는 어떤 생각이든 포용하고 경험할 수 있는 자유를 가진 당신에게 신성한 본질이 주어졌다. 그리고 자유의지라고 불리는, 그 신성한 본질은, 사랑이다. 이것은 신으로서의 개개인에게 준 사랑의 선물이다. 당신들 각자는 의지라는 신성한 본질이 있다. 그래서 당신은 생각을 통해 어떤 이상을 그려도 독창적으로 창조할 수 있는 자유가 있다.

궁극적인 형태의 사랑은 당신 각자를 통해서 계속 나아가려는 그 자신인 생명을 허용하는 하느님의 열망이다. 사랑의 가장 순수한 형태는 하느님이 당신들 각자에게 부여한 자유의지이다. 그러한 의지를 행사함으로써 당신은 생각의 여러 차원을 탐구하고 자신을 위대함으로 확장하며, 그것이 신의 마음을 확장한다.

　자유의지는 당신에게 독자성 — 그럼에도 하느님과 하나되는 — 을 부여하여 당신의 사고 과정이 자신만의 창조적인 흐름을 갖도록 허락한다. 숙고와 생각의 확장을 통해서 창조하는 매 순간, 당신은 하느님이 당신을 창조했을 때 그 자신에게 품었던 똑같은 사랑을 그대로 모방한다. 창조란 당신 존재의 내면에 있는 사랑을 끌어내 독특하고, 자유롭게 움직이는, 영원으로 계속 살아갈 창조적인 형상을 만드는 행위이기 때문이다.

　당신이 태어난 그 빛나는 순간부터, 하느님이 순수하고, 무조건적인 사랑으로 당신에게 부여한 신성한 서약은, 당신이 무엇을 하든, 무엇을 원하든, 하느님은 그것이 된다는 것이었다. 그러한 신성한 서약 — 아직도 유효하며 앞으로도 항상 유효할 것이다 — 을 통해서 당신들 각자는 바로 하느님의 모든 것을 물려받은 상속자가 되었다. 그래서 하느님은 항상 그가 되었던 모든 것을 당신에게 부여하는 것이다. 그럼으로써 당신은 하느님인 생명 전체를 경험하고 이해할 수 있다. 그는 당신이 꿈을 이루는 바탕이다. 그러나 누가 꿈을 꾸는가? 당신이다. 당신의 꿈은 무엇으로 이루어졌는가? 생각, 신, 생명이다.

　당신은 하느님인 전체의 생각으로부터 당신이 원하는 어떠한 진리, 어떠한 태도, 어떠한 소망도 창조할 수 있다. 당신의 사고 과정으로 당신이 어떤 진리나 태도를 창조하든, 하느님, 생명은, 기꺼이 그것이 되어버린다. 당신이 원하는 어떤 이상적인 생각도, 하느님은 자기 자신인 물질을 통해 자유롭게 구현한다. 그리하여 당신은 그것을 경험할 수 있다.

　신의 사랑에 대한 예를 들기 위해, 생명의 사슬을 확장하기 위한 목적으로 창조된, 뱀이라는 창조물을 보도록 하자. 이 창조물은 많은 근육과 뼈로 이루어진 길고, 가느다란 몸을 가지고 있다. 이것은 아주 유연하게 움직이며, 아주 큰 머리에 유일한 방어책으로서 당신을 물 수 있는 송곳니가 있다.

뱀에게 물리면 아무리 덩치가 큰 사람이라도 순식간에 죽을 수 있는 반면, 누구라도 쉽게 그 뱀을 밟아 죽이거나 토막 낼 수도 있다. 두 명의 신이 있다고 하자. 과학적인 사고방식을 가진, 첫 번째 신은, 뱀을 경이로운 창조물로 본다. 발이 없음에도, 아주 빠르게 움직일 수 있고, 아름다운 패턴과 다채로운 가죽이 있으며, 끝없이 이어질 것 같은 훌륭한 골격을 가졌기 때문이다. 두 번째 신은 뱀은 아주 불쾌하고 흉측하며, 뱀이 물면 사람을 죽일 수 있기 때문에 위험하고, 끔찍한 창조물이라고 말한다.

모든 생명의 있음인, 하느님에게, 모든 것은 그들 존재의 상태로 순수하다. 하느님 자신인 생명을 그들이 어떻게 표현하든, 모든 것들은 아무런 죄가 없다. 오직 어떤 것을 바라보는 개개인의 태도에 따라 그것을 아름답게 만들거나 혹은 사악하고, 추하게 만들기도 한다. 오직 우리들 신 — 하느님인 생각으로부터 취해, 그것을 숙고하고, 바꿀 수 있는, 창조력을 가진 — 들만이 실제로 순수하고 결백한 것을 존재 자체가 아닌 다른 무엇으로 판단한다.

뱀의 본질이기도 한 생명 그 자체인 하느님은, 그의 가장 위대한 창조물인, 당신이 뱀에 대해 어떻게 선택하든 당신의 태도와 의견을 가질 수 있는 권리를 부여했으니, 신의 사랑이 얼마나 위대한가. 생명의 근원이 당신에게 갖는 사랑은 너무도 위대하여 생각을 통해 당신이 원하는 모든 것이 되어준다. 하느님은 당신이 되고자 하는 것은 어떠한 것이라도 될 것이다. 그는 당신 마음대로 그를 변형하도록 허용할 것이다. 하느님인 생명은 당신이 그를 어떻게 보든, 당신이 선택하는 것에 따라 사악하거나, 추하거나, 천박해지기도 하고, 혹은 아름다움의 정점이 되기도 할 것이다.

하느님은 변덕스러운 당신의 사고 과정을 통해 그를 어떻게 인지하고 원하는가에 따라 간단히 그것이 될 수 있으니 얼마나 경이로운 일인가? 정말 그렇다. 그것은 사랑이다.

생각만으로 당신이 원하는 것은 무엇이든 할 수 있다. 당신에 대한 하느님의 사랑이 확고하기 때문이다. 당신이 하느님인 생명을 아무리 추하고 천박하게 볼지라도, 하느님에게 그것은 여전히 하느님이다. 그것은 여전히 신이다. 그것은 여전히 순수하며, 그리고 여전히 사랑받고 있다. 그 약속은 절대 흔들리지 않는다. 왜냐하면 하느님은 어떤 태도도 취하지 않은 온전한 자기 자신이기 때문이다. 그는 단지 존재한다.

당신과 신 사이의 사랑에는 조건이 없다. 만일 하느님이 어떤 식으로든지 당신의 생각을 검열하거나 그 자신인 전체 생명을 경험하는데 제한을 가한다면, 당신은 영원으로 그의 확장을 계속할 수 있는 자유를 갖지 못할 것이다. 또한 지고한 존재 상태에서 진정한 하느님인, 사랑과 기쁨을 이해하기 위한 생각의 모험으로부터 지혜도 얻지 못할 것이다.

신은 의도하는 대로 할 수 있는 완전한 자유를 가진 당신을 사랑한다. 당신의 의지가 그의 의지이기 때문이다. 그것은 신과 그의 자식들간의, 신과 그 자신과의 성스러운 서약이다. 당신이 무엇을 하든, 그를 향해서 어디로 모험을 하든, 당신은 항상 신에게 사랑받고 있다. 신은 당신이 원하는 어떤 것이든 그것을 하도록 허용한다. 왜냐하면 신은 당신이 계속 나아가며, 이 세상의 어느 것도 당신을 그로부터 떼어낼 수 없다는 것을 알기 때문이다. 하느님은 당신의 생명력을 영원히 제거할 수 있는 자신보다 더 우월한 어느 것도 창조하지 않았다. 그래서 당신은 항상 존재할 것이다. 여기에서 당신의 삶을 다 보내면, 또 다른 삶이 있을 것이고, 당신이 어떻게 선택하건 그것을 창조할 수 있는 자유를 갖게 될 것이다.

당신은 이 삶 그리고 앞으로의 모든 삶을 자신의 의지에 따라 살아갈 것이다. 그렇게 할 수 있는 자유를 부여한 것은 당신을 사랑하는, 하느님이라 불리는, 모든 것을 사랑하는 전지전능한 신이다.

당신은 자유로운 존재이다. 어떻게? 의지라는 힘과 사랑이라는 능력을 통해서.

제 12 장
진리일 뿐

"모든 것에 진리가 있다, 마스터, 그러나 또한 모든 것들은 정제의 과정을 거친다. 매 순간 진리를 정제하기 때문이다. 그래서 신은 완전한 상태에 있는 것이 아니라 좀 더 정확히 말하면 되어가는 상태에 있다. 각각의 존재들은 더 무한한 진리를 받아들이기 위해 계속해서 자신의 이해력을 확장한다. 그가 어떠한 이해를 하든, 순간에서 순간으로 그다음 순간으로, 그것은 그가 보는 대로, 그가 아는 대로 진리가 될 것이다."

— 람타

학생: 나는 인생이 무엇이고, 신이 무엇인가 알기 위해, 이 종교 저 종교로, 그리고 최근에는, 이 스승에서 저 스승으로 다니면서 일생을 허비했다는 느낌이 듭니다. 나는 정말 혼란스럽습니다.

람타, 그들 모두가 다른 이야기를 하고 있기 때문입니다. 비록 많은 것들이 같지만, 그들은 모두 다르게 가르치고, 어떤 것들은 아예 정반대로 가르칩니다.

예를 들면, 당신은 옳고 그른 것이 없으며 우리가 무엇을 해도 신은 우리를 사랑한다고 말합니다. 어떻게 보면, 당신이 말하는 것이 옳다고 느껴지지만, 다른 이들의 가르침과는 아주 다릅니다. 당신이 가르치는 어떤 내용들은 제가 평생 배웠던 것과 아주 다르기 때문에 약간 극단적으로 보입니다. 혼란스럽습니다, 람타. 누구의 말을 믿어야 할지 모르겠습니다. 무엇이 진정으로 진실인지 어떻게 알 수 있을까요, 진리란 무엇입니까?

람타: 우선, 마스터, 극단적이라는 말은 무슨 의미인가?

학생: 글쎄요, 내 말의 의미는, 당신이 말하는 내용을 이해하거나 받아들이려면 생각의 폭을 넓혀야 한다는 것입니다.

람타: 무한이나 영원이라는 말이 너무나 극단적인가?

학생: 글쎄요, 네, 어느 정도는.

람타: 그렇다면 나의 가르침은 정말로 극단적이다. 왜냐하면 나의 가르

침이 당신을 아주 멀리, 영원의 영역까지 데리고 갈 것이기 때문이다. 이제 나에게 말해 보라, 마스터, 진실이 아닌 것은 무엇인가?

학생: 글쎄요, 예를 들어, 상상이나 환상처럼 현실과 부합되지 않는 것들을 말합니다.

람타: 정말인가? 상상이나 환상은 무엇인가?

학생: 마음으로 즐기는 생각입니다. 다시 말해 생각으로 만들어 내는 것들입니다.

람타: 그러한 생각을 즐길 때, 그것들은 실재가 아닌가? 그것들은 당신의 의식에서 현실이 아닌가? 그것들은 생각에서 진실이 아닌가?

학생: 그렇습니다, 그러나 어쩌면 그것들은 오직 내 마음속에서만 그럴지 모릅니다. 그것이 현실에서 실재하는 일들과 꼭 같을 필요는 없습니다.

람타: 알다시피, 마스터, 누구나 진리가 무엇인지 알고 싶어한다. 그러나 진리가 있다면, 또한 그것이 의식에서 현실을 갖고 있을 때, 그 외의 다른 모든 것들은 무엇인가? 진리가 무엇인지 아는가? 진리는 없다는 것이다. 진리가 없다는 것은 모든 것이 진리라는 의미이다.

모든 것이 진실이다, 마스터. 진실이 아닌 것은 없다. 왜냐하면 모든 것이 신인, 생각으로부터 나왔기 때문이다. 신은 하나의 공식화된 생각이 아니다. 그는 모든 생각의 현실이다.

모든 것들은 사실이다. 왜냐하면 모든 것은 생각을 통해 신빙성이 주어져 왔고, 존재하는 목적을 갖기 때문이다. 상상과 환영은 분명히 사실이다. 그것들이 어떤 의도적인 생각으로 구성되었기 때문이다.

학생: 그것들이 외적인 현실 세계와 다르더라도 그렇습니까?

람타: 외적 세계를, 당신은 현실이라고 하지만, 마스터, 그것은 단지 환영이며 그리고 보이지 않는 현실인 생각과 감정들로부터 만들어진, 모든 것 중

에서 가장 현실적인 창조일 뿐이다. 그렇다면 외적인 모든 현실 세계가 어떻게 존재하게 되었을까? 상상이나 공상에 의해 창조되었다. 그것이 물질의 형태로 한 번 현실화되자 상상과 공상에 더욱더 박차를 가하게 되었다. 왜냐하면 하나는 또 다른 하나를 낳고 그 둘은 진정 실제이기 때문이다.

생각 속에서 창조된 모든 것, 의식 안에 존재하는 모든 것 — 그것들이 물질적 현실이라 불리는 형상으로 구현되었건 구현되지 않았건 — 은 사실이다, 마스터여.

학생: 아무리 이상한 것이라도 그렇습니까?

람타: 그렇다, 존재여. 오로지 태도만이 이상하다는 것을 결정하기 때문이다. 당신의 마음에서 즐기는 모든 생각은 사실이다. 의식 안에서 살아 있기 때문이다. 그래서 그것은 모든 생명이 발생하는 무대인, 신의 마음이라 일컫는, 가장 위대한 현실의 일부이다.

자, 마스터, 우리가 당신의 혼란에 대해 조금 도움을 줄 수 있는지 알아보자. 하느님 아버지는 생각이며, 모든 생각의 진리이다. 신에 관한 매우 훌륭한 점은 그가 어떠한 법칙도 가지고 있지 않다는 것이다. 법칙이 있다면, 그는 스스로 한계를 정하는 것이기 때문이다. 하느님이 무한하기 때문에, 그는 무한한 진리와, 무한한 생각에 대한 선택의 자유를 허용한다. 당신의 욕구와 지혜가 되는 당신만의 발전에 따라 진리를 인지하기 위해, 신은 당신의 개성에 보탬이 되는 어떠한 진리이든, 생각으로부터 받아들여 창조할 수 있는 의지를 당신 각자에게 부여하였다. 당신이 생각으로 창조하는 어떤 진리이든, 하느님, 생명은, 그렇게 될 것이다. 그래서 당신은 그 진리를, 그리고 신이라는 생각의 차원을 경험하고 이해하게 될 것이다.

진리란 단지 개인이 진리라고 인지하는 것에 불과하다. 진리라는 것은 창조적인 생각 가운데 절대적이 되어버린 어떤 것에 대한 견해이고, 태도이며, 믿음이다. 그러나 어떤 한가지에 대한 모든 사람의 견해는 각기 다르며, 종종 엄청나게 다를 것이다. 각자 자신의 혼 안에 그가 얻은, 이 생뿐만이 아니라 이 생전에 살았던 모든 생으로부터 얻은, 자신만의 고유한 경험과 이해 혹은 오해를 바탕으로 그러한 견해를 형성해 왔기 때문이다. 그래서 어떤 사람이 진리라고 믿는 것이 다른 사람에겐 그렇지 않을 수 있다. 그 둘은 서로를 이해하지 못한다. 그들은 상대방이 되어보지 않았으며 또한 동일한 집단적 경험을 갖지 않았기 때문이다.

누구의 진리가 맞는 것인가? 둘 다 맞다. 그들 모두가 진실로 옳다. 모두 자신만의 경험과 이해가 인지하도록 허용하는 진리를 표현하고 있기 때문이다. 그러나 어느 한 사람이 오직 자신의 진리만이 옳다는 진리를 갖고 있다면, 그는 자신의 이해를 제한하는 것이다.

각각의 존재는 이 꿈 ― 자신의 경험과 필요에 따라 자아를 충족시킬 목적으로 ― 에서 지혜로 변하는 자신의 진화를 위해 어떠한 진리이든 그가 경험하고 싶어하는 것을 받아들이고 창조한다. 그러한 경험의 목적을 위해, 각자는 자신들이 믿고 싶어 하는 것을 뒷받침할 수 있는 진리의 근원을 찾아낼 것이다. 그러므로 이 세상에 존재하는 수많은 신들의 숫자만큼 많은 진리가 있을 것이다. 각각의 존재는 진실을 다르게 창조할 수 있는 의지와 권리 그리고 필요성이 있기 때문이다.

그러므로 당신이 한 사람의 스승으로부터 읽거나 들었던 것이 무엇이든, 그가 자신만의 진리를 어떻게 보고, 어떻게 배워 왔고, 어떻게 창조해왔고, 어떻게 경험해 왔든, 그것은 당신에게 진리로 인식될 것이다. 그래서 만일 당신이 열 명의 스승에게 배운다면, 틀림없이 심한 혼란에 빠질 것이다. 사람마다 그들의 진리가 모두 다르기 때문이다. 당신은 어떤 사람의 진리에 대한 개념이 그 당시 당신에게 꼭 필요한 것과 일치한다는 것을 분명하게 발견

진리일 뿐

할 수 있을 것이다. 누구의 말이 진리인가 분별하고자, 그들 모두를 본다면 모두가 진리를 말하고 있다는 것을 깨달을 것이다. 당신은 당신이 원하는 자신의 진리가 어느 정도인지 결정해야 한다. 어떠한 진실을 받아들이든 그것은 당신의 삶에서 경험된 현실이 될 것이기 때문이다.

당신의 세상에는 위대한 스승들이 많다, 마스터. 그리고 그들은 경이롭고, 기적적인 일들을 구현할 수 있기 때문에 일종의 마법사와 같다. 하지만 그들은 여전히 죽음을 믿기에 죽을 것이다. 비록 그들이 그들의 배움에서는 엄청나게 진보했지만, 죽음의 한계를 넘어 삶이 진정 존재 안에서 하나의 연속체임을 이해하지 않았다. 그들의 진리를 진리로서 받아들인다면, 당신 또한 훌륭한 마법사가 될 수 있지만, 또한 그들처럼 죽을 것이다. 알겠는가?

모든 것에 진리가 있다, 마스터, 그러나 또한 모든 것들은 정제의 과정을 거친다. 매 순간 진리를 정제하기 때문이다. 그래서 신은 완전한 상태에 있는 것이 아니라 좀 더 정확히 말하면 되어가는 상태에 있다. 각각의 존재들은 더 무한한 진리를 받아들이기 위해 계속해서 자신의 이해력을 확장한다. 그가 어떠한 이해를 하든, 순간에서 순간으로 그다음 순간으로, 그것은 그가 보는 대로, 그가 아는 대로 진리가 될 것이다.

꽃을 예로 들어보자. 꽃봉오리를 꽃이라고 하면 그것은 진실일까? 그렇다. 꽃이 활짝 피었을 때, 더 이상 꽃봉오리가 아니기에 그것은 거짓일까? 그렇지 않다. 그것은 단지 진행 중인 진리일 뿐이다. 꽃잎이 떨어져 더 이상 남아 있지 않다면 그 꽃은 거짓이었을까? 그러면 그것은 무엇인가? 그것은 좀 더 진전된 진실의 상태이다.

법을 가르치는 곳에서 보고 듣는 가르침 — 인간을 제한하고, 혹은 있음을 선과 악으로 나누는, 혹은 신을 모든 것의 존재가 아닌 하나의 독립된 존재라고 하는 — 은 어떠한 것이라도 그것만이 단순히 자신들의 진리라고 받아들이고 그것을 세상에 강요하는 사람들에게서 나온 것들이다. 그것은 그들의 진리이다, 마스터여. 그리고 그들은 틀리지 않다. 하지만 더 위대하고, 정제된 진리는, 어떤 방식으로든 삶을 제한적이라고 가르치는 사람들은 다른 존재들에 비해 그들의 이해가 진보하지 않았다는 것이다. 신이 유한하기 때문인가? 만약 신이 유한하다면, 마스터, 생명은 나아가지 않을 것이며, 당신은 혼란에 빠질 선택권조차 없을 것이다.

내가 가르치는 것은 진정 경이로운 진리이다. 어느 누구도 감히 신을 법이 없는 존재라고 말할 수 없기 때문이다. 그러면 다른 사람들을 지배하거나 구속하는데 신을 사용할 수 없기 때문이다. 그러나 하느님, 지고한 의식은, 정녕 법의 한계와 심판과 종말을 가지고 있지 않다. 당신의 진리에서 무한한 이해를 받아들이기 위해 진보할 때, 하나님인 사랑과 기쁨 그리고 영원함을 경험하고 진정으로 이해할 수 있을 것이다.

모든 사람들은, 마스터, 자신이 알기 원하고 허용하는 만큼만 알게 된다. 이 세상에 있는 대부분의 지식은 두려움과 생존 그리고 이원론적인 해석을 바탕으로 한 것이다. 그것은 사람들에 대한 심판과 분리를 바탕으로 한 것이다. 그것은 인간을 신성이 없는, 추락한 창조물이라는 개념을 바탕으로 한 것이다. 그러나 인간은 신이다, 마스터, 그러기에 인간을 심판한다는 것은 신을 심판하는 것이다. 인간을 구속하는 것은 신을 구속하는 것이다. 인간을 신성함으로부터 제거하는 것은 신에게서 신성함을 빼앗는 것과 같은 것이다.

스승에게서 보고 배우는 것이 당신의 사고 과정을 제한한다면, 그것은 정녕 신의 사고 과정을 제한하는 것이다. 그들이 무엇을 어떻게 말하는가 들어 보라. 그것이 제한하고 분리하고 분열하는 것이라면, 그것은 더 무한한 이해로 발전해야만 하는 사람들의 제한된 진리라는 것을 알아야 한다.

진리일 뿐

당신이 이러한 스승들로부터 반드시 배우는 것은, 마스터, 당신 자신이야말로 가장 위대한 스승이라는 것이다. 오직 당신만이 자신에게 최선의 것이 무엇인지 알기 때문이다. 자신의 삶을 살아가고 자신의 시각으로 진리를 알기에도 바쁜 사람이 어떻게 다른 사람을 알 수 있겠는가? 자신의 충족감을 위해 혼에서 필요한 경험이 무엇인지 아는 사람은 오직 당신뿐이다. 오직 당신만이 자신의 진리를 제공하는 자가 될 수 있다. 왜냐하면 진리는 스스로 정하고 스스로 확립하는 것이기 때문이다. 진리는 과학이나 지적 이해에 의한 것이 아니라 감정적인 이해를 통해 얻는 것이다. 진리는 느낌이자 앎이지, 지성적인 것이 아니다. 당신이 진리를 안다는 것은 진리라고 느끼는 것을 아는 것이다.

학생: 그러나 람타, 사실이라는 근거가 없거나, 이미 과학적으로 입증된 진리와 모순된다면 그것이 어떻게 진실이라는 것을 느낄 수 있습니까?

람타: 마스터, 사실이라 불리는 것에 의해 증명될 수 있는 것은 아무것도 없다. 인간의 의식이 진화하고 성장하는 것과 같이, 사실 또한 계속 변하기 때문이다. 모든 것들은 추측이다. 현실은 생각과 감정으로 인하여 계속 진화하고 창조되기 때문이다. 사실이라는 것은 전체 인류가 감정으로 받아들인, 집단의식과 집단 사고가 현재에 물질적으로 구현된 것일 뿐이다.

증명이란, 마스터, 느낌에 있고, 감정에 있다. 그것들이 처음으로 사실에 현실성을 부여했기 때문이다.

가장 위대한 현실은 무엇이고, 가장 위대한 진리란 무엇인가? 사실(facts)이 아니다, 마스터. 그것은 당신이 현실을 사실로 받아들이고, 생각으로 진리를 받아들임으로써 당신이 갖게 되는 느낌이다. 그것이 진정한 사실이다. 그것이 가장 위대한 현실인 감정이다. 그것이 모든 진리가 들어있는 곳이다.

당신이 무엇을 믿기로 선택하든, 마스터, 그것은 현실로 구현될 것이다.

그러니 이제 당신에게 맞는 것, 당신이 믿고 싶은 것을 선택하라.

학생: 그러나 람타, 어떻게 그렇게 될 수 있는지 이해할 수 없습니다. 예를 들어, 대부분의 사람들이 지구가 평평하다고 믿고 있던 시대에, 같은 배를 타고 항해하는 선원 중의 반은 지구가 둥글다고 믿고 나머지 반은 평평하다고 믿는다면, 어떤 일이 일어날까요?

람타: 지구가 평평하다고 믿었던 사람들은, 마스터, 배에서 뛰어내리려고 할 것이다. 그럼으로써 그들이 틀렸다는 것을 증명할 수 없을 것이다. 그러나 지구가 둥글다고 생각했던 사람들은 계속 항해할 것이다. 알겠는가? 지구가 평평하다고 굳게 믿었던 사람들은, 지구가 평평하다고 확신하였기에, 다르다는 것을 확인 하기 위해 지구 끝까지 가는 모험을 절대로 하지 않는다. 지구가 둥글다고 믿었던 사람들은 계속해서 여기저기 항해하였다. 그리고는 지구가 둥글다고 확신하였다. 그러나 그들은 지구가 둥글지 않다는 것을 알지 못한다. 그것은 다소 찌그러져 있다. 지구는 양옆으로 약간 찌그러져 있으며, 위와 아래는 평평하며, 가운데는 비어 있다. 지구가 딱딱한 흙으로 채워졌다고 확고하게 믿는 사람들은 그렇지 않다는 것을 절대로 알 수 없다. 왜냐하면 그들은 지구가 그렇지 않다는 것을 확인하기 위해 지구 안으로 들어갈 생각을 결코 하지 않을 것이기 때문이다. 그것은 그들의 제한적인 이해 때문이며, 그럼에도 여전히 진리이다.

당신의 진리를 추구할 때 제한을 두지 말라. 마스터. 당신의 세상이 둥글다는 것을 알라. 하지만 더 무한한 진리를 알고 싶다면, 지구의 위아래가 평평하다는 것을 알라. 그보다 좀 더 무한한 진리를 알고 싶다면, 지구의 속이 비었다는 것을 알라. 그보다 더욱더 무한한 진리를 알고 싶다면, 지구의 중심에 수많은 존재들이 살고 있다는 것을 알라. 과학자에게 그것을 말하라.

당신이 믿는 것이 제한적인 형상이라면, 그것은 당신의 진리이며, 그리고 당신은 옳고 정확하다. 만약 당신이 무한한 형상을 믿는다면, 그것 또한 당신의 진리로서, 옳고 정확하다. 그러나 무엇인가 믿고 싶은 것을 찾고 있다면, 어느 것도 믿지 말라. 당신을 믿어라. 당신보다 더 위대한 어떤 것, 존재, 현실은 없다. 당신은 모든 진리를 부여하는 자이고, 모든 현실의 창조자이고, 자신의 왕국 내면에 있는 모든 법의 집행자이기 때문이다.

이제 누구에게나 말할 수 있는 것은 이것이다. 당신이 지루해지고 더 이상 맞지 않는다는 생각이 들 때까지 스승이나 종교에서 배워라. 그런 후 당신의 혼에서 옳다고 느끼는 답을 찾으라. 혼은 진리를 알고 있으며, 느낌을 통해 당신에게 말해줄 것이다. 진리가 옳게 느껴질 때, 혼은 즐거워할 것이다. 가장 장엄한 진리는 당신이 원하는 진리가 무엇이든 경험하도록 허용하는 무한한 자유이기 때문이다.

진리는 하나의 구속이다, 마스터. 어떤 것이 진실이라고 말하는 것은 진리가 아닌 것이 있다는 것을 의미한다. 더 위대한 이해에서 본다면, 진리도 없고 진리가 아닌 것도 없다. 단지 나아가는 있음, 즉 진화하는 생명만이 있을 뿐이다. 생명만이 유일한 현실이며, 그것으로부터 모든 진리가 드러난다. 당신이 가진 모든 생각에 의해 매 순간이 진화되고 창조되기 때문이다. 그래서 언제라도 마음을 바꾸고 다른 것을 생각할 수 있으며, 그럼에도 둘은 모두 진실이다. 그것들은 모두 진정한 원리이다. 둘 다 감정적 이해를 위한 선택이기 때문이다.

생명과 선택 외에 현실은 없다. 모든 것이 진실이며 그리고 어느 것도 진실이 아니라는 것 — 오직 있음만이 존재한다 — 을 이해하면 당신이 진리라고 정하는 것만이 진리임을 인지할 수 있을 것이며, 그렇게 인정하는 한 절대적인 것이 될 것이다. 그 진리를 더 이상 인정하지 않고 가치를 두지 않는 순간, 그것은 더 이상 실제가 아니다. 이것이 바로 이 세상을 창조적인 현실

세계라고 하는 이유이다.

당신이 지금까지 창조한 진리가 무엇이든, 당신이 바꿀 수 있다는 것도 알라. 당신을 독존적으로 되게 하는 것은 당신이 원하는 것을 할 수 있고 그리고 원하는 것이 될 수 있으며 자신이 원한다면 언제든지 마음을 바꿀 수 있는 능력이 있음을 아는 것이다.

당신이 행복해지는데 시간이 얼마나 걸릴까? 단지 기쁨을 생각할 수 있는 시간이면 충분하다. 그러면 당신은 환하게 웃을 것이다. 그렇다면 절망적으로 되는데 시간이 얼마나 걸릴까? 절망을 생각할 수 있는 시간이면 충분하다. 그리고 당신은 그렇게 될 것이다. 여기에서 말하고자 하는 진실은 무엇인가? 원하면 언제든지 자신이 원하는 것이 될 수 있으며, 그리고 원하면 언제든지 당신의 표현을 바꿀 수 있는 선택권이 있다는 것이다. 바로 이것이 당신을 사랑하는 하느님이 당신에게 준 자유이다. 당신 내면에 그런 진리가 있다는 것을 알게 되면, 당신은 자신의 한계를 넘어 신성한 존재가 될 것이다. 다른 사람들이 법과 도덕 그리고 이상으로 지배당하는 것을 자신에게 허용할 때, 당신은 자유로운 존재가 될 것이다. 왜냐하면 당신은 자신의 진리 이외에는 어느 것에도 속하지 않을 것이기 때문이다.

오직 이것만을 기억하라. 당신이 무엇이 되겠다고 생각하든, 그것이 된다. 당신이 언제든지 무엇을 믿으면, 그것은 당신 내면의 감정적인 현실에서 진리가 되어버린다. 그래서 어떠한 관점으로든, 누구나 항상 진리의 정점에 있는 것이다. 당신의 창조적인 현실은 다른 사람들의 현실과 항상 다를 것이다. 다른 사람들이 당신의 현실을 전혀 볼 수 없는 이유는, 단지 그들이 그들만의 환상에 너무 깊숙이 빠져 있기 때문이다.

진리는 모든 것이고 또한 모든 것이 될 수 있다는 것을 이해할 때, 당신은 모든 것을 경험하는데 있어 자신을 제한하지 않을 것이다. 그러면 당신은 모든 경험에 쉽게 참여하고, 그것으로부터 지혜를 얻게 될 것이다. 그러면 당신은 자유로울 것이다. 왜냐하면 당신은 언제 어떻게 그러한가, 왜 그러한가에 대한, 개념이나 지적인 이해에 더 이상 구속받지 않게 되어, 진정으로 모든 것들을 생각으로 정의할 수 있기 때문이다.

내가 당신에게 주는 이 진리는, 마스터, 존재 안에 엄청난 무한함을 줄 것이다. 왜냐하면 그것이 가지고 있는 훌륭한 가치와 개념은 다른 사람의 진리를 포용하고 모든 진리들이 조화를 이루며 공존할 수 있도록 허용하기 때문이다. 이런 이해를 받아들이면, 당신은 자신에게, "내가 표현하는 진리는, 내 진리 안에서 다양한 면을 지니고 있다. 나는 하나의 진리가 아닌 모든 진리이다."라고 말할 것이다. 그렇게 되면 당신의 창조적 흐름은 더 이상 막히지 않을 것이며, 하나의 삶이나 존재의 형상에 갇혀 살지 않을 것이다.

람타나 붓다, 예수, 그 누구의 지시도 따르지 말고, 당신 자신이 되라. 어느 누구도 당신의 신을 가르칠 수 없다. 그들은 단지 그들의 신만 가르칠 수 있기 때문이다. 당신의 운명을 충족시키기 위해, 당신 자신만의 고유한 존재가 되어야 한다. 다른 사람의 삶의 계획에 따라 살려고 한다면, 당신은 결코 그렇게 될 수 없을 것이다. 당신이 누구인가를 알고, 당신 안에 살아 있는 불꽃을 알 수 있는 유일한 방법은 감정으로 이해된 진리를 통해서이다.

당신 존재를 있는 그대로 사랑하라. 그리고 내면에서 나직이 속삭이는 신의 목소리에 귀 기울여라. 그것을 느낌이라고 한다. 느낌, 그것에 귀를 기울이면, 당신에게 진실을 말해주고 깨달음으로 가는 길을 알려줄 것이다.

당신 내면에서 느끼는 진리대로 살라. 그에 따라 살고 구현하여 당신의 영광을 증명하라. 그렇게 할 때, 자신만의 시각으로 삶을 평가하고, 살아가고, 이해할 것이다. 그리고 당신이 그것을 어떻게 인지하든, 그것은 모두 옳을 것이다. 자신의 스승이 되고, 자신의 구세주가 되고, 자신의 주인이 되고,

자신의 신이 되라.

이 간단한 진리를 숙고한다면, 그것이 당신을 자유롭게 해방시켜 이해하게 될 것이다. 그렇게 되면 당신은 더 이상 무엇이 진실이고 진실이 아닌지 무엇이 실제이고 환상인지 결정하려는 것에 휩싸이지 않게 될 것이다. 자신에게서 종교적 교리와 신앙을 제거하기 시작하고 다른 사람의 진리가 되려는 노력을 중단할 때, 당신은 자신을 자유롭게 표현할 수 있으며 혼이 당신에게 하라고 하는 것을 경험할 것이다. 그래서 당신이 가지고 있지 않은 어떤 지식과 이해라도 성취할 수 있을 것이다. 그리하여 경험과 감정을 통해 당신은 자신의 속도에 맞게, 매 순간 신이 되어갈 것이다. 당신의 영원성은 어디에서 끝날까? 어디에서도 끝나지 않는다. 왜냐하면 당신은 영원으로 나아가기 때문이다.

살아가는 매 순간 당신이 배울 때 — 그리고 당신이 죄의식이나 자신에 대한 비판 없이 배우도록 자신을 허용할 때 — 자신의 완고한 자아를 다듬어 간다. 그러면 어느 날 당신은 모든 생명이 탄생한 무대인, 모든 생각의 진리가 된다. 그러나 인간의 집단의식 — 그것의 법칙, 개념, 그리고 사회성 — 으로부터 벗어나고 자신만의 진실과, 목적의식을 가진 있음이 되도록 자신을 허용하지 않는 한, 당신은 절대로 그렇게 될 수 없다.

인간은 오랫동안 선택의 자유를 포기한 대신 법을 창조하여 자신의 신성함으로부터 자신을 분리시켜왔다. 그러나 변화의 바람이 이 지상에 새로움을, 모든 사람 안에서 생각과, 절대적이라 여겼던 것들에 흔들림을 불러 일으킬 것이다. 당신이 그러한 변화의 일부가 된다는 것이 무척 기쁘다. 이제부터 당신의 삶은 더욱더 즐거워질 것이기 때문이다. 당신이 대답해야 할 사람은 누구인가? 어느 누구도 아닌 바로 당신이다. 무엇이 진리인가? 당신이 그렇게 되라고 명령하는 것, 그것이 진리이다. 또한 무엇을 믿든 그것이 진리이다. 당신이 바로 그것이 되기 때문이다. 이것을 알라, 당신은 오직 당신이 살아가는 모습에 의해 많은 사람들을 가르칠 것이다.

결코 진리를 추구하지 말라. 그저 존재하라. 존재함으로써, 당신은 무한한 우주와 하나가 된다.

학생: 숙고해야 할 것들이 너무 많네요.

람타: 그렇다, 마스터. 있음. 그렇게 될지어다.

학생: 몇 년 동안 점성술을 업으로 삼아왔습니다. 고객에게 좀 더 도움이 될 수 있도록 저에게 해 줄 말이 있습니까?

람타: 먼저, 마스터, 당신이 이 일을 왜 즐기는지 말해달라.

학생: 별과 행성은 우리의 삶에 영향을 미치고, 그것을 연구함으로써 우리 자신과 운명에 대해서 좀 더 많이 알고 이해할 수 있다고 믿습니다.

람타: 알다시피, 마스터, 사람들은 항상 자신의 고향을 찾기 위해 하늘에 떠 있는 말없는 신비한 별들을 바라보았다. 사람들은 자신의 내면에서 본능적으로 그들이 태어난 오두막집보다 훨씬 더 위대한 곳에서 왔다는 것을 알기 때문이다. 밤하늘에서 빛을 찾기 시작했을 때, 놀랍게도 그것들이 움직인다는 것을 알아차렸다. 그리고 그것들이 움직이면서, 계절도 그들과 함께 바뀌었다. 별들에게서 그가 통제할 수 없는 힘을 발견했을 때, 사람들은 인간의 왕국에서 일어나는 모든 행복과 불행이 별들의 운행과 반드시 관련 있다고 생각하였다.

별들에 대한 사람들의 강한 믿음을 이용해 나라를 지배하고 다스렸던 현자, 예언자 그리고 철인(哲人)들이 많았다. 재앙이 일어날 것이라고 했던 그들의 예언이 맞아떨어지면, 누구의 책임일까? 분명히 예언자는 아니었다. 그렇게 되게 한 것은 저주받은 별이 틀림없다. 그러나 침묵 속의, 별들은, 한 번도 자신들의 무고함을 주장하거나 변호할 수 없었다.

당신에게 말하겠다, 마스터. 여기에 있는 모든 사람들은 자유의지로 창조된 신이다. 태초에, 당신인, 빛의 존재는, 독존적 존재로서, 자유의지를 사용하여 보이든 보이지 않든 별, 행성, 그리고 모든 우주를 창조하였다. 당신은 또한 이 세상의 어느 우주보다 더 위대한, 지금 당신이 입고 있는 육신을 창조한 신이다. 당신은 지금 이 순간 태초에 당신이 가지고 있던 강력한 창조성을 여전히 지니고 있는 바로 그 동일한 신이다. 당신이 믿지 않는 한, 당신은 억겁의 세월 동안 자신을 통제할 수 있는 어떤 것도, 창조하지 않았다. 그러한 점에서 당신은 여전히 당신 인생의 통제자이다. 당신은 당신의 존재 밖에 있는 누군가에 의해 통제받는다는 믿음을 받아들였기 때문에, 그렇게 되도록 허용하였다.

점성술을 믿는 사람들이 많다. 그리고 그것은 진정 그 나름의 진리를 가지고 있다. 왜냐하면 그것이 진리라고 믿어지기 때문이다. 한 걸음 더 나아가 누가 그러한 진리를 부여했는지 그리고 어떻게 별들과 행성들의 운행이 태초에 그것들을 창조한 신들보다 더 위대할 수 있는지에 대해서 물어보자.

당신은 당신 자신을, 마스터, 하늘의 움직임을 통해 절대 발견할 수 없을 것이다. 행성과 별의 움직임이 한 사람의 운명을 좌우한다고 하지만, 그렇지 않다. 만약 그것이 진리라면 우리들은 꿈, 혹은 상상력, 혹은 창조력, 혹은 생명과 같은 것을 갖지 않았을 것이다.

이 지상에서 살아온 매 생마다 당신은, 많은 별들 아래서 태어났으며, 그때에도 모든 별들은 빛나고 있었다. 당신의 운명이 선택된 몇 개의 별에 의해서 좌우되거나 영향을 받는다고 말한다면 그것은 비합리적일 뿐 아니라 마스터, 당신의 인생과 당신 자신인 신을 표현하는 자유와 순수성을 빼앗는 것이다.

진리일 뿐

　신들은 여러 가지 다양한 게임을 만들었는데, 그 중 하나가 점성술이다. 점성술은 존재들에게 미래에 대한 두려움을 심어주어 감정적으로 앞날을 미리 결정짓게 하기 때문에 때로는 위험한 게임이다. 점성술사가 항상 지혜롭고 모든 것을 아는 지성이 있다고 생각하는 사람들은 자신들의 고귀한 삶을 그들에게 실질적으로 맡기는 것이다. 나는 그러한 것에 동의하지 않는다. 점성술이 하나의 게임인 것처럼, 당신의 종교적인 교리도 그러하며, 당신의 정치도 그러하며, 당신의 시장경제도 그러하며, 당신을 노예화하여 생존 게임을 하게 하는 모든 것도 그러하다.
　점성술을 시행하는 사람들이 다른 사람들에 대해 갖는 진정한 배려나 도와주려는 마음은 정말 아름답다. 별을 연구하는 것은 훌륭한 일이다. 그들의 움직임이 아름답고 그들의 신비함이 매력적이기 때문이다. 그러나 그것에 의지해서 살아간다면, 당신은 별들을 구성하는 가스보다 더 나을 것이 없다.
　점성술은 단지 하나의 수단일 뿐이다. 그것은 단지 게임일 뿐이다. 진정한 진리는 입을 벌려, "자, 당신의 미래가 어떻게 될 것인지 내가 결정하였다."라고 말하는, 그 존재로부터 나온다, 왜냐하면 그가 이 말을 듣는 사람을 둘러싼 감정적, 자기적, 전기적 장에서 무엇인가를 읽었기 때문이다. 만약 당신이 이 게임을 없애고 싶다면, 고객에게 똑같이 말하라. 그러면 그에게 분명 놀라운 일이 될 것이다. 물론 어떤 특정한 별이 잘못하였으며 그가 어떤 신성한, 우주의 계획의 일부라고 말하는 것만큼은 그의 호기심을 자극하지 못할 것이다. 그래서 고대의 현인들은 단지 진리를 전달하고 사람들이 좀 더 쉽게 받아들이도록 수정 구슬을 보고, 불을 밝히고, 물을 응시하고, 폭발을 일으키고, 와인이나 영약을 마시는 등 여러 가지 방법을 사용하였다.
　인간은 항상 자신의 불운한 숙명과 운명에 대한 해답이나 이유를 자신의 외부에서 찾았다. 우주 창조자의 내면을 바라보는 것보다 말없는 별이나 왕의 지배나 신의 뜻을 원망하는 것이 마음이 더 편했던 것이다. 자신이 원하는 답을 줄 수 있는 충분히 지혜로운 자신을 믿는 것보다 성직자나 예언자 혹은 예지자들의 말을 듣는 것이 항상 더 쉬웠던 것이다.

외부에서 이유나 답을 찾으려고 하는 한, 당신은 모든 진리의 제공자이자 존재하는 모든 것의 창조자인, 내면의 소리를 결코 들을 수 없을 것이다. 당신은 항상 미신적인 믿음과 터무니없는 논리에 갇혀 자신이 가지고 있는 참으로 경이로운 힘과 무한한 지혜를 보지 못할 것이다.

당신은, 마스터, 자신이 원하는 어떠한 진리도 받아들이고 창조할 수 있는 독존적인 존재이다. 어떠한 경험을 하고 싶은가에 따라, 당신 왕국의 주인이 되거나 혹은 노예가 되도록 자신을 허용할 수 있다. 만약 각각의 존재가 삶의 진정한 창조자이며 통치자이자, 자기 운명의 설계자라는 것을 깨달을 때, 그와 같은 깨달음으로 자신을 위한 더욱더 무한한 삶을 창조할 것이다. 그리고 그것은 당신 존재에게 아주 장엄한 일이 될 것이다.

당신의 게임을 하고 있을 때, 그것을 누가 창조했는지 기억하라. 자신이 원한다면 아무 것에나 쉽게 상처 받을 수 있는, 그가, 마음에 들지 않는 것은 무엇이든 순식간에 바꾸어 다시 한번 자신의 삶을 지배할 수 있는 창조자임을 기억하라.

이제 나는 점성술이라는 게임에 대해서 말하고자 한다. 점성술은 12개 별자리를 기본으로 삼지만, 별자리는 14개이다. 별이라고 간주하는 하나의 행성은 더 정확히 말하면 성운이다. 그것은 여기에 아주 오랫동안 있었던 아름답고, 빛나는 행성이다. 말하자면 그것은 또 다른 별자리이다. 그리고 이미 태양의 초기 궤도에서 형성된 새로운 행성이 있었으며, 수천 년 전 엄청난 태양 폭발 때 나타났다. 그것이, 마스터, 열네 번째 별자리이다. 두 개의 별자리가 빠졌는데, 점성학자들이 어떻게 정확할 수 있겠는가?

점성술을 시행할 때, 마스터, 이렇게 하기를 바란다. 당신이 구상하고 계획한 모든 것을 다 한 후, 할 말을 다 마쳤을 때, 그들이 없다면 우주는 아무 것도 아니며, 별이나 행성 같은 것들은 없었을 것이라고 말하라. 그것만이 당신이 해야 할 말이다. 그들은 결코 당신이 했던 말을 잊지 않을 것이다. 왜냐하면 그 말이 그들을 어리둥절하게 할 것이기 때문이다. 그 말이 그들을 격려할 것이며, 그리고 그 말이 그들을 당당하게 만들 것이다.

당신이 여기에 와서 무척 기쁘다. 당신은 이 강당에서 심오한 것들을 배울 것이다. 여기에 온 사람들 중에, 내가 가르치는 무한한 진리를 받아들이지 않을 사람이 많다. 왜냐하면 모든 사람이 자유를 갈망하는 것은 아니기 때문이다. 그래도 괜찮다. 나는 그들을 여전히 사랑하며, 그리고 그들은 여전히 옳으며, 또한 그들은 여전히 신이며, 모든 현실의 창조자이다.

제 13 장

사랑, 당신이 하려는 일을 하라

"인간이 자신의 법칙과 계획 그리고 규칙으로, 자신을 구속하는 의식으로부터 자유로우면, 즐거움과 존재의 평화를 발견할 것이고, 자신과 인류를 사랑하고 모두가 그들만의 의지로 설계할 수 있는 자유를 갖도록 허용할 것이다. 그러면 그는 신처럼, 모든 생명을 부양하고 뒷받침하는 무대가 될 것이다. 그렇게 될지어다."

— 람타

학생: 람타, 당신은 신의 계획과 어떻게 조화를 이룹니까?

람타: 신의 계획? 존재여, 무엇 때문에 신이 계획을 가지고 있다고 생각하는가?

학생: 모든 것들이 그러한 이유는 반드시 그럴만한 이유가 있기 때문입니다.

람타: 하느님이 가진 유일한 계획은 존재하는 것이다. 그리하여 모든 것이 하느님인 생명을 표현할 수 있는 것이다. 만약 그가 어떤 계획을 가지고 있다면, 말하자면, 그것은 당신 내면의 신을 표현하는 자유를 빼앗는 것일 뿐만 아니라, 당신의 고유함과 스스로 진화하는 능력 그리고 신이라는 생명의 원리를 확장하는 능력까지도 빼앗는 것이다.

신의 유일한 계획은 그 자체로 존재하는 것이다. 신은 처음 생각을 바탕으로 하여 하나의 음으로, 그리고 생각에서 물질 ─ 진동하고, 의식으로부터 더하고 빼고, 늘리면서 ─ 로 항상 삶의 또 다른 순간을 표현하며 자신과 하나되어 진동하는 모든 것이다. 존재하는 모든 것은 존재하는 다른 모든 것과 함께하면서 영원의 다음 순간을 표현한다. 신이 계획할 수 있다면, 그것은 앞으로 다가올 모든 것을 제한하는 것이다.

당신이 앉아 있는 방석, 그것이 여기에 있는 이유는 무엇인가? 단지 그것이 존재하기 때문이다. 이와 같이 다른 모든 것들도 존재하기 때문에 신의 계획과 조화를 이룬다. 여기 앉은 사랑하는 마스터는 왜 여기에 있는가? 그가 존재하기 때문이다. 그리고 저기 있는 사랑하는 마스터는, 신의 계획과 어떻게 조화를 이루는가? 당신이 존재하는 것처럼, 단지 존재함으로써. 그리고 내가 어떻게 조화를 이루는가? 존재여, 나는 존재한다. 이 방석이 존재하듯이 나는 존재한다.

나는 어떻게 조화를 이루는가? 나는 다른 사람이 절대 할 수 없는 숭고한 사랑으로 당신을 사랑할 것이다. 나는 그렇게 사랑할 수 있는 능력이 있기 때문이다. 왜냐하면 나의 사랑이나 표현이 어떤 환상적이고, 신성한 계획과 조화를 이루는가에 대해 전혀 걱정하지 않기 때문이다.

내가 어떻게 생명의 있음 전체에 기여할 수 있을까? 하느님은 진정 무엇이며 당신을 왜 사랑 — 당신이 어떠하건 상관하지 않고 — 하는지 이해하도록 도와줌으로써 그리고 모든 생명이 어떻게 서로 조화를 이루면서 사는지 좀 더 명확하고 분명하게 함으로써 기여한다. 그리하여 모든 것이 존재하는 이유가, 어떤 비밀스러운 계획이나, 이면의 동기가 아닌, 단지 그것이 생명을 가지고 있기 때문에 표현하는 것임을 이해할 수 있을 것이다.

그것이 왜 중요한가? 생명이 그저 존재한다는 것을 알면, 당신에게 있는 최대의 능력으로 삶을 창조할 수 있는 자유와 힘을 허용한다. 그리고 당신은 다음 순간에 무엇을 하든, 당신이 모든 생명의 한가운데서 진동하고, 다음 순간 그다음 순간 그리고 그 이후의 순간에도 계속 그러할 것을 확신하며 안심할 것이다.

생명을 위한 계획은 없다, 마스터. 단지 있음만이 존재할 뿐이다. 있음의 상태로 존재하는 것이 있음의 가장 위대한 표현이다 — 있음. 중요한 것은, 존재여, 당신 자신이다. 그것만이 중요하다.

학생: 당신은 마치 인간이 어떤 특정한 형식에 따라 살 필요도 없고, 원하

는 대로 될 수 있고, 할 수 있다고, 즉 무엇을 해도 괜찮다고 말하는 것처럼 들립니다.

람타: 그렇다. 그것이 바로 당신에 대한 하느님의 사랑이다.

학생: 그렇다면, 삶의 목적은 무엇입니까?

람타: 삶의 목적은, 마스터, 당신의 존재 안에서 당신이 어떠한 생각을 즐기든 그것을 삶이라는 무대에서 표현하는 것이다. 그것이 어떤 식으로 나타나든, 당신이 원하면 언제든지 바꿀 수 있는 선택권이 있다는 것을 알라.

삶의 목적은 삶의 일부가 되는 것, 삶의 창조자가 되는 것, 그리고 그것을 빛내는 것이다. 산다는 것, 그리고 당신의 내면에서 삶이 펼쳐지는 대로, 매 순간 당신이 원하는 대로 허용하면서 존재하는 것 외에 다른 운명이라는 것은 없다. 그 목적을 이루는 데 있어, 당신이 원하는 대로 무엇이든 될 수 있고 할 수 있고 그리고 존재할 수 있는 무한한 자유가 있다는 것을 알라.

학생: 그러나 무엇이든지 할 수 있다면, 어떤 것들은 성경에서 말하는 신의 율법에 위배되지 않을까요?

람타: 나의 아름다운 마스터여, 당신의 사랑하는 하느님은 한 가지를 제외하고는, 어떠한 법도, 만들지 않았다. 그리고 그 유일한 법은 당신의 독존적인 의지에 따라 삶을 표현하는 것이다. 오직 당신 의지의 실행을 통해서만, 하느님인, 모든 생명의 의식을 확장할 수 있기 때문이다. 하느님 아버지가 법을 창조하는 존재라면, 그는 당신 — 자기 자신인 — 에게 생명이 진화하고 영속하도록 허용하는 표현의 자유를 부인하는 것이다. 그러면 그는 제한적인 근원이 되어, 종말을 맞게 될 것이다. 영원에게 종말은 없다, 마스터.

당신이 말하는 신의 율법은, 책 중의 책에 적혀 있는 것처럼, 많은 법을 가지고 있다. 왜냐하면 예언자마다 법을 더했기 때문이다. 신의 율법이 이러저러하다, 혹은 이것을 금하고, 저것은 반드시 해야만 한다고 정함으로써 따라야 할 강력한 성명이 되어버렸다. 당신들이 말하는 신의 율법 때문에, 사람들은 신에게 복종하고 그를 두려워해야 한다고 배웠다. 아이들은 그들의 부모를 두려워하지 않는다. 그들은 그들의 부모가 존재하는 것처럼 존재한다.

유일한 법은 모든 생명의 근원인, 신이, 모든 것이 자신이 원하는 대로, 그들의 자유가 원하는 대로, 자신의 존재를 통해서 표현하도록 허용하는 것이다. 왜냐하면 오직 자유를 통해 당신은 하느님을 알고 다시 한번 그와 하나가 될 것이기 때문이다. 당신이 하느님에게 돌아왔을 때 그리고 신이 자신의 귀향에 대해 숙고할 때, 진정 위대한 날, 위대한 영원이 될 것이다. 당신이 고향으로 돌아오면, 신처럼 될 것이기 때문이다. 신처럼 됨으로써, 당신은 무한한 사랑, 한없는 기쁨 그리고 존재의 영원함으로 가득 찬 삶을 살아가게 될 것이다.

하느님 아버지는 법이 없다. 법의 창조자는 인간이지, 신이 아니다. 하느님은 인간에게 자유의지를 주어 인간이 자신의 왕국에서 독존적인 법제가가 되고 모든 생명에 대한 이해가 진화 하면서, 그의 왕국에 적합한 어떠한 믿음이나, 진리, 혹은 태도를 생각으로부터 창조할 수 있게 하였다. 인간은 그러한 자유를 사회에서 살기 위해 필요하다고 생각되는 법을 만드는 일에 사용하였다. 불행하게도, 대부분의 법은 인간을 위협하거나 노예화할 목적으로 무자비하게 만들어져 왔다. 그러한 법들은 자유를 고양하는 것이 아니라 제한하기 위해서 만들어져 왔다. 인간은 법이 없는 상태에 자신을 두지 못한다. 왜냐하면 그는, 자신의 공포로 인해, 그의 존재를 지배하는 법이 반드시 있어야만 한다고 생각한다. 그것은 단지 그가 자신의 무한함과 신성함을 알지 못하기 때문이다.

학생: 그러나, 람타, 만약 법이 없다면, 사람이 자신의 내면에 있는 악을 드러내고, 나쁜 일을 하는 것을 어떻게 막을 수가 있나요?

람타: 당신에게 이것을 말해주겠다, 마스터. 존재하는 모든 것으로 이루어진 우주에 악 같은 것은 없다. 인간의 혼이 악하다고 적혀 있지만, 인간은 악하지 않다. 인간의 혼은 신성하다. 왜냐하면 인간의 혼과 그의 모든 것은 신이기 때문이다. 만약 그것이 신이 아니라면, 그렇다면 그것은 어디에서 왔겠는가?

존재함인, 하느님의 권한 밖에 있는 것은 아무것도 없다. 아무것도. 누군가가 악하거나 나쁘거나 옳지 않다고 판단하는 어떠한 생각이나 행동은 모두 의식 안에서 살아 있다. 그것이 의식 안에 존재한다면, 그것도 틀림없이 신의 마음의 일부이다. 모든 것이 신의 일부이기 때문에, 어떤 것을 사악하다고 하는 것은, 신이 사악하다고 말하는 것과 마찬가지이다. 그리고 그는 사악하지 않다. 신은 선하지도 않다. 선의 범위를 정하기 위해서는, 그것을 사악하고 나쁘다는 이해와 비교해야 하기 때문이다.

신은 선하거나 악하지 않다. 신은 악한 것이 아닌 것처럼 선한 것도 아니다. 신은 완전하지도 않다. 하느님은 단순히 존재하는, 모든 생명의 있음이며, 자신을 알기 위해 기쁨에 기쁨을 더하며 단순히 살아가는 지금 이 순간의 표현이다. 그러한 삶의 본질은 자신의 일부를 선과 악, 신성함과 악함 그리고 완전함과 불완전함으로 판단하면서 자신을 있음의 상태에서 변경할 수 있는 능력을 갖추고 있지 않다.

만일 신이 내려다 보며 이것은 악하다고 말한다면 어떤 일이 일어나는지 아는가? 무엇인가를 표현하고 있는 전체의식의 표현하고자 하는 욕구가 생명력으로부터 단절될 것이다. 그런 일이 일어나면, 생명과 그의 지속적인 확장은 존재하는 것을 멈출 것이다. 창조를 일으키는, 자유의지가 사라지기 때문이다. 그러나 신은 전적으로 무한하며, 나누어지지 않는 있음 전체이다. 따라서 신은 구속하고 제한하는 시각으로 자신을 응시할 수 없다. 만약 그럴 수 있다면, 당신은 자신이나 다른 형제들을 판단하는 선택의 자유를 표현하며 이곳에 있을 수도 없을 것이다.

선도 없고 악도 없다, 마스터. 오로지 있음만 존재할 뿐이다. 있음에서, 모든 것은 오직 충족할 수 있는지, 혼에 의해 요구되는 감정적인 경험을 지혜로 채우기 위한 것인지에 따라, 측정될 뿐이다. 지금까지 당신이 했던 모든 것 ― 그것을 아름답거나 혹은 추하다고 정한다 해도 ― 은 단순히 알기 위해서 했던 것이다. 배우기 위해 당신의 혼과 열정에 떠밀려 그 일을 했던 것이다. 오직 당신은 그 행동의 가치를 깨닫고 확인함으로써 무엇인가를 배울 수 있었다. 그 일은 악한 것도 아니고 나쁜 것도 아니다. 신이 되기 위해 행한 것일 뿐이다.

인간 ― 신이 아닌 ― 이 다른 인간을 심판한다. 인간은 그의 형제들로부터 표현의 자유를 빼앗기 위해 자신의 창조력으로 선악의 대조를 생각해냈다. 종교적 교리나 국가의 법을 지키지 않을 때 따르는 처벌에 대한 두려움이 오랫동안 국가를 지배하고 통제해온 무기가 되었다. 당신 말대로 참으로 악한 것이 있다면, 그것은 인간 내면에 존재하는 신을 표현할 수 있는 존재의 자유를 박탈하는 것이다. 그러한 일을 다른 사람에게 할 때마다, 그것은 자신에게 하는 것이며 그리고 더 심하게 하는 것이다. 다른 사람을 심판하고 제한할 때, 그것은 당신의 의식에서 하나의 법칙이 되어 버리기 때문이다. 그러면 당신은 그 법칙에 의해 자신을 심판하고 제한하게 된다.

인간의 혼은 악하지 않다. 비록 악의 그늘에서 산다 할지라도, 좀 더 위대한 이해의 차원에서 보면 악이라는 것은 없다. 단지 자신의 생각으로 자신이 원하는 것을 정하여 창조할 수 있는 선택의 자유가 허용된 삶의 무대가 있을 뿐이다. 그것만이 유일한 현실이다. 그러한 현실에서, 신은 미신, 독단적 신앙, 그리고 인류의 제한적이고, 닫힌 태도를 통해 악의 환영이 창조되도록 허용하였다. 악에 대한 끊임없는 관찰, 판단, 그리고 악이 있을 것이라는 기대에 의해, 그 사람의 현실에는 정말 악이 존재 하지만 단지 그의 현실에만 존재한다. 악이 있다고 믿기 때문에, 그의 왕국에서만 존재하는 것이다.

실재하는 유일한 법은 효력이 발생되도록 당신이 스스로 창조한 것들뿐이다. 선악이 있다고 믿는다면, 그것은 당신의 진리이며, 당신은 전혀 틀린 것이 아니다. 그러나, 기억하라, 그것은 당신의 진리이지 나와 다른 사람의 진리가 아니다. 그것은 진정 당신의 견해로 만들어졌기 때문에 당신만의 진리이며, 모두 당신에게 속한다. 당신이 그러한 견해를 가지고 있는 한, 그것은 틀림없이 사실일 것이다. 당신이 더 이상 그것을 믿지 않으면, 더 이상 당신의 현실이 아닐 것이다. 모든 것이 그러하다.

자, 마스터, 악이 무엇이라고 생각하는지 말해보라. 나쁘다는 것에 대해 당신은 어떤 이해를 갖고 있는가?

학생: 글쎄요. 악은 선과 반대되는 것이라고 말합니다. 하지만 내가 주로 하는 생각하는 악은, 다른 사람을 해치는 것입니다.

람타: 그러한가? 왜 그것이 악인가?

학생: 예를 들어, 누가 내 딸에게 해를 가한다면, 그것은 악입니다. 어쩌면, 딸이 죽을 수도 있기 때문입니다.

람타: 그것은 악에 대한 당신의 판단이다. 죽음에 대한 악은 무엇인가?

학생: 그러면 당신은 사람을 죽이는 것이 악이 아니라고 생각합니까?

람타: 그렇다. 나는 어떤 것에 끝이 있다고 믿음으로써 나 자신을 제한하지 않기 때문이다. 왜냐하면 어느 것도 절대로 파괴되지 않기 때문이다 — 영원히. 만약 그 사람이 죽는다면, 죽음으로써 잃는 것은 무엇인가?

하느님은, 자신의 있음과 나아가는 생명의 영원함으로, 모든 존재의 있음에 걸림돌이 되는 자신보다 더 위대한 그 어떤 것도 창조하지 않았다. 하느님이 창조한 것은, 마스터, 그 어떤 것도 소멸될 수 없다. 그것은 영원히 살 것이다. 그러므로 당신 딸은 절대로 파괴될 수 없다. 왜냐하면 어느 것도 신의 생명을 파괴할 수 없기 때문이다.

학생: 그렇다면 정말 살인조차도 악하지 않다는 말입니까?

람타: 그렇다.

당신에게 말하겠다, 마스터, 생명은 나아감이다. 그것은 나아가고, 또 나아가고, 또 나아갈 것이다. 그리고 순간에서 순간으로 그리고 다음 순간으로, 우리가 삶의 무대에서 표현함에 따라, 삶의 매 순간 자신을 행복으로 가득 채울 수 있는 무한한 기회를 가진다. 하지만 누군가 자신의 순간을 어떻게 채울 것인가를 선택하는가는, 그의 의지와 욕망 그리고 자신에게 옳다고 여기는 것에 따라 항상 그것이 될 것이다. 어느 순간 한 사람이 다른 사람을 죽이는 선택을 했다면, 그다음 순간 그는 자신의 행위로 인하여 엄청난 죄의식과 자기비판 그리고 벌을 받게 될 것이라는 두려움에 시달리며 살아갈 것이다. 그래서 다가오는 순간들은 그가 자신의 행위에 대해 스스로를 용서하지 않는 한 안정되지 않을 것이다.

살인자를 무서워하고 심판하거나 저주하는 사람들이 많다. 그러나 나는 다른 사람을 잔인하게 죽인 그 존재를 사랑한다. 어떻게 사랑하지 않을 수 있단 말인가? 그가 신의 섭리와 생명 그리고 신의 경이로움에서 제외되었다고 생각하는가? 아니다, 그는 제외되지 않았다, 마스터.

죽임을 당한 사람은 다시 그리고 또다시 돌아올 것이다. 생명은 영속하기 때문이다. 그것은 계속된다. 그것만이 유일하게 영속하는 것이며, 또한 모든 것이다. 만약 내가 그 행위를 혐오하고 살인자를 비판한다면, 나는 그것을 나 자신에게 되돌리는 것이다. 살인자는 이미 자신의 비판을 창조하였다. 왜냐하면 그가 그 행위에 대하여 어떤 태도를 가지건 그것의 작용 가운데 있으며, 이후 자신의 생각과 감정의 세계에서 그 일을 해결해야 할 것이기 때문이다.

나는 그 행위를 혐오하지 않는다. 나는 그것을 추론하였다. 나는 그것을 이해하였다. 나는 그 너머에 존재한다. 그 일로 인하여 살인자를 비판한다면, 나는 더 이상 그것과 비교해 장엄하지 않으며, 확신하건대, 내 삶 또한 그런 판단으로 인해 영향을 받는다. 왜냐하면 나라는 존재가 그 일에 관여하게 되어 내 존재가 그것으로부터 분리되기 때문이다. 그렇게 되면 나는 더 이상 전체가 아니다. 알겠는가?

당신이 그러한 일을 볼 때, 그것들은 완성됨이 일어나는 것이다. 매 순간 우리는 의욕 넘치는 방법이나 혹은 깨달음을 느낄 수 있는 방법으로 우리 자신을 충족시킬 선택의 자유가 있다. 그것은 우리의 선택이다. 그것은 오직 조화로운 사람, 내면 깊숙이 조화를 이룬 사람만이 가지는 것이다. 당신들의 정부는 법과 규칙 그리고 규정에 따라 사람들을 지배하지만, 자신만의 사고방식으로 조용히 생각하는 개별적인 존재의 의지는 절대 지배할 수 없다. 오직 그 존재만이 할 수 있다. 그는 살아가는 순간마다, 자신의 감정적 존재에 맞추어 매 순간 균형을 유지한다.

이 청중들 중에 당신보다 더 위대한 스승은 없으며 모두가 자신의 삶에 완전한 책임이 있다. 우리는 모두 생각으로 무엇인가를 해 보고, 그것이 구현됨으로써 우리의 생각을 좀 더 정교하게 다듬도록 우리 자신을 가르치지 않았던가?

당신은 인간을 잡아 감옥 ― 가장 작고, 가장 어둡고, 가장 더러운 ― 에 가둘 수는 있지만 그의 마음이나 생각은 절대로 가둘 수 없다. 그의 몸이 꽁꽁 묶여 있을지라도 생각은 여전히 분주하게 움직일 것이다. 그리고 그는, 숙고하는 사고력을 통해, 자신을 설득하고 자신을 가르치고 자신을 평가할 것이다.

　나는 좋고 나쁨을 인정하지 않고, 오직 생명만을 인정한다. 만약 생명이 한 존재를 움직여 다른 존재를 죽인다면 — 혹은 그의 혼에서 단순히 생각으로 그 일을 한다면 — 그는 살인자보다 나을 것이 없다. 당신이 생각 속에서 한 일은, 이미 당신이 한 일이기 때문이다. 생각으로 누군가를 죽이지 않았던 사람은 하나도 없다. 어떤 경우이든 그 사람은 무엇인가를 이해할 목적으로 인해 그것을 표현할 필요가 있었기 때문이다. 자신을 표현하기 위해 누군가에게 죽임을 당한 사람이 피해자가 아니라는 것을 기억하라. 왜냐하면 그는 자신이 불에 타 죽거나, 비참하게 죽거나, 혹은 누군가에게 괴롭힘 당할 수 있는 가능성을 생각해 왔을지도 모르기 때문이다. 그는 그것을 숙고했었고, 두려움을 가졌기 때문에, 끌어온 것이다. 그래서 살인하는 사람이나 죽임을 당하는 사람은 — 그러한 것을 이해할 필요가 있기 때문에 — 그 경험을 하기 위해 서로를 이끈 것이다.

　신이라는 이해 안에서, 어느 것도 악이 아니다. 모든 것은 지혜를 제공하는 경험이다. 이것이 내가 당신에게 주는 대답이다. 그리고 인간이 다른 형제로부터 더 이상 비난 받지 않을 때, 그의 존재가 악하지 않다는 것 — 그가 신이라는 것 — 을 깨달을 때, 그리고 신이라는 생명력에 의해 온전한 사랑과 지지를 받고 있다는 것을 이해할 때, 그는 자신의 가치와 고귀함을 알기 위해, 더 이상 전쟁이나, 강간, 살인, 혹은 그와 같은 행위를, 경험할 필요가 없을 것이다. 그리고 인간이 자신의 법칙과 계획 그리고 규칙으로, 자신을 구속하는 의식으로부터 자유로우면, 즐거움과 존재의 평화를 발견할 것이고, 자신과 인류를 사랑하고 모두가 그들만의 의지로 설계할 수 있는 자유를 갖도록 허용할 것이다. 그러면 그는 신처럼, 모든 생명을 부양하고 뒷받침하는 무대가 될 것이다. 그렇게 될지어다.

학생: 최근에 두 사람을 알게 되었습니다. 내 삶에서 그들의 목적은 무엇이며 다른 삶에서 우리가 함께 하였는지 알고 싶습니다.

람타: 당신의 인생에서 그들을 만난 것은, 존재여, 당신이 그들이 그곳에 있기 원하고 또한 그들도 그곳에 있기 원하기 때문이다. 그보다 더 그럴듯한 목적이 있겠는가?

학생: 내가 그들을 원했는지 잘 모르겠습니다. 그들이 내 삶에 나타난 이유는 어떤 카르마 때문이며 서로 배울 것이 있기에 만난 것이 아닌가 생각합니다.

람타: 알다시피, 마스터, 인간관계에서 무엇인가 부족하면, 어쩌면 전생에서 함께했을 것이라는 낭만적인 생각을 함으로써 그 관계를 지금보다 훨씬 더 매력적으로 만들곤 한다. 그러나 카르마는, 필요라는 아주 단순한 말에 대한 종교적 설명에 불과하다. 당신은 지속하는, 수많은 생을 통하여, 많은 사람들과 같이 있는 것을 필요로 하고 즐기고 또한 원할 것이다. 매번 같은 사람들을 만나면 그 삶은 단조롭고, 지루하고, 따분할 것이다. 만일 그들이 지금 거기에 있다면, 아마 이것에 관련된 배움은, 마스터, 단지 함께함으로써 다시 한번 헤어질 필요가 있음을 깨닫기 위해서이다.

학생: 알겠습니다. 당신의 말을 이해할 것 같습니다. 하지만 카르마에 관하여 또 다른 질문이 있습니다. 사람들에게 어떤 일 ― 살인이나 도둑질 혹은 사고 같은 ― 이 일어나는 이유는 전생에 그들이 했던 일에 대한 균형을 이루기 위한 카르마의 실현 때문이라고 배웠습니다. 당신이 카르마의 법칙에 대해 어떻게 생각하는지 듣고 싶습니다.

람타: 당신이 알아야 하고 모든 사람들이 이해해야 하는 것은, 카르마는 신의 법이 아니라 그것을 믿는 사람들의 법이라는 것이다. 불행히도, 많은 사람들이 그것을 믿고 있으며, 그들은 완벽이라는 허황된 이해를 이루기 위

해 힘겹게 발버둥치고 있다. 또한 그들은 이 생에서 한 일에 대해 다음 생에서 갚아야 한다고 믿는다. 일어나는 모든 일들이 카르마가 계속 실현되는 것이라고 여긴다. 그러나 그것은 삶에 대해 아주 형편없게 말하는 것이다, 마스터. 삶은 그것보다 훨씬 더 많은 것을 누릴 자격이 있다.

카르마의 법칙은 오직 그것을 믿는 자들에게만 진정한 현실이다. 유일하게 존재하는 법칙은 당신이 당신의 왕국에 유효하도록 허용한 것들이다. 진정한 법제가는 개별적인 독존적 존재이다. 왜냐하면 각자가 진실을 받아들이는 에고를 가졌기 때문이다. 그가 무엇을 진리라 부르건, 자신의 존재 안에 어떤 것을 법으로 창조하건, 그것은 그렇게 될 것이다. 이렇게 하여 믿음과 변형된 이해를 통해, 많은 사람들이 균형과 완성의 법칙을 만들었다.

당신이 카르마를 믿기로 선택했다면, 당신은 틀림없이 당신이 만든 창조물의 손아귀에 놓이게 된다. 당신이 그 믿음에 힘을 부여했기 때문이다. 그러면 그것은 당연히 당신의 삶에서 힘을 발휘할 것이다. 그렇게 되면 이 지상의 지난 생애에서 했던 일들을 무효화하거나 혹은 영광스럽게 하기 위해 계속해서 이곳으로 반드시 돌아올 것이다.

나는 카르마나 완성됨을 인정하지 않는다. 그러한 것들을 성취가 아닌 한계로 보기 때문이다. 카르마의 구속을 통해 완성을 이루려고 애쓰는 사람들은 얻으려고 투쟁하는 것들을 절대 얻지 못할 것이다. 왜냐하면 하나의 카르마를 갚는 동안, 그들은 또 다른 카르마를 만들기 때문이다. 그들이 아무리 많은 생을 살아도, 그들은 신의 상태인, 있음의 상태에 절대로 도달하지 못할 것이다. 그들은 빚을 청산하기 보다 오히려 계속 불어나는 빚에 허덕일 것이기 때문이다. 완성이라는 것은 없으며 단지 있음만이 존재한다. 생명의 있음에서, 모든 생명은 매 순간 끊임없이 변하고 진화한다. 그렇기 때문에 완성된 상태는 절대 있을 수 없다.

사랑, 당신이 하려는 일을 하라

나는 오직 있음만을 인정하며, 그것은 신, 자아가 되는 것을 막는 어떠한 법도 원리도 없는 온전함이다. 있음을 이해하기 위해, 삶에서 당신이 원하는 것 외에 꼭 해야만 하는 것은 아무것도 없다. 만약 카르마의 사상을 받아들인다면, 그것은 경험을 얻기 위한 당신의 선택이고 당신의 창조이다. 그러나 인식하라, 마스터, 당신이 제한된 힘과 인과응보라는 환영을 창조했다는 것을. 카르마라는 것을 받아들임으로써, 당신의 운명은, 자신의 제한된 사고의 포로가 된다.

당신은 자유로운 혼이자 영이다, 마스터. 매 순간 당신이 선택하는 어떤 진실, 어떤 현실, 어떤 환영도 자유롭게 창조하고 경험할 수 있다. 그리고 어떤 순간이라도 당신이 원하면, 이 꿈을 다시 창조할 수 있다. 당신은 그렇게 할 수 있는 무한한 힘이 있기 때문이다.

카르마는 존재하지 않으나, 원함은 존재한다. 그리고 원함이라는 것은 아주 변덕스럽다. 원한다면 언제라도 무엇이건 할 수 있고 될 수 있으며, 그것이 된 상태의 한가운데서라도 언제든지 마음을 바꿀 수 있다.

살인, 사고, 그리고 강도와 같은 일들은 벌이 아니다, 마스터. 그것들은 전에 했던 일 때문에 갚아야 하는 것이 아니다. 숙고된 생각, 숙고된 경험의 결과로 당신에 의해 창조된 것이다. 또한 그러한 것들은 영원하거나, 영원히 지속되는 상황이 아니다. 좀 더 위대한 이해에서 본다면, 그런 일들은 끔찍한 일이 아니다. 돌이켜 보면, 그것들은 위대한 스승이다.

수만 명의 무고한 사람들이 학살당하는 것을 보고, 당신은 이렇게 말할지 모른다. "얼마나 비통한 일인가. 이런 잔혹한 행위를 보고도 천사들은 왜 울지 않는 것일까? 그들은 왜 여전히 신의 영광을 노래하는 것일까?" 천사들은 생명에 영원한 끝이 있다고 믿음으로써 자신들을 제한하지 않기 때문이다. 그들은 대량학살 당한 사람들이, 더 위대한 배움과 더 많은 경험 그리고 내가 모험이라 칭하는 것을 위해, 당신들이 말하는, 천국이라는 곳에 가 있다는 것을 알고 있다. 당신이 비록 수만 명의 시체를 묻고 그들을 위해 눈물을 흘렸어도, 신은 울지 않는다. 내일은 항상 오기 때문이다.

당신의 운명을 누가 창조한다고 생각하는가? 많은 이들이 그것은 모든 사람을 조종하고 모든 일이 일어나게 하는 하나의 절대적인 존재라고 믿는다. 그러한 믿음이 자신에 대한 책임감을 덜어주기 때문이다. 그러나 당신이 당신 자신의 운명을 통제한다. 당신은 지금 이 순간 생각하고 느끼는 바에 따라 매 순간 당신의 인생을 창조하는 창조자이다. 오직 이 순간, 바로 이 순간만이, 진정 영원하며, 나아가는 것임을 배워야 한다. 지금 이 순간의 나아감에서, 매 순간은 완전히 새로운 순간이다, 마스터. 그것은 어제의 포로가 아니다. 당신이 내일에 대한 꿈을 꾸고 그것을 현실로 창조하는 것은 지금 이 순간이다. 그리하여 당신은 지금 이 순간 자신이 하고자 하는 어떠한 것이든 자유롭게 할 수 있다. 그것이 당신에 대한 하느님의 사랑이다. 그리고 그는 매 순간을 새롭게 창조할 수 있도록 당신에게 자유와 힘을 부여하였다.

어느 누구도 과거에 구속당하지 않는다. 당신이 조금 전에 했건, 천 년 전에 했건, 무엇을 했든지 간에, 어느 때라도 갚을 필요가 없다. 당신이 무엇인가를 한 바로 그 순간, 당신은 그것을 함으로 이해를 얻었고 그것으로부터 중요한 가치를 깨달았다.

과거는 단순히 경험되었던 지금 이 순간이었지 그 이상은 아니다. 과거와 현재가 관련된 유일한 것이 있다면 당신이 배울 수 있는 것은 이미 다 배웠다는 것이다. 이와 같이 과거는 당신만의 상세한 사고 과정과 의도적인 계획에 따라, 자신이 가진 최고의 능력으로 이 순간을 창조할 수 있는 지혜를 제공해왔다.

과거는 끝났다, 마스터. 더 이상 존재하지 않는다. 당신 안에 있는 전생들은 단지 지혜로 지금 이 순간에 존재한다. 그것이 과거가 당신에게 준 혜택이다. 그렇기 때문에 지금 이 순간의 당신은 전생에 되어 보았던 모든 것 중에서 가장 위대하다. 왜냐하면 지금 이 순간의 당신은 어제의 지금보다 훨씬 더 많은 앎으로 발전했기 때문이다. 당신은 지금 이 순간 당신의 모든 지식 — 경험을 통한 지식 — 과 삶이라는 훌륭한 가치를 통해 축적된 앎의 총체이다. 당신이 표현하는 매 순간, 당신은 새로운 모험을 감정으로 그리고 지혜라는 경험의 진주로 다시 새롭게 창조한다.

오직 지금 이 순간 있음만이 존재한다, 마스터. 중요한 것은 지금 이 순간이다. 당신은 지금 이 순간의 산물이다. 지금 이 순간에 당신의 삶이 살아간다. 지금 이 순간에 당신의 미래는 창조된다. 진정 살아간다는 것은 자신의 표현과 확장을 막는 어떠한 법이나 규율 그리고 규제 없이 지금 이 순간에 있음으로 살아가는 것이다. 있음으로 살아갈 때, 언제나 유일하게 중요한 것은 바로 지금 이 순간 — 과거도, 미래도, 아닌 지금 이 순간 — 뿐이다. 신이 사는 곳이 정확히 바로 지금 이 순간이기 때문이다.

지금 이 순간이 존재하는 모든 것이라는 것을 깨달을 때, 당신은 매 순간 혼이 느낌으로 재촉하는 모험을, 자신을 더 위대한 지혜로 확장하기 위해 이전에는 결코 하지 않았던 경험을 하며 살아가는 삶의 방식을, 반드시 선택할 것이다.

당신은 당신이 기억조차 하지 못하는 일을 하기 위해, 혹은 어느 누구도 말해줄 수 없는, 해야만 하는 어떤 일을 하기 위해서, 이 세상에 온 것이 아니다. 그런데도 당신은 열심히 노력하여 완벽한 사람이 되라는 말을 들어왔다. 만일 당신이 계속 혼란에 빠져있다면, 당신은 대체 무엇을 이룰 수 있단 말인가?

당신은 전적으로 자신이 선택한 몸을 통해 자신의 선택에 의해 여기로 돌아왔다. 어머니의 난자와 아버지의 정자로부터, 당신은 이 창조적인 환영의 차원에서 표현하고자 하는 목적으로 당신의 몸을 만들었다. 당신은 이전에 했던 어떤 일과 균형을 맞추기 위해 이 세상에 돌아온 것이 아니라 물질을 통해서 스스로 진화하고 이 세상을 경험하며 얻어지는 감정 안에서 자신을 성취하기를 원했기 때문에 돌아왔다.

당신은 배우기 위해 여기에 있다. 어디에 있든 당신이 그곳에 있기 원하기 때문에 있는 것이지 다른 이유는 없다. 당신의 의지가 그곳에 있기로 한 것이다. 여기에서 지혜를 조화시켜 삶의 무대 위에 실행하는 것이다. 당신은 이 생 ― 그리고 얼마나 많은 생을 여기에서 보내고 싶건 ― 에서 환영을 끝내고 그것을 지혜로 바꾸기 위해 당신의 혼이 필요로 하는 모든 것들을 경험하려 여기에 있는 것이다. 이 세상에서 당신의 경험으로부터 풍부한 감정을 얻게 되면, 더 이상 여기에 올 필요가 없으며, 되돌아 오고 싶은 욕구도 사라질 것이다. 오직 당신만이 여기에서 언제 끝낼지를 결정한다. 아무도 결정할 수 없다.

당신은 이곳에, 마스터, 신이 되기 위해 있다. 그리고 그것이 되기 위해서, 당신 존재로부터 모든 법, 모든 신앙, 모든 의례적인 관습을 없애야만 하며 당신의 사고 과정은 무한해져야 한다. 만약 당신이 무한한 표현의 자유 ― 영원히 죽지 않을 몸과 존재의 평화와 기쁨 ― 를 원한다면 당신이 살고 있는 삶이 완전히 무한하다는 것을 알라. 당신이 이러한 것을 알 때, 그렇게 될 것이다. 왜냐하면 당신이 무엇을 원하건 당신 존재의 진리로써 무엇을 알건, 그것은 그렇게 될 것이기 때문이다. 그것만이 당신의 왕국에서 당신이 받아들여야 하는 유일한 법이다.

이 생에서 혹은 다른 생에서 당신이 생각했거나 혹은 했던 일들에 대해서 자신을 용서하는 한, 당신은 절대 어떠한 것에 대해서도 갚아야 할 필요가 없다는 것을 알라. 자신을 용서한다는 것은 당신인 신을 표현하는 데 있어 자신을 제한하는 죄의식이나 판단을 당신의 혼에서 제거하는 신성한 행위이다. 자신을 용서한다면, 이 생과 앞으로 다가올 생들이 존재의 경험을 위한 모든 것의 미래인 지금 이 순간의 일부분임을 알 것이다.

당신은 영원하며, 한 번도 실패한 적이 없으며, 유일하게 잘못한 것이 있다면 당신이 무엇인가 잘못했다고 믿고 있는 것임을 알라.

당신 자신을 사랑하라, 마스터, 그리고 자신이 무엇이라고 말하는지, 무엇을 느끼고 싶어 하는지 듣도록 하라. 그런 후 지루해질 때까지 그 일을 마음껏 하라. 지루함이라는 것은 하나의 경험으로부터 배워야 할 모든 것을 다 배웠고 이제는 다른 모험을 할 때가 되었다고 혼이 당신에게 보내는 신호이다. 오직 당신의 내면에서 나오는 느낌에 귀를 기울인다면, 당신이 되고자 선택하는 것은 어떤 것이라도 이 순간에 자유롭게 될 수 있다. 당신은 어떤 법, 어떤 가르침, 혹은 어느 누구에게도 결코 답할 필요가 없다는 것을 알라. 지금 이 순간 ― 그것으로부터 당신이 얻는 느낌 ― 만이 언제나 중요한 모든 것이다.

어떠한 법도 없는 상태가 되라, 마스터. 그것은 무모함과는 다르다. 그것은 당신의 목에 감긴 밧줄을 풀어 제대로 숨 쉬게 한다는 의미이다. 자신에게서 법과 교리 그리고 제한적인 믿음을 없앤다면, 자신을 신인, 자유와 무한함이 되도록 허용하는 것이다. 그러면 당신은 자신과 삶을 창조하고 재생할 수 있는, 당신 자신인 힘이 될 수 있다. 당신이 이 세상에 존재하는 이유는 누군가에게 했던 어떤 일에 대해 보상을 하기 위함이 아니라, 오히려 당신이 살고자 하기 때문이다. 그리고 그 모험은 순간에서 순간으로 그리고 다른 순간으로 펼쳐진다.

행복하게 살라. 그것만이 하느님이 당신에게 요구해 왔던 유일한 것이다.

제 14 장

기쁨, 가장 장엄한 존재의 상태

"활기 넘치는 기쁨의 상태에 있을 때, 당신에 관한 모든 것과 평화를 이룬다. 삶이 기쁨으로 충만하면, 후회, 불안, 두려움, 노여움, 혹은 부족함을 느낄 수 없다. 기쁨의 상태에서, 당신은 채워지고 완전하며, 생명, 지혜 그리고 창조성이 당신 존재의 내면으로부터 거대한 강처럼 흐른다. 기쁨의 상태에 있을 때, 위대함의 절정과 가장 심오한 느낌의 영감을 받을 것이다."

― 람타

이 지상의 당신들 각자의 삶에서, 이곳에 존재하는 당신의 목적은 무엇일까? 많은 사람들이 어떤 특정한 사람이 되거나, 특정한 직업을 가져야만 한다는 생각을 하도록 키워졌으며, 그렇게 되도록 가족과 사회로부터 끊임없이 강요당하며 살아왔다. 참으로 끔찍하다. 그런가 하면 인류의 위대한 스승이나 구세주 혹은 치유자가 되기 위해 이 세상에 보내졌다는 상상을 하는 사람들이 있다. 참으로 고상하다. 또한 신에게 이르도록 정해진 좁고 경건한 길을 묵묵히 가기 위해 이 세상에 태어났다고 진정으로 느끼는 사람들이 있다. 참으로 따분하다.

어느 누구도 사명을 가지고 이 세상에 오지 않았다. 당신에게 기쁨이 어떤 의미이든, 하느님은 당신 혹은 어느 누구에게도, 기뻐하라 — 당신이 궁극적인 존재가 되도록 제공하는 욕구 — 는 한 가지, 이것 외에는 당신의 삶이 어떻게 되어야 한다는 명령을 내리지 않았다. 왜냐하면 내면의 신성하고 고귀한 자아가 행복하고 기쁠수록, 당신은 더욱더 신의 모습과 가까워지며 모든 생명과 조화를 이루기 때문이다.

행복하고 기뻐하는 것이 하느님이 당신에게 원하는 유일한 소망이다. 그것은 진정 가장 훌륭한 감정적인 가치이다. 그것이 삶의 가장 위대한 성취이다. 이해하고 기쁨이 되는 것은 신이 모든 인류 — 그들이 어떤 차원에 살건, 그들이 어떤 이해를 성취했건 — 에게 부여한 유일한 운명이다. 왜냐하면 당신이 기쁨과 행복의 상태로 돌아왔을 때, 신의 상태로 돌아온 것이기 때문이다. 기쁨이 바로 하느님이기 때문이다. 항상 기쁨 속에 있는 것이 바로 있음이다.

하느님은 당신에게 당신이 원하는 것은 무엇이든, 가장 비천한 것으로부터 가장 아름다운 것에 이르기까지 어떤 것이라도 창조할 수 있는 힘을 부여하였다. 기쁨을 알기 위한 당신의 탐구에서 하느님은 당신이 원하는 것은 어떠한 것이라도 되어줄 것이다. 그가 당신의 행위나 욕구의 성취에 대해 한 번이라도 심판할까? 아니다. 그는 결코 그렇게 하지 않을 것이다. 그것이 자식에 대한 아버지의, 생명력에 대한 생명력의 사랑이다. 그는 당신을 행복하고, 기쁘게 하는 것은 무엇이든 당신이 하기를 원한다. 그것만이 하느님을 알고 신과 같이 되는 유일한 길이기 때문이다.

기쁨이란 무엇인가? 기쁨은 아무런 방해 없는 움직임의 자유이다. 어떠한 비판 없는 표현의 자유이다. 어떠한 두려움이나 죄책감도 없는 존재의 자유이다. 기쁨이란 당신의 생각에 따라 삶을 창조하고 있음을 아는 것이다. 그것은 스스로 허용한 지고한 움직임이다. 그것이 기쁨이다.

기쁨이 왜 존재의 가장 장엄한 상태일까? 기쁨의 상태에 있을 때, 당신은 신의 흐름 안에 있으며, 그 흐름에 질투, 노여움, 고통이나 전쟁은 들어갈 틈이 없기 때문이다. 기쁨의 상태에 있을 때, 누군가를 증오하는 것 ― 누군가를 괴롭히는 것, 누군가에게 상처를 주는 것 ― 은 힘들다. 행복하고 즐거울 때, 당신은 만물에서 보이는 신을 사랑하게 된다.

활기 넘치는 기쁨의 상태에 있을 때, 당신에 관한 모든 것과 평화를 이룬다. 삶이 기쁨으로 충만하면, 후회, 불안, 두려움, 노여움, 혹은 부족함을 느낄 수 없다. 기쁨의 상태에서, 당신은 채워지고 완전하며, 생명, 지혜 그리고 창조성이 당신 존재의 내면으로부터 거대한 강처럼 흐른다. 기쁨의 상태에

기쁨, 가장 장엄한 존재의 상태

있을 때, 위대함의 절정과 가장 심오한 느낌의 영감을 받을 것이다.

　기쁨의 상태에서, 삶은 하늘이 가장 아름다운 장밋빛이 될 때, 구름이 타는 듯 붉게 물들 때, 나무에서 새들이 지저귈 때의 새벽이 가진 열정과 강렬함이 될 것이다. 기쁨 안에서, 당신은 더 이상 늙지 않고 영원히 살 것이다. 왜냐하면 삶은 더 이상 고단한 것이 아니라 당신이 계속해서 갈망하게 되는 경이로운 모험이 되기 때문이다. 기쁨이 충만할 때, 당신은 당신의 왕국 안에서 자신과 하나가 된다. 그러한 상태에서, 당신은 유토피아를 발견한 것이다.

　당신이 어떻게 기쁨의 상태가 될 수 있을까? 만약 당신이 원한다면, 삶의 매 순간이 당신에게 기쁨을 표현할 수 있는 자유와 기회를 준다는 것을 앎으로써, 그리고 그 무엇도 행복, 기쁨 그리고 신으로부터 분리 시킬 수 없다 ― 아무것도 ― 는 것을 앎으로써 또한 자신을 철저하게 사랑함으로써 될 수 있다. 왜냐하면 당신이 그렇게 할 때 신을 사랑하는 것이기 때문이다.

　삶에서 자신을 사랑하는 것보다 더 위대한 사랑은 없다. 진정 더 위대한 사랑은 없다. 자아를 포용함으로써 자유가 존재하기 때문이다. 그 자유에서 기쁨이 태어난다. 그러한 기쁨으로부터 신을 볼 수 있고, 알 수 있으며 포용할 수 있다. 가장 위대하고, 가장 심오하며, 가장 의미깊은 사랑은, 순수하고 때묻지 않은 자신에 대한 사랑이다. 그것은 움직이고, 숙고하고, 창조하고, 허용하고 그리고 존재하는, 피부에 둘러싸여 있는 근사한 창조물인 자신에 대한 사랑이다. 또한 당신 자신을 있는 그대로 ― 당신이 어떻든지 간에 ― 사랑할 때 모든 사람의 얼굴 뒤에 있으며 모든 만물에 존재하는, 내가 사랑하는 이 장엄한 본질을 알게 될 것이다. 그러면 당신은 신이 사랑하는 것처럼 사랑할 것이다. 그러면 쉽게 사랑할 것이다. 그러면 쉽게 용서할 것이다. 그러면 모든 생명에서 쉽게 신을 볼 것이다.

자신을 있는 그대로 사랑할 때, 정복하지 못할 것은 없으며 이루지 못할 것도 없다. 자신을 진정으로 사랑할 때, 당신은 단지 자신의 빛나는 웃음 속에서, 오직 기쁨으로 가득 찬 길을 여행하며 산다. 자신과 사랑에 빠지면, 그 빛 ― 그 통합된 힘, 그 행복, 그 기쁨, 그 유쾌함의 존재 상태 ― 이 모든 인류에게 퍼질 것이다. 당신의 경이로운 존재 안에 사랑이 풍부할 때, 불만으로 가득 찼던 이 세상은 아름답게 되며 ― 삶은 의미 있어지고 기쁨을 얻게 되고 ― 당신 존재의 풍부함을 통해, 기쁨이 모든 생명에게 활기를 불어넣어 영광스럽게 하고 당신 존재가 순수하다는 것을 선언한다.

자신을 사랑하고 자신이 원하는 것을 실현하며 살아가는 것보다 더 위대한 삶의 목적은 없으며, 이것은 오직 이 삶에 적극적으로 참여하고, 당신에게 기쁨을 주는 일은, 그것이 무엇이건 상관하지 않고, 함으로써 성취될 수 있다. 어느 누가 그러한 삶이 잘못됐거나 해롭다고 말할 수 있는가? 신은 절대로 그런 말을 하지 않는다. 신은 당신이 가는 모든 방향이며, 당신이 경험함으로 일어난 모든 것의 결과이기 때문이다. 다른 사람의 의견을 묻지 말라. 당신을 힘들게 했던 똑같은 한계를 짊어지고 살아가는 그들이 기쁨에 대해 무엇을 알겠는가?

하느님은 당신에게 기쁨을 종용한다. 그는 당신이 문을 열고 받아들이기를 기다리며, 항상 그곳에 있다. 그것이 바로 '구하라, 그러면 얻을 것이다.'라는 의미이다. 기쁨을 얻는 것은 언제나 지극히 간단하다. 당신에게 그러한 자격이 있음을 알라.

기쁨은 기쁨을 낳는다. 당신을 종용하는 기쁨을 받아들이면, 그 기쁨은 내일의 기쁨을 돋구어 언제나 더 많은 기쁨을 얻을 수 있도록 당신의 문을 열어주기 때문이다. 그러하기에 매 순간 당신을 사랑하는 것이 절대적으로 중요하다. 왜냐하면 당신을 그렇게 사랑할 때, 만일 당신이 원한다면, 다가올 순간을 위한, 길을 만들기 때문이다. 오직 자신을 사랑하고 기쁨만을 위해서 살아간다면 — 항상 당신을 행복하게 하는 것, 그것이 무엇이든 묻고, 느낌이 당신에게 말하는 것을 한다면 — 이러한 황홀하고 행복한 순간들이 당신 혼에 기록되어, 훨씬 더 많은 행복과 기쁨의 순간들을 창조할 것이다.

당신이 행복하고 즐겁게 살아가며 자신을 사랑하고 존재하도록 허용하는 순간이 많으면 많을수록, 당신은 모든 생명의 힘인 신의 존재에 더욱더 가까워질 것이다. 당신이 그러한 방식 — 삶에서 당신이 추구하는 모든 것, 그리고 자신을 행복하게 만들기 위해 추구하는 모든 것 — 으로 삶을 살아간다면, 당신은 가장 장엄한 운명에 따른 당신의 삶을 살아가는 것이다. 당신은 기적들을 이루며 살아갈 것이다. 당신은 자신과 신에 대한 사랑의 뛰어난 본보기가 될 것이다. 사람들은 당신이라는 숭고한 아름다움과 수수께끼를 경험하고 이해할 것이다. 그리고, 보라, 결론적으로, 당신은 신이 당신 자신이라는 깨달음에 의해 신의 얼굴을 보게 될 것이다. 그러면 당신은 새롭고 좀 더 장엄한 이해를 위해, 또 다른 영원한 삶의 경험을 향하여 떠날 것이다.

알다시피, 내가 이 지상에 살았을 때, 우리는 아틀란시아인에 의해, 혼이 없는 자들이라고 불렸다. 그때 우리가 찾으려고 했던 것이 무엇이었는지 아는가? 삶의 목적을 찾는 것이 아니라, 우리에게 없다고 하는 혼을 찾는 것이었다. 나는 비천한 야만인이었으며 인간을 증오했다. 그러나 기쁨이 무엇인지 발견하고 내가 기쁨을 누릴 수 있는 자격이 있음을 알았을 때, 나는 모든 생명을 유지하고 부양하는 그리고 모든 생명 자체이기도 한 본질이 되었다.

하느님에게 가는 유일한 길은 무엇이든 당신이 당신의 기쁨으로 선언하는 것이다. 그것이 당신이 그곳에 도달할 수 있는 유일한 길이다. 또한 그것만이 당신의 고향인 신으로 돌아가는 길이다.

학생: 내가 몸으로 돌아오길 선택했다는 것이 사실입니까?

람타: 당신 말고 다른 누가 선택했겠는가?

학생: 그렇다면 내가 왜 이 시간 그리고 이 장소에 돌아오기로 했는지 말해주겠습니까?

람타: 이 시간 이 장소에서 삶을 경험하기 위해서이다.

학생: 하지만, 삶에서 성취해야 할 어떤 특별한 목적이 있어서 내가 여기로 돌아온 것이 아닌가요?

람타: 특별한 목적은, 마스터, 삶을 경험한다는 특권이다.

학생: 어떤 것이라도 삶의 목적이 될 수 있습니까?

람타: 어떤 것이든지 될 수 있다. 그러나 특별한 어떤 것은 아니다. 당신은 단순히 삶을 경험하기 위해 돌아온 것이다. 당신은 당신을 선택했다. 그리고 당신이 아니어야할 이유가 없지 않은가? 당신은 이 시간을 선택하였다. 이 또한 아니어야할 이유가 없지 않은가? 지금 이때가 경험하기에 멋진 시간이기 때문이다. 생명이 지금 활짝 피었다. 당신은 지금 활짝 피었다.

알다시피, 삶은 간과되고 환영받지 못하는 경험이 되어 버려 모든 사람들이 삶을 살아가기보다는 다른 무엇을 찾으려 한다. 그러나 당신이 여기에 존재하는 첫 번째 그리고 가장 중요한 이유는 그저 사는 것이다. 이 생에서 당신이 이룰 수 있는 가장 영광스러운 일은, 마스터, 삶을 통해 사는 것이다. 그것이 진리가 아닐까? 아무리 강력한 왕일지라도 먼저 왕이 될 수 있는 삶을 가지지 않았다면 무엇이 될 수 있었겠는가? 왕이 되는 것이 그의 목적이 아니었다. 그는 그저 즐겁고 좋은 일을 하기 위해 왕이 되기로 결정했기 때문이다. 가장 중요한 것은 그가 왕이 될 수 있는 그 순간까지 삶을 살았다는 것이다.

삶에서 당신의 가장 위대한 성취는 삶을 통해 살아가는 것이다. 어쩌면 그것은 당신이 듣고 싶어하는 정확한 이해가 아닐지도 모르지만, 마스터, 당신이 죽을 때가 되면, 내 대답에 대해 고마워할 것이라 확신한다.

모든 사람들은 틀림없이 자신이 이 세상에 존재하는 어떤 특별한 이유가 있다고 생각한다. "아, 마스터," 그들이 나에게 말한다. "여기에서의 내 운명, 내 삶의 목적은 무엇입니까? 나는 내가 여기에 있어야 할 이유가 있다는 것을 압니다." 그러면 나는 그들에게 말한다, "삶." 그러면 그들은 아주 당황해하거나 실망한다. 그들은 높은 곳에 올라 황금 옷을 걸치고 머리 위에서는 새들이 노래 부르는 가운데, 자신이 인류의 구세주가 될 것이라는 정교한 계획을 듣길 기다리기 때문이다.

당신의 목적은, 마스터, 단지 살아가는 것이다. 그럴 때 당신이 무엇을 하든 그것은 당신의 아름다움을 연장하는 것이고 생명의 전반적인 확장에 기여하는 것이다. 산다는 것이 가장 중요하다는 것을 알 때, 말하자면, 그것이 목적을 이루는 방식이며, 그리고 자신이 원했기 때문에 여기에 있다는 것 — 당신이 이곳에 있기 원하고, 기분 좋은 곳이기에 돌아 온 것 — 을 알면, 다른 모든 것들이 이해될 것이다.

모든 사람들은 이러한 존재로 온다. 왜냐하면 그들은 여기에서 살고 표현하기를 원하기 때문이다. 그것이 모든 인류에게 가장 우선적인 일이다. 그것이 당신 내면에 존재하는 하느님에게 가장 우선적인 일이다. 그 후에 일어나는 일은 어떤 특정한 것이 되기 위한 의무가 아니라 가능한 한 삶의 매 순간 당신이 되는 것이다. 그것을 창조라 부르며, 당신 내면에 존재하는 신이 창조하라고 당신을 종용하기 때문에 당신이 꼭 해야만 하는 것이다.

당신은 어떤 운명에 의해서 여기 있는 것이 아니라 살기 위해서, 살아 있는 매 순간, 창조적인 자아 — 혼 — 가 당신에게 하도록 촉구하는 것을 하기 위해서 여기 있는 것이다. 그로 인해, 창조의 영역에서는 어떤 것이든 가능하다. 당신은 한 번도 들어본 적 없는 근사한 왕국, 한 번도 들어본 적 없는 삶을 창조할 수 있다. 당신은 스스로를 실현할 수 있다. 자신에게 이러한 분명한 자유를 허용할 때, 원하는 것은 무엇이든지 될 수 있다. 그리고 모든 것들을 경험할 충분한 자격이 있다는 것을 안다면, 당신은 어느 순간에라도 당신을 즐겁게 하는 충족감으로, 당신을 기쁘게 할 수 있다.

이 세상에서 깊은 깨달음을 얻은 존재들 중 일부가 왜 걸인처럼 살아가는지 아는가? 그들은 그 순간을 살며, 살기 위해 그리고 그다음 장소로 가기 위해 단지 필요한 것들만 하기 때문이다. 그들은 많은 곳에 갔었고, 많은 것을 보았고, 많은 것들을 해보았으며 그리고 많은 존재들을 만나 왔다. 그리하여 그들은 다방면에서 위대한 지식과 인간의 영에 대한 많은 이해를 수확하여 왔다. 그들은 아주 깨어난 상태 — 그리고 아주 행복한 상태 — 에 있다. 왜냐하면 그들은 선택한 대로 오고 갈 수 있는 자유를 스스로에게 부여했기 때문이다. 그러면 당신은 나에게 말한다. "그러나, 마스터, 그들은 목적이 없습니다." 그들이 살아가는 목적은 순간에 살며, 그들이 하고 싶다면 언제든지 새롭고 모험적인 무엇인가를 하면서 즐겁게 노는 것이다.

이 삶은, 마스터, 감옥이 되기 위해 창조된 것이 아니다. 그것은 다채롭고 도전적인 창조성과 표현을 위한 무대로 설계되었으며, 당신은 많은 막간과 모험을 가질 수 있다. 그것들이 항상 당신에게 기쁨을 불러일으키기 때문이다.

학생: 그러나, 람타, 어릴 때부터, 나는 여기를 떠나고 싶었고, 이곳이 아닌 다른 어딘가에 내 집이 있을 것이라는 느낌이 들었습니다.

람타: 다른 어떤 곳들이 있다. 삶은 여러 가지 다양한 차원과 장소에서 계속된다. 그것은 진리이다. 그러나 또 다른 진리를 말해주겠다. 만약 당신이 정말로 여기에서 살기를 원치 않았다면 당신은 여기로 다시 오지 않았을 것이다. 당신의 내면에 존재하는 생명력은 이곳에서 배우고, 행복을 얻기 위해

서 삶을 경험한다. 당신은 단지 이곳이 비참한 곳이라는 것을 알기 위해 여기에 온 고귀한 존재라고 생각하는가? 고귀한 존재는 그가 어디에 있든 행복하다.

　이 세상에서 사는 것이 힘들 때, 다른 곳으로 가겠다고 생각하는 것이 좋을지도 모른다. 그것이 여기에서의 삶을 좀 더 견딜 수 있게 하기 때문이다. 그러나 우리가 어디에서 어떤 선택을 하든지, 좋거나 나쁘거나, 행복하거나 불행하거나 그리고 재미있거나 지루하거나, 결국 우리가 만든다는 것을 깨닫는다. 삶에서 우리의 경험을 결정하는 것은 단지 우리의 태도와 우리의 판단이다.

　이곳은 삶을 보내기에 경이로운 장소이다. 하느님은 모든 곳에 존재하고, 모든 곳에서 번성하듯, 여기에서도 번성한다. 당신이 그것을 배우면, 지혜로운 여인이 될 것이다. 다른 곳이 존재한다는 사실을 아는 것보다 더 훌륭한 가치는 당신이 가능한 한 이 삶을 가장 장엄한 것으로 만들고, 이 삶의 모든 부분을 경험하고 사랑하는 것이다. 그러면 당신은 이 삶을 가득 채울 것이다. 그러면 당신이 이 차원을 떠날 때, 여기로 돌아와 경험할 것은 아무것도 없을 것이다.

　여기에 와서 사회적으로 받아들여지는 작은 목표 하나만을, 추구하는 사람들은, 죽음의 시간을 겪으며 이것을 했어야 했고, 저것을 했어야 했고, 이 사람을 사랑했어야 했고 그 사람과 결혼했어야 했다며 무척 괴로워하고 후회 한다. 그들이 했어야 했고 가져야 했던 모든 것들은 채워지기 전까지 지금 여기서 — 하고 — 가져야 하는 경험이 되도록 그들을 다시 여기로 불러올 것이다. 그렇게 하고 나면 그들은 더 이상 돌아오지 않는다.

　학생: 내가 했어야만 했던 것들이 있어 돌아왔겠지만, 그것들이 무엇인지 모릅니다.

람타: 마스터, 그것은 산다는 것이다. 너무 간단해서 이해할 수 없다면, 스스로 살아가야 하는 이유를 만들어 그것을 열심히 추구하도록 하라. 그것을 이루었을 때, 그러면 당신은 무엇을 위해서 살아야 할까? 또 다른 이유를 만들고, 또다시 만들고, 또다시 만들어라.

학생: 내가 이 생에 다시 돌아온 어떤 특별한 일이나, 이번에 꼭 이루어야만 할 일이 없다는 말입니까?

람타: 나의 아름다운 마스터여! 지혜는 축적된 감정이다. 그것이 바로 이 세상에 오는 모든 존재들을 각각 다르게 만드는 이유이다. 당신은 이미 경험했고 이해했던 것들을 다시는 경험하지 않을 것이다. 그러한 욕구가 없기 때문이다. 당신은 앞으로 이해해야 할 것 ― 충족감과 지혜를 약속하는 모험 ― 들에 항상 끌릴 것이다. 왜냐하면 그런 것들이 당신을 흥분하게 하고, 유혹하고, 호기심을 일으키고, 어리둥절하게 만들기 때문이다. 만약 당신이 그저 자신이 되도록 허용하고, 내면에서 나오는 충동과 느낌에 귀를 기울인다면, 경이로운 자아를 더 위대한 지혜와 영원한 기쁨으로 확장하기 위해 가장 필요한 것을 항상 경험할 것이다.

자, 마스터, 당신이 이해하지 못한 것을 제대로 이해할 수 있도록 말하고자 한다. 당신이 존재해야 할 이유가 꼭 필요하다면, 당신과 영원히 함께할 수 있는 한 가지 이유를 만들도록 하라. 그것은 자신을 사랑하는 것이다. 이 삶에서 이것을 하고 저것을 하는 목적이 성취되면 그것은 단지 다른 어떤 것으로 대체되지만, 자신에 대한 사랑은 영원히 남을 것이다. 당신과 언제나 함께 할 수 있는 유일한 것은 무엇이겠는가? 좀 더 위대한 지혜와 자신에 대한 더 깊은 사랑으로 당신을 확장 하는데 보탬이 되는 것은 무엇이든, 가장 안목 있는, 자신의 눈으로 당신을 가장 위대하게 만드는 것은 무엇이든 하는 것이다. 그리고 그것은 영원히 지속할 것이다. 당신은, 마스터, 삶의 목적이다.

모든 사람들이 반드시 이것을 해야만 하고 저것을 해야만 한다는 생각을 넘어설 때 — 혹은 그들의 운명이 이것이다 혹은 저것이다라는 생각, 그리고 이 순간에 명백하게 살아가는, 존재가 될 때 — 그들은 이전에 알았던 것들로부터 해방되어 더 원대한 행복과 더 위대한 자유를 얻게 될 것이다. 그리고 삶은 참으로 그렇게 살아야 하는 것이다.

그것이 당신의 목적이다 — 존재하는 것.

제 15 장

잊혀진 신성

"환생은 덫을 의미하지 않는다. 그것은 결코 영구적인 것을 의미하지 않는다. 그것은 단순히 참여하기 위한 하나의 게임이며, 창조력을 표현하고 생명을 탐구하는 새로운 모험이다. 하지만 당신은 육체의 감각 속에 자신을 빠르게 잃어버렸고, 몸이 당신의 정체성 전부가 되었다. 당신은 이 물질 세상에 깊숙이 빠져 불안한 자인, 인간, 두려워하는 자인, 인간, 쉽게 상처받는 자인, 인간, 죽어가는 요소가 되었다. 당신이 내면에 존재하는 강력한 본질을 잊었기 때문이다."

― 람타

한 때 인간은 자신의 유산과 혈통을 알고 있었다. 한 때 인간은 신을 자신의 존재와 분리된 본질이 아닌 나아가는 생명의 지고한 있음으로, 그리고 신성하고 영원한 자아의 생명력인 생각으로 알고 있었다. 한 때 인간은 그것을 알고 있었다. 인간은 고금을 막론하고 인간 내면의 신, 내면의 불꽃을 인류에게 상기시키기 위해 거대한 피라미드를 세웠다. 당신들의 역사를 통해 일어났던 모든 일들에도 불구하고, 피라미드는 여전히 인간의 위대함과 신성함의 상징으로 남아 있다.

태초 ─ 아직 자신이 하느님임을 알았던 때 ─ 에 인간은 같은 육신으로 수천 년을 살았다. 육체에 불멸을 부여했던 힘이 존재의 상태에서 인간이 표현했던 무한한 생각의 순수함이었기 때문이다.

인간, 신/인간은 이 세상의 첫 번째 삶의 경험에서조차 자신이 신이었다는 것을 잊기 시작하였다. 왜? 그가 이 물질의 경이로운 놀이터를 사랑했으며, 여기서 경험하고 창조하는 것이 중요한 모든 것이 되었기 때문이다. 여기에서 그의 창조성을 표현하기 위해 ─ 그리고 그 일을 할 수 있게 허용하는 도구를 유지하기 위해 ─ 노력하는 동안, 무한한 사고 작용의 아름다운 창조물인, 인간은 생존, 질투 그리고 소유의 제한된 생각들을 경험하기 시작하였다.

인간의 존재 ─ 그의 혼과 영 ─ 는 영원하다. 어느 것도 그것을 바꿀 수는 없다. 그러나 신이 자신들을 위해 지구의 진흙으로 창조한 육신은 그것을 차지한 불멸의 존재가 가진 생각에 쉽게 좌우된다. 인간이 어떠한 생각을 받아들이고 느끼도록 허용하든, 그것은 몸으로 구현될 것이다. 왜냐하면 인간의 육신은 인간 왕국의 가장 마지막 부분이며 그것에 거하는 신의 사고 과정에 의해 유지되기 때문이다.

신/인간이 생존의 태도를 경험하기 시작하자, 몸 안의 영원한 생명력을 점화시키는 생각의 힘이 줄어들기 시작했다. 그러자 몸이 약해지기 시작했다. 몸이 약해지기 시작하자, 두뇌로 사고 하는 인간의 능력이 줄어들었다. 사고 능력을 잃기 시작하자, 두려움이 인간의 의식을 독점하기 시작했다. 두려움의 요소가 인간의 사고 과정 안에서 하나의 태도가 되면서, 육신은 두려움의 힘과 영향으로 인해 질병, 질환, 죽음의 고통을 겪기 시작했다.

당신들의 세상에 일어났던 최초의 문명은 위대한 깨달음을 부여받았으나, 그들의 사고 과정의 무한함은 생존에 대한 태도와 죽음에 대한 기대로 제한되어 희미해지기 시작했다. 죽음에 대한 두려움에서 비롯된, 생존 태도는, 다음 세대에 생존 본능으로 전달되었다. 인간이 생각하는 것은 무엇이든 세포와 유전자 구조 안에서 패턴화되기 때문이다.

신은 자신의 창조성을 경험하기 위해 몸의 형상을 가지고 물질의 한계 속으로 들어왔다. 그러나 인간으로서의 신은, 이 세상에서 자신의 잠재력을 제한하는 태도를 경험하게 되면서, 자신도 모르는 사이에 육신의 경험 속에 갇혀버렸다. 그 신의 첫 번째 육신이 죽음을 경험했을 때, 틈새라는 곳으로 들어갔기 때문이었다. 틈새 — 빛의 차원이지만 — 는 전지한 신의 의식적인 이해로 돌아가거나, 혹은 물질의 세상으로 돌아올 수 없는 장소이다. 그의 사고 과정 안에 한계라는 변형된 태도를 지니게 되었기에, 신은 더 이상 무한한 사고의 차원으로 돌아갈 수 없게 된 것이다.

신은 삶의 성장을 계속하기 위해 이곳 — 그리고 물질로 이루어진 이 놀이터가 경이로운 경험이 되는 곳임을 발견한 — 에 다시 돌아오기 간절히 원하였다. 그래서 신은 물질 세상에서 계속 자신을 표현하고, 전생에서 자신의 사고 과정을 변형케 했던 모든 제한적인 생각들을 조화롭게 하기 위해, 자기 자손의 씨를 통해 다른 육신을 받아 여기로 돌아온 것이다. 그러나 신이 이 세상의 물질적인 면을 더 많이 경험하기 시작하면서, 더 많은 변형을 경험하였고 한계 속에 점점 더 깊이 빠졌다. 그리하여 보여주는 세상에서 윤회가 시작됐다.

신이 인간으로 계속해서 여기 돌아오면서 — 삶에서 그들의 모험을 계속하기 위해 — 이 세상은 점차 그들의 삶 전부가 되어, 그들은 자신의 계보와 신성함을 잊어버렸다. 더 이상 신을 전체성으로, 모든 생각으로 보지 않았다. 그들이 원한다 해도, 더 이상 순수한 사고의 차원, 무한한 존재, 태초부터 그들이 표현했던 의식 차원으로 돌아갈 수 있는 지식을 지니고 있지 않았다. 그들은 단지 제한적 범위에서, 제한적 경험만을 할 수 있다고 자신들을 합리화했다. 그리하여, 다른 차원의 표현된 의식은 한정된 천국, 한정된 영역으로 알려졌다. 물질 세상에서, 그들의 육신이 죽어서야, 모든 차원이 가지고 있는 가장 원대하고 단순한 것들을 잊어버렸던 존재들은 그들이 생각하는 행복과 집합적 태도에 따라 삶을 경험할 수 있었다.

인간으로서, 신들이, 더 이상 그들이 신성하고 불멸하며 자신의 내면에 모든 힘과 모든 지식이 있다는 것을 알지 못하자, 주위 사람들의 에고에 쉽게 휘둘리기 시작했다. 곧 자신들만의 신비한 힘과 헤아릴 수 없는 근원의 지식을 통해, 신을 알고 있다고 말하며 다른 사람들 위에 올라서려는 존재들이 나타났다. 인간이 두려워하며 무리 지어 사는 창조물이 되면서, 예언자나 예지자 그리고 사제들은 종말이나 위험에 대한 예언으로 자신들의 권력을 강화하려고 하였다. 예언자들은 사람들이 그들의 말을 듣지 않으면, 저주를 하거나 천벌을 받을 것이라고 위협하였다.

그리하여 인간을 내면의 아름다움과 영원한 신성함으로부터 더욱 분리시키기 위해 이 세상에 종교가 나타났다. 종교는 아주 영악했다. 무기로 사람들을 다스리거나 지배할 필요가 없기 때문이었다. 그것은 단지 신은 그들의 손에 닿지 않는 아주 먼 곳에 있으며, 그들의 내면에 전지전능한 힘이 없다는 것을 계속 가르치면 되었다.

혼은 영원한 기억이다. 모든 생에서 일어난 모든 경험들을 다 기억한다. 무엇이든지 여러 번 반복해 듣는다면 ─ 아무리 변형된 이해라 할지라도 ─ 그것은 결국 확고한 현실이 될 것이다. 왜냐하면 인간은, 진리를 추구하는 데 소심하고, 인정받기를 간절히 원하여, 어떠한 어리석은 말도 들을 것이기 때문이다. 그래서 신이 인간의 바깥에 존재하며 인간의 혼 안에는 비천함과 사악함이 존재한다고, 오랜 세월 동안 지속적으로 말한다면 혼의 기억 속에서 확고한 이해가 되어, 그것들을 바꾸기 매우 힘들 것이다. 바로 그러한 일들이 지난 수천 년 동안 이 세상에서 일어났다. 이러한 단순한 존재들은, 한 생에서 다음 생으로 계속 태어나면서, 끊임없이 이런 가르침의 지배 아래 놓였다. 그들은 결국 자신들이 사악하다는 ─ 그리고 신은 그들 존재 밖에 있다는 ─ 이해에 길들여져, 자신들은 신성하지 않으며, 또한 신에게 돌아가는 유일한 길은, 예언자나 성직자 그리고 종교 단체의 계율을 따르는 것이 절대적이라고 알게 되었다.

자신의 앎이 진리의 본질임을 더 이상 받아들이지 않았을 때, 인간은 주권과 힘을 포기하였고 공동체의 일원이 되어 버렸다. 그리하여 수 세기 동안 종교와 정부가 사람들을 획일적으로 지배할 수 있었다. 그러나 사람들은 획일적이지 않다. 모든 사람들은 실현해야 할 고유한 운명과 경험해야 할 모험을 가진 독자적인 신들이다. 인간은 그들 자신만의 모험을 할 권리가 있다.

자신이 비천한 죄인이며 하느님이 자신 밖에 존재한다는 가르침을 받아들였을 때, 인간은 자기 자신을 신으로부터 완전히 분리시켰다. 그러한 이해와 믿음을 받아들여 인간은 계속해서 육신으로 돌아왔다. 왜냐하면 자신이 신성한 존재가 아니며 하느님이 자신의 내면에 존재하지 않는다는 생각을 하는 한, 그는 자신의 신성함을 깨닫고 다시 한 번 존재의 상태로 살아갈 때까지 수백만 번 태어나게 되기 때문이다.

환생은 덫을 의미하지 않는다. 그것은 결코 영구적인 것을 의미하지 않는다. 그것은 단순히 참여하기 위한 하나의 게임이며, 창조력을 표현하고 생명을 탐구하는 새로운 모험이다. 하지만 당신은 육체의 감각 속에 자신을 빠르게 잃어버렸고, 몸이 당신의 정체성 전부가 되었다. 당신은 이 물질 세상에 깊숙이 빠져 불안한 자인, 인간, 두려워하는 자인, 인간, 쉽게 상처받는 자인, 인간, 죽어가는 요소가 되었다. 당신이 내면에 존재하는 강력한 본질을 잊었기 때문이다. 그리하여 당신은 죽음을 배웠지만, 삶은 잊었다. 당신은 슬픔을 배웠지만, 기쁨은 잊었다. 당신은 인간을 배웠지만, 신은 잊었고, 어떠한 것을 선택하든 환영을 창조하게 하는 당신의 지고한 지성을 잊었다.

당신들 모두는 이 세상에서 수많은 생을 살았다. 당신들 중 일부는, 3만 번 이상의 생, 일부는, 만 번 이상의 생, 일부는, 단지 두 번의 생을 살았다. 그렇게 수많은 생을 살고 죽었다. 그리고 이 세상에서 당신의 삶들이 단지 하나의 꿈, 하나의 게임, 삶의 모험에서 하나의 환영이었을지라도, 그러한 삶들이 당신을 몹시 타락시켰다. 당신은 가족, 사회, 종교, 그리고 정치권력에 의해, 당신이 비천하며 신은 닿을 수 없는 곳에 존재한다고 끊임없이 주입 받으며 수많은 생을 살아왔고 그것은 당신의 사고 과정에서 확고한 현실이 되어버렸다.

지금까지도 당신들 대부분은 신이 당신이라는 것과 자신의 내면에 모든 것을 알 수 있고, 될 수 있는 힘이 있다는 것을 여전히 알지 못한다. 그래서 선생이나 종교 혹은 다른 사람들이 당신 인생을 지배하게 하고 당신을 대신해서 진리를 해석하게 한다. 오랫동안 전해 내려온, 하느님과 왕국은 진정으로 당신 내면에 존재한다는 이 간단한 진리를 왜곡하고 복잡하게 한다. 이보다 더 위대한 진리가 쓰여질 수 있을까? 그러나 많은 사람들이 그것을 알지 못하고, 신을 만나거나 깨달음을 얻기 위해 반드시 종교적 교리나 확실한 방법 — 의식, 기도, 진언, 금식, 명상 — 을 따라야 한다고 여전히 생각한다. 이러한 일을 많이 하면 할수록, 성취하기 위해 많은 노력을 해야 하기 때문에, 당신은 되고자 하는 것이 되지 않았다는 것과, 당신이 추구하는 이해와 신의 사랑으로부터 멀리 떨어져 있다는 것을 당신의 혼에게 더욱더 확신시킨다.

종교가 틀린 것은 아니다. 종교적 가르침을 세우고 가르침을 발전시킨 자들 역시 당신의 사랑하는 형제들이다. 그들은 자신의 신성함과, 그들 자신의 가치 그리고 힘의 이해를 추구하기 위해, 형제들을 노예화했고, 그리하여 그들 스스로가 노예가 되었다. 그들이 해왔던 것은, 그처럼 해로웠지만, 그것은 그들의 경험과 이해를 위한 그들만의 진리였다. 나는 모든 사람들을, 성직자나 예언자까지도, 사랑한다. 왜냐하면 그들 또한 신이기 때문이다.

의식을 행하고 교리를 따르는 것이 틀린 것은 아니다. 그러나 결코 완벽하다는 느낌이 들지 않을 것이다. 왜냐하면 당신 내면의 소리 — 그것은 신이다 — 가 당신은 이미 당신이 도달하려고 노력하는 바로 그것이라고 말하기 때문이다.

나는 단지 더 나은 길이 있으며 당신은 이미 신이라는 것을 말해주기 위해 이곳에 돌아왔다. 또한 당신은 한 번도 실패하지 않았다, 그리고 지금껏 한 번도 잘못한 적이 없다, 그리고 당신은 불쌍하고, 비천한 창조물이 아니다, 또한 나는 당신은 죄인이 아니며, 놀랍고 어리석게도 악마라 부르는 것이 없다는 것을 말해주기 위해 돌아왔다. 당신이 이러한 것들을 깨달으면, 행복해질 수 있다. 이것이 바로 신의 모습이다. 하느님은 화내고, 슬퍼하고, 명상하고, 신앙심 깊은 창조물이 아니다. 그것은 본질적으로 완전하고 무한한 기쁨이다.

말하건대, 신은 당신의 내면에 존재한다. 당신의 모든 생에서 신은 그곳에 존재해 왔다. 당신은 이미 신이다. 그것은 신성하며, 창조적인 지성으로 늘 당신 존재 안에 함께 있었기 때문이며, 당신이 한계를 경험할 때도 당신을 사랑했고, 다시 무한함으로 돌아갈 때에도 당신을 사랑할 본질이다.

한계는 하나의 모험이었다. 그것은 하나의 경험이었다. 그리고 이 세상에 있는 거의 모든 사람들이 그것을 아주 많이 경험하는 중이다. 불행하게도, 당신은 더 나은 것이 있다는 것을 잊어버리고, 한계를 삶의 일부로 만들었다. 당신이 무한한 생각을 통해 육신은 물론 모든 우주와 차원을 초월할 수 있다는 것을 알기만 했다면, 다시는 제한하는 선택을 하지 않았을 것이다. 그것을 알고 모든 생각을 받아들이도록 허용했다면, 당신은 삶에서 가장 원대한 꿈을 넘어선 기쁨과 평화를 누렸을 것이다.

생각은 궁극적인 창조자이다. 당신이 생각하고, 느낄 수 있게 허용하는 것은 무엇이든, 삶의 현실이 된다. 제한적인 사고 범위를 뛰어넘어 받아들이는 모든 생각마다, 현실로 구현되어 당신의 삶을 넓히거나 확장시킬 것이다. 받아들이는 모든 것은 제한적인 인간에서 무한한 신이 되기 위해 훨씬 더 무한한 생각을 받아들이도록 당신의 사고 과정을 개방할 것이다.

당신 존재의 내면에서 비천하다는 것이 앎이 되었듯이, 당신 존재의 내면에 신이 있음을 안다면, 당신의 모든 것은 신이 될 것이다. 순수한 생각의 일곱 번째 단계의 이해라는, 존재의 궁극적 상태 — 당신 모든 것의 궁극적 힘의 상태 — 로 돌아가기 위해 유일하게 필요한 것은 단지 하느님이 당신 내면에 존재함을 아는 것이다. 왜냐하면 당신이 신이라는 기억은 당신 존재의 혼 안에 자리 잡고 있기 때문이다. 그것은 혼 안에 잠자고 있으며 당신이 알아차리길 기다리면서 경험된 현실이 되길 준비하고 있다. 앎으로써 그렇게 될 것이다. 당신이 신인 것을 알 때, 그러한 확신의 느낌은 당신의 앎이 진리라는 것을 가르칠 경험과 이해를 창조할 것이다. 어느 누구도 당신에게 그 앎을 줄 수 없다. 오직 자신만의 사고 과정과 감정적인 실체를 통해 그 이해를 성취할 수 있다.

신과 당신이 하나라는 것을 알 때, 자신이 신으로부터 분리되었다는 믿음을 당신의 사고 과정에서 없애고 당신은 다시 한번 당신의 신격과 하나가 된다. 모든 지혜, 모든 앎의 지성인 하느님이 생각 전체 — 만물의 근본 — 임을 깨닫고, 당신 자신이 모든 생각이 되도록 허용할 때, 당신은 신이며, 모든 것이다. 그러면 당신의 자유, 당신의 위대함, 그리고 당신의 영광으로 되돌아간다. 그러면 이 천국으로 계속 돌아올 필요 없이 더 위대한 천국으로 가서 당신을 기다리는 더 광대한 모험을 계속할 수 있다.

말하건대, 당신이 이 세상에서 당신 자신, 당신 존재 자체가 되는 것 외에 반드시 이루어야 할 것은 아무것도 없다. 왜냐하면 신은 존재 그 자체이며 당신이 신이라는 앎은 당신이 존재의 상태에 있을 때 성취되기 때문이다. 그것은 모든 생명의 있음이다. 존재의 상태 — 어떻게 자신을 표현하든, 그저 당신 자신이 되는 것을 허용하는 상태 — 가 되는 것은 완전하게 하느님으로 되는 것이며, 이것은 순간적으로 이룰 수 있다. 순간적으로 깨달아진다.

신은 지금 이 순간이다. 영원함은 지금 이 순간이다. 영원한 신이 되는 것은 지금 이 순간의 영원함으로 온전히 사는 것이다. 그것이 바로 신이 살아가는 방식이기 때문이다. 그저 존재하라. 그러면 당신은 모든 생명의 있음 그리고 나아감과 하나가 되며, 당신의 몸은 그러한 나아감이 되기 위해 스스로 상승할 것이다. 그러면 죽지 않아도 되고 모든 차원을 넘어, 모든 것들과 모든 생각의 귀결점인, 7 차원으로 갈 수 있다. 이것이 진리이다.

인간은 한계에서 나오기 시작했다. 당신의 세상과 자신의 삶에 대하여 궁금해하고, 왜 자신들이 정부, 교리, 사회의 위선에 노예가 되어야 하는지, 그것들이 결국 자신들을 어디로 이끌지, 의문을 갖는 사람들이 많아졌기 때문이다. 그들은 제한된 의식의 막, 그 너머를 바라보며 자신과 다른 사람들을 사랑하기 시작했다. 자신과 모든 사람들의 내면에는 부드럽고 사랑스러우며 지혜로운 본질이 있다는 이해가 깨어나기 시작했다. 인류를 오랫동안 지배해 온 모든 예언 — 모든 전설과 모든 두려움들 — 은 실제로 일어나지 않았으며 그들은 그러한 예언보다 훨씬 더 오래 산다는 것을 깨닫기 시작했다. 그들은 자신이 누구이고, 그들이 신을 사랑한다면, 왜 신을 두려워해야 하는지에 대해 의문을 나타내고 있다.

이 세상의 의식은 변화 하고 있는 중이다. 한 세대에서 다음 세대로 그리고 다음 세대로 인간을 짐승 같은 창조물이 되게 한 제한적인 이해가, 자신인 지고한 신의 본질이 되는 것을 허용하도록 향상되고 있다.

새로운 배움이 일어나야 할 때이다. 그것은 사실 전혀 새로운 것이 아니다. 당신의 혼 깊숙이, 진리가 무엇인지 알게 될 것이다. 왜냐하면 그 진리가 굳어버린 독단적인 신념을 넘어서 줄곧 있었던 생각과 이해의 천국을 보게 할 것이기 때문이다. 당신의 목을 조르고 있던 줄이 풀리고, 기쁨의 느낌이 당신의 혼에 흘러넘치면, 존재의 상태에서 당신이라는 훌륭한 신이 되기 시작할 것이다.

당신들의 이 시대는 끝나가고 있다. 지금까지는 육신의 시대였다. 새로운 시대가 이미 도래하였으며, 그것은 빛의 시대, 순수한 영의 시대, 신의 시대이다. 이 시대는 모두가 동등하며 하늘의 왕국이 인간의 내면에 항상 존재한다는 것을 아는 때이다. 빛의 시대는 인간을 무한한 생각으로, 사랑과 기쁨으로 그리고 자유로운 존재 안에서 숭고한 왕국으로 돌아가게 할 것이다. 새로운 왕국을 가질 자들은 독재자나 폭군들이 아니라 자신들의 정체된 한계를 초월한 평화의 선구자들이며, 그들은 이렇게 말한다. "나는 신이다, 그리고 내가 보는 모든 사람들을 사랑한다. 나는 내가 보는 모든 것이며, 나 자신을 사랑하기 때문이다." 이러한 이해에 도달한 개인은 그 자신의 빛만으로도 의식 전체를 향상시킬 것이다. 그리고 당신들 하나하나는 지혜의 진주로 가득 찬, 무한함의 상태로 돌아갈 것이며, 그리하여 다가오는 영원에서 더욱 더 현명하게 창조할 수 있게 허용할 것이다.

이 세상에서 당신들의 삶은 하나의 거대한 환영이었다. 그것들은 하나의 위대한 꿈이었다. 그러나 당신은 신을 이해하고 배웠던 꿈에서 깨어날 것이다. 모든 사람이 그럴 것이다. 어느 날 당신은 구름 가득한 하늘을 바라볼 것이다. 당신의 하늘을 바라보면서, 하늘 전체에 눈 부신 빛들이 여기저기 반짝거리는 것을 보게 되면, 별들이 구름으로 내려와 둥지를 틀었다고 생각할 것이다. 당신이 보는 것을 모든 인류가 볼 것이다. 그것은 당신이 잠에서 깨어나게 도와줄 것이며, 그동안 내가 가르친 것이 정말로 위대한 진리이자 장엄한 현실이라는 것을 깨닫게 할 것이다.

학생: 태초에 신과 우리를 결속시켰던 것으로부터 우리가 어떻게 분리되었는지 알고 싶습니다. 어떻게 그런 일이 일어날 수 있었나요?

람타: 태초에, 당신들 모두가 하느님과 하나라는 것을 알았을 때, 당신의 에고 — 당신의 정체성 — 는 개별적인 고유한 신이었으며, 삶은 모든 생각을 경험하는 감정적인 모험이었다. 왜냐하면 신은 모든 생각이기 때문이다. 당신의 에고는 순수하고 변형되지 않았었다. 당신이 어떠한 생각을 받아들이거나 신이 당신 존재로 되는 것을 제한하는 어떠한 태도도 없었기 때문이

다. 당신은 지금 이 순간의 존재로 영원하며 하느님으로부터 생각을 받아, 그것을 감정으로 바꾸고, 그 감정을 다시 창조력으로 구현할 수 있는 당신의 능력이 무한하다는 것을 알고 있었다.

당신들 모두는 어린아이와 같았다. 당신 존재의 순수함을 변형시키거나 표현을 제한하는 어떠한 태도도 소유하지 않았기 때문이다. 당신은 두려움을 몰랐다. 당신은 더 우월하거나 열등하다고 판단할 줄 몰랐다. 당신은 경쟁심이나 질투 혹은 집착을 몰랐다. 당신은 죽음을 몰랐다. 당신들은 어린아이와 같았다. 이러한 태도 중 어떠한 것도 경험하지 않았기 때문이다.

당신, 신들은 태초부터 생각에서 일어난 감정을 창조적인 형상으로 창조하고 표현하려는 강렬한 의욕이 있었다. 그러한 힘이 누구에게는 더 많이 주어지거나, 다른 누구에게는 더 적게 주어지지 않았다. 모두가 동등했다. 당신이 창조하기 시작하면서, 당신의 내면에 경쟁심이 일어났고, 다른 사람들의 창조적인 생각을 취해 더 위대한 어떤 것으로 확장하려는, 생각에 생각을 거듭하면서, 더 많이 창조하려는 의욕이 일어났다. 이 세상에 왜 이리 수많은 꽃들이 있다고 생각하는가? 당신은 한 종류의 장미만으로도 충분하다고 생각할 수 있다. 그렇다면 거기에 얼마나 더 많은 나비가 있을 수 있었겠는가?

신들은 왜 경쟁적으로 경주하게 되었을까? 창조하려는 그들의 강한 의욕 때문에, 자신의 창조성이 다른 이들의 창조성보다 훌륭하지 못하다고 생각하기 시작했다. 그리하여 그들 자신을 다른 존재보다 열등하다고 여기기 시작했다. 그러한 열등감을 보상하기 위해, 신들은 서로의 창조물을 능가하려고 했다. 그들의 사고 과정이 경쟁적인 창조성에 휘말릴수록, 그들은 더욱더 자신들을 완전한 있음보다는 부족한 존재로, 그리고 모든 것들의 동등함인 신으로부터 분리된 존재로 보았다.

알다시피, 생명으로부터의 분리와 불완전이라는 생각은 오직 어떤 것이 다른 것보다 더 위대하게 보일 때만 일어난다. 그러나 삶이라는 현실에서는, 어떠한 것도 다른 것보다 더 위대하거나 열등하지 않다. 모든 것들은 단지 동등한 있음이다. 그래서 모든 것들은 완전한 상태, 더 적절하게는, 있음, 존재의 상태에 있다. 어떤 것을 진정한 있음의 상태인 완전함보다 열등하게 만드는 것은 오직 그것을 바라보는 마음의 태도이며, 집단적인 사고이다.

당신이 인간의 육신으로 들어갔을 때 당신의 가장 극심한 분리가 일어났다. 그때까지는, 비록 당신이 자신을 모든 것으로부터 분리하기 시작했을지라도, 여전히 자신의 신격과 존재의 불멸성을 자각하고 있었다. 그러나 당신이 자신을 낮춰 육신으로 들어가 세포 물질의 현실을 경험하기 시작하면서, 배고픔, 추위, 그리고 생존, 당신이 되었던 것을 유지하기 위한 투쟁과 같은 물질의 작용에 스스로를 가두었다. 당신은 이제 세포 물질과 엉키게 되었고 그것은 물질의 생존을 허용하는 창조 안에서 프로그램 되었다. 위대한 불멸의 존재와 물질 메커니즘이 결합하여, 그 자신의 구조물을 생존에 적응시키면서, 존재의 에고 상태가 심하게 변형되었다. 바로 그때 지식의 나무, 변형된 에고가 탄생하였다. 그것은 이 세상에서 두려움, 경쟁심 그리고 질투라는 감정을 경험하게 되어 — 당신의 혼에 기록되고, 몸의 세포구조에 프로그램 되어 — 당신의 변형된 에고를 더 강렬하게 만들었고, 당신이 신성하며, 불사이며, 모든 생명과 하나라는 앎을 더 변형시켰다.

학생: 자신이 항상 영원하다고 알았던 신들이, 왜 결국 죽는다고 믿게 되었는지 아직도 이해할 수 없습니다. 그들은 어떻게 죽음에 대한 생각을 처음 받아들이게 되었습니까?

람타: 그들은 자신이 창조한 것들로부터 변화의 과정 — 죽음이라는 것 — 을 받아들이고 이해하였다. 알다시피, 여기에 창조된 많은 것들은 서로

먹이가 되도록 설계되었다. 각각의 창조물이 자신을 보존하기 위해 필요한 물질은 그 자신과 같은 물질이어야만 했다. 이것을 당신들은 먹이사슬이라 한다.

그리하여 꽃은 신들이 창조한 동물의 먹이가 되었다. 동물이 식물을 먹을 때, 그 식물을 창조한 신들은 끔찍하게도 그들의 창조물이 자신의 눈앞에서 분해되어 다른 에너지로 바뀌는 것을 지켜보았다. 동물들은 또 다른 신들에 의해 창조된 더 강한 다른 동물들의 먹이가 되었으며, 그리고 계속해서 이어졌다. 이것이 신들이 서로 경쟁하기 위해 선택한 방식이었다. 알겠지만, 당신의 창조물이 다른 신의 창조물에 의해 먹히고 소화되는 것은 가장 굴욕적이었다.

인간의 육신을 설계하고 진화시키는 과정에서, 마스터, 죽음은 더 많이 이해되었다. 신들이 여기에서 창조했던 모든 것들의 일부가 되었던 것처럼, 인간이라 불리는 창조물을 완전하게 하기 위해 그들은 인간의 일부가 되었다. 처음의 인간은 매우 민첩한 창조물이 아니었기에, 인간의 몸은 계속해서 다른 동물의 먹이가 되었다. 그리고 그 당시의 동물은 인간을 아주 맛있는 것으로 여겼다. 그런 과정을 통해서, 신들은 죽음이라는 작용을 경험하고 이해하게 되었다. 그러한 것을 이해하자 그들은 육신을 개선하였고 그들 자신의 또 다른 창조물인, 육식동물에게 죽임당하지 않도록 그것을 더 강하게 만들었다.

인간이 자신의 존재 밖에 있는 신과 사랑에 빠지기 시작한 것은 신들이 이 세상과 그들이 여기에서 창조한 모든 것들을 경험하고 교류하고 싶어하는 욕망에 애착을 가지게 되었을 때부터였다. 신들은 식물들이었다. 그들은 동물들이었다. 그들은 곤충들이었다. 그들은 모든 것들이었다. 그러나 모든 것들을 지배할 수 있는 형상을 갖는 것, 그것이야말로 신들의 궁극적인 사랑이자 창조였다.

　신들이 마침내 자신을 남자와 여자로 형상화 — 모든 주의를 창조물로부터 도망치고 그것을 능가하는 것에 집중하여 — 했을 때 그들은 변형된 상태의 생명이 되었다. 아이러니하게 그들을 먹이로 취하는 동물들로부터는 벗어날 수 있었으나, 그들의 의식을 몰두하게 한 생존의 태도에서는 벗어날 수 없었다. 결국 그들의 육체를 무너뜨린 것은 생존의 태도와 죽음의 두려움이었다. 두려워하는 것이 무엇이든, 그는 그것이 되기 때문이다.

　알다시피, 신들이 창조했던 모든 것들 중에서, 두려움보다 강한 파괴력을 가진 창조물은 없다. 왜냐하면 두려움의 그늘에서 어떤 것도 생명을 표현할 수 없기 때문이다.

　인간으로서, 신들이 죽음을 경험하자, 그들의 유일한 현실과 유일한 욕구는 이 물질의 낙원을 계속 경험하며 이 왕국에서 좀 더 많은 창조를 성취하는 것이었다. 그들의 에고가 강했기 때문이다. 그리하여 신들은 점점 더 좋아지기 위해, 자신에게서 발견한 부족함을 채우기 위해, 또한 여기에서 더 나은 창조를 경험하기 위해 열정적으로 돌아왔다. 이처럼 더 나아지려는 태도와 욕망으로 인해, 그들은 물질의 차원에 너무 깊이 빠져 자신이 신성하며 불멸의 존재라는 것을 잊어버려 죽거나 죽어가는 대상이 되었다. 신들은 창조를 설계 하면서, 모든 생명이 하나라는 이해 — 세상과 사랑에 빠지기 전에도 있었던 — 를 더 위대한 것, 더 많은 것을 창조하고자 하는 경쟁심으로, 불행하게도, 잊어버리기 시작했다.

　당신에게 이것을 말하겠다, 마스터. 당신의 하나됨은 진실로 오직 한 순간 — 숨 한 번 — 이다. 당신 존재의 깊은 곳에서 어느 것과도 더 이상 분리되기 원치 않을 때, 당신은 더 이상 분리되지 않을 것이다. 당신을 모든 생각으로부터 분리시킨 것은 단지 당신의 태도, 당신의 제한적인 생각, 그리고 당신의 왜곡된 정체성이다. 당신의 생각에서 판단을 제거하고 전체 생각으로 돌아가면, 결코 길을 잃어버리거나 분리되지 않을 것이다. 그렇게 되면 당신은 하느님과 일치되기 위해 길을 찾아 헤매는 많은 사람들에게 빛이 될 것이다.

학생: 람타, 우리 모두가 실제로 완벽하고, 우리가 신이며, 영원히 산다는 것은 이해할 수 있습니다. 하지만 때때로 나를 걱정하고 지켜야 한다는 느낌이 줄어드는 것 같지는 않습니다. 진정한 나를 자유롭게 표현하지 못하게 하는 자신에 대한 환영, 조심해야 한다는 느낌을 어떻게 극복할 수 있을까요?

람타: 당신도 알다시피, 마스터, 동물에게는 자기 보존을 위한 경이로운 능력이 주어졌다. 생존에 대한 원시적 본능이 그들의 세포 구조에 프로그램되어, 그들은 살아가고 경험하고 진화할 수 있다. 인류에게도 이러한 원시적 본능이 주어졌으며, 그것은 자손에서 자손으로 유전되어 왔다. 인류는 벌거벗은 채 태어나기 때문에 자신을 보호하기 위해서 생존에 대한 인간의 본능이 몸의 세포 구조 안에 담겨 있다. 그들에게는 날카로운 송곳니도, 뿔도, 날쌘 다리도, 민첩한 사지도, 혹은 뛰어난 청력이나 시력도 주어지지 않았다. 매우 섬세하고, 뛰어나며, 자기 스스로 충족하는 존재인 인간의 자기 보존을 위한 가장 위대한 본능은 조심하고 숨는 것이다. 인류에게는 이러한 본능이 주어졌으며, 만일 이것이 없었다면 자신의 진정한 모습인 경이로운, 사고하는, 진화하는, 창조적인 육신을 갖출 때까지 살아남지 못했을 것이다.

당신이, 여기에 있는 모든 사람들과 마찬가지로, 물질의 밀도를 경험하기 위해 영의 자유를 스스로 상실했을 때, 이 세상의 물질로 표현하기 위한 조건의 하나인, 유전적이고, 본능적인 패턴과 뒤엉키게 되었다. 결국 인간은 두려워하고, 무리 짓고, 의심하고, 아주 조심하게 되었다. 이것은 위대한 진리이다.

조심하는 것은 환영이 아니다. 여기서 인간으로 살아가기 위한 하나의 조건이다. 이것은 결코 당신의 내면에서 용서되어야 하는 것이 아니라 육신을 보존하기 위한 필수적인 본능으로 받아들여야 하는 것이다. 하지만 이것에 대해 좀 더 이해해야 한다. 이제 아주 작고, 경이롭고, 창조적인 불꽃인 당신이 여기에서 진화할 수 있도록 당신의 몸이 당신을 보호하고 있다는 것을 깨달았으니, 육체를 넘어 당신의 영과 혼의 불멸의 개념을 이해할 때이다. 당신이 그렇게 한다면, 이제는, 당신 존재의 영이 무한한 사고의 이해로 당신의 몸을 제어하고 보호할 때인 것이다.

지금 해야 할 일은 굳건하고, 확실하고, 독존적인, 나(I Am), 신이 되는 것이다. 그렇게 되기 위해 당신이 정복해야 할 유일한 환영은 그렇게 될 능력이 없다는 환영이다. 그렇다면 그 환영을 어떻게 지울 수 있을까? 단지 그것을 당신의 사고 과정에서 없애면 된다. 당신이 생각으로 그리고 느낌으로 하는 것은, 비록 그것이 이 세상에서 결코 물질적인 현실로 구현되지 않는다 하더라도, 모두 현실이다. 나는 신이고, 나는 원리이다는 생각을 받아들이면, 당신은 이미 그것이 되어버린다.

당신 존재를 사랑하라, 마스터. 그것을 사랑하라. 당신은 영원하며, 당신은 신이라는 것을 알라. 그것을 알라. 그것을 느끼라. 그 생각을 받아들이라. 오랜 세월에 걸쳐 당신을 보호해온 본능적인 유산이 당신은 죽는 것이 아니라 진정 불멸의 존재이며, 제한된 인간이 아닌 무한한 신이라는 앎과 직면하면, 당신의 혼은 육체의 세포 구조에 이러한 무한한 생각을 전달할 것이며, 세포들은 환호할 것이다. 그렇게 되면 당신의 몸은 위대한 신이 갖는 무한한 생각을 기꺼이 따를 것이다. 당신의 육체가 본능적인 생존을 위해 불안정함과 신중함을 가졌기에, 자신의 세포 안에 무한한 신을 가질 것이다. 그리하여 물질적인 육체는 나 자신인 신 전체와 일치하여 하나를 이룰 것이다.

좀 더 당신이 되려면, 마스터, 단지 당신에게 있는 불확실함의 경계를 넘어서라. 그리고 그동안 육신에 의해 보호받아왔던, 당신이, 이해의 범위 안에 있는 모든 것들에 대한 지배권을 주장할 때, 몸은 기쁘게 따를 것이다.

당신 자신을 사랑하라, 마스터, 완전하게. 삶을 사랑하라. 삶의 모든 것을. 그렇게 할 때, 확신하건대, 단지 그러한 태도만으로도 한순간에, 당신의 신과 하나됨으로 돌아오게 될 것이다. 필요한 것은 단지 이것뿐이다. 그저 알라.

제 16 장

환생

"당신은 신을 경험하고, 자신을 이해하며, 내 존재의 원칙으로 살기 위해 여기로 돌아왔다. 내 존재의 원칙이란 존재하는 모든 사람, 모든 태도, 모든 감정, 모든 성격과 신이라는 생각의 영역에서 창조되었던 모든 환영의 상황을 전부 포함한다."

— 람타

학생: 어떤 특별한 어떤 질문이 있어서 온 것은 아닙니다. 당신이 누구에게 무슨 말을 하건 우리 모두에게 적용된다고 생각합니다.

람타: 그렇다, 그리고 그것은 항상 그래 왔다.

학생: 하지만 두 가지 일반적인 질문을 하려고 합니다. 당신은 우리가 이 세상을 떠나면, 항상 더 나은 곳으로 간다고 말했습니다.

람타: 그렇다. 이제 당신이 이 강당을 떠나면, 당신 존재의 더 위대한 순간으로 갈 것이다. 왜냐하면 당신의 삶은 매 순간 조금 전보다 더 근사하게 발전하기 때문이다.

학생: 그렇다면, 환생의 이치에 대해서 말해줄 수 있습니까? 내 말은, 우리가 더 나은 곳을 향해 여기를 떠나지만 다시 여기로 돌아오는 이유가 무엇입니까? 우리는 무엇인가 배우기 위해 여기로 보내진 것입니까?

람타: 우선, 마스터, 왜 당신은 여기에서 미래에 좀 더 나은 것이 당신을 기다리지 않을 것이라고 생각하는가?

학생: 여기에 사는 것이 투쟁처럼 보이기 때문이며, 여기에는 살면 많은 고통과 슬픔을 겪어야 합니다. 우리가 직접 엄청난 고통을 겪지 않는다 할지라도, 주위에서 그러한 일들이 일어나는 것을 봅니다. 여기에 많은 고통이 있는 것이 분명하고, 앞으로 더 좋아질 것이라고 상상하기 어렵습니다.

람타: 알다시피, 이곳에서의 마지막 고통은 굶주림이었고, 모든 사람들은

항상 배가 고팠다. 주린 배를 채울 한 덩어리의 빵이나, 한 조각의 치즈, 그리고 형편없는 와인을 살 수 있는 푼돈을 벌기 위해 몹시 힘들게 일했다. 지금의 사람들을 보라. 그들은 지방 덩어리와 싸우고 있다. 모든 사람들이 배불리 먹고 살이 찌자 누군가 "쯧쯧쯧, 아름답지 않다."라고 말한다. 그러자 이제는 모두가 다시 굶으려고 몸부림친다. 삶은 하나의 모험이지 않은가? 이곳에서의 고통은, 마스터, 에고라 불린다.

학생: 알겠습니다. 하지만 내가 당신이 하는 말을 제대로 이해하는지 모르겠습니다. 당신은 삶이 계속 순환한다고 말하는 것 같습니다. 끝없이 그렇게 계속 순환합니까?

람타: 삶은 순환하지도, 마스터, 결코 반복되지도 않는다. 삶은 항상 변하며, 지속하기 위해 매 순간 진화한다. 삶은 모든 것을 포함하며, 그 자체의 있음, 그 자체의 존재가 가지고 있는 훌륭한 가치에 의해 다음 순간을 창조한다. 삶은 각각의 존재가 가진 태도에 따라 매 순간 창조된다. 삶이 계속 순환하며 반복되는 것처럼 보이는 이유는 삶에 대한 태도 때문이다.

환생은 정말로 실재한다. 그것은 단지 하나의 몸을 내려놓고 ─ 태도가 몸이 죽도록 허락했기 때문에 ─ 물질의 차원인 이곳이나 다른 어느 곳에서, 다른 몸을 갖는 것이다.

사람들은 왜 여기로 다시 오는 것일까? 그들이 원하기 때문이다. 당신은 강제로 여기 ─ 당신이 어느 차원에 있었든 그곳에서 쫓겨나 다시 육체로 ─ 에 산도를 힘들게 통과하여 태어나고 당신을 둘러싼 에고에 전적으로 의지하여 살기 위해서 돌아오게 된 것이라 생각하는가?

당신을 이곳에 보내게 한 명령은 없었다, 마스터, 이 세상 어느 누구도 당신의 의지에 반하여 당신에게 무엇을 강요할 수 없기 때문이다. 여기에 돌아오기로 결정한 것은 당신이다. 이 세상에서 다시 표현하기를 원한 것도 당신이다. 그래서 만일 당신이 겪는 고통에 대해서 원망할 누군가를 찾는다면, 당신 자신을 똑바로 보아야 할 것이다. 당신은 자신의 아름다움, 자신의 존재, 자신의 슬픔, 혹은 자신의 훌륭한 삶에 전적으로 책임을 진다. 그리고 이제는 이러한 것을 분명히 알아야 할 때가 되었다.

어느 누구도 이 세상에 환생하도록 강요당하지 않는다. 그러나 여기에서 영겁의 시간을 살며, 인간은 이곳이 전부라고 생각하기 시작하였다. 자신의 몸을 잃고, 이곳에서 감정적으로 애착을 가졌던 것들과 놀잇감들로부터 멀어지게 되면, 그는 곧 서둘러 이곳에 돌아오기를 원한다. 오직 이곳만이 천국이라고 생각하기 때문이다. 그가 그렇게 생각하기 때문에 이곳이 그에게는 천국이다.

당신이 여기에 있는 유일한 이유는 당신이 여기에 있기를 원했기 때문이다. 당신이 여기에서 무언가 실현할 필요가 있기 때문이다. 기쁨이나 슬픔, 연민, 노여움, 고통을 표현하거나 혹은 환영으로 이루어진 이 세상에서 어떤 것을 경험하길 원하기 때문이다. 그것이 어떠한 것이든 당신이 원하는 만큼 충분히 경험할 수 있다. 그러다가 당신이 그 일에 지치거나 지루함을 느낄 때, 태도를 바꾸어 다른 감정을 경험할 수 있다. 그렇게 간단한 것이다.

유토피아가 고통, 슬픔 그리고 지옥 같은 상황과 공존할 수 있을까? 그렇다. 그것은 단지 당신의 태도에 달렸다.

당신은 신을 경험하고, 자신을 이해하며, 내 존재의 원칙으로 살기 위해 여기로 돌아왔다. 내 존재의 원칙이란 존재하는 모든 사람, 모든 태도, 모든 감정, 모든 성격과 신이라는 생각의 영역에서 창조되었던 모든 환영의 상황을 전부 포함한다.

당신이 왜 지금의 정체성을 가진 당신인지 아는가? 이전에 당신은 거의 모든 역할을 다 해보았으며 지금은 이 역할을 경험하고 있기 때문이다. 왜 당신이 굶주리는 아이로 태어나지 않고 당신이라는 부유한 존재로 태어났을까? 당신은 부유한 존재가 되기를 원했던 굶주린 아이였기 때문이다. 그래서 지금의 당신이 된 것이다. 그리고 왜 가족을 먹여 살리기 위해 빵을 굽는 사람이 아닌가? 왜냐하면, 마스터, 당신이 예전에 가족을 먹여 살리기 위해 빵을 굽는 사람이었기 때문이다. 이제 당신은 그로부터 빵을 사는 존재이다.

이 왕국의 훌륭한 점은, 이곳이 계속 나아가고 변화하고 있다는 것이다. 또한 이곳에서 당신은 자신이 원하는 어떠한 역할이라도 할 수 있다. 당신이 이 삶의 무대에서 발전하면, 또 다른 환영들을 올리기 위한 무대를 제공하는 고원으로 나아갈 것이다. 그곳은 당신 존재의 내면에 가장 위대한 배움을 제공할 것이다. 그 무대에서 당신은 자유롭게 왕이나 거지로, 사랑하는 사람이나 사랑받는 사람으로, 노예나 자유로운 사람이 될 수 있다. 어떠한 환영이든, 그것은 당신의 혼을 충족시킬 수 있는 이해를 제공할 것이다.

당신이 한 번도 가져본 적 없는 경험들이 많다, 마스터, 당신이 한 번도 해 보지 않았던 것과 한 번도 되어보지 않았던 존재들이 있기 때문이다. 이 세상에는 지고한 평화 속에 살며 간단한 것들만을 필요로 하는 존재들이 있다. 그들은 자신들이 필요로 하고, 원하는 것들은 무엇이든지 간단히 구현한다. 그들은 당신이 경험 하기 위해 아직 선택하지 않았던 태도와 모험을, 마스터, 생각으로 즐기며, 행복하게 살아간다.

당신이 살아가면서 아직 이해하지 못한 것이 많다. 그중에서 가장 원대한 깨달음이 무엇인지 아는가? 단지 살아간다는 이유 때문에 사는 것이다. 살아간다는 이유 때문에 사는 것이야말로 삶을 이해하는 가장 위대한 성취이다. 그때가 되면 당신은 평화를 알게 되기 때문이다. 그때가 되면 당신은 기쁨을 알게 될 것이다. 그때가 되면, 마스터, 당신 전체는 다시 한 번 신이 될 것이다.

당신은 아직 그러한 삶의 이해를 경험하지 못했다. 왜냐하면 부양하는 역할, 노동하는 역할, 경쟁하는 역할, 이상을 추구하는 역할, 고통 받는 역할, 신경과민적인 역할들로 인해 겁을 먹었기 때문이다. 당신은 그것을 운명으로 받아들였고, 그래서 그렇게 되었다. 그러나 당신이 삶의 다른 부분들에 대해 계속 알아본다면, 그러한 것들은 당신이 삶에서 선택할 수 있는 사소한 것들에 지나지 않음을 알게 될 것이다.

이 삶은, 인류 역사를 통해서 일어났던 모든 일에도 불구하고, 참으로 멋지다. 안타깝게도, 도시에서 사는 사람들 ― 사회의식의 두터움과 중압감에 에워싸인 ― 은 이 세상이 살기에 끔찍하고, 비참한 곳이라고 생각한다. 그러나 만일 당신 존재의 내면에서 인간의 이상들과 위협 그리고 제한된 의식에서 벗어나 황야로 나가 살 수 있는 ― 내면의 신과 하나가 되어 ― 용기를 발견한다면, 삶이란 아주 훌륭하고, 지속적이며, 무한하고, 아름다운 것임을 알 수 있을 것이다.

당신이 여기로 돌아온 이유는, 마스터, 살기 위한 것이다. 그러나 당신은 신의 웅장함과 삶을 경험할 수 있을 만큼 이 세상에 대한 집착으로부터 벗어나지 못했다. 당신은 아직 빙하 위를 걷거나 바위 밑에 숨어보지 않았으며, 새하얀 눈 위에 눈부시게 앉아 있는 붉은 새를 겨울 창문 너머로 내다보지 못했다. 깊은 동굴에 들어가 보지도 않았고, 사막을 걷다 먹이를 찾는 독사를 본 적도 없다. 또한 거대한 피라미드 안에서 홀로 잠들어 보지 않았으며, 아무도 가보지 못한 곳을 탐험해보지 않았다. 이 세상에는 당신이 가보지 못한 곳들이 아주 많다. 당신은 배를 타고 망망대해를 건너다 거대한 물고기가 물 위로 솟구쳐 오르는 것도 보지 못했으며, 사슴을 쫓아 단풍 진 숲 속으로 들어가 본 적도 없다.

당신이라는 존재를 흥분케 하고, 전율과 경이로움을 느끼게 하는 많은 것들을 해보지 않았다. 그것들 모두는 당신의 직업이나 학벌, 사회적 지위 혹은 나이와는 상관없다.

그러한 것들은 당신이 앞으로 경험해야 하는 삶의 측면들이다. 그것들을 경험하면, 당신이 가지고 있던 노이로제, 두려움, 굴레, 그리고 궁금증들을 해소할 수 있을 것이다. 또한 기쁨으로 넘쳐나는 순간들이 있을 것이다. 반면 누군가 당신의 그런 모습을 보기 원하면서도, 그들이 정말 볼까 걱정할 것이다. 그것이 당신의 본성이다, 하지만 그것은 결코 잘못된 것이 아니다. 단지 당신은 여기에서 당신이 가진 모든 선택을 경험하도록 스스로를 허용하지 않았을 뿐이다. 왜냐하면 당신이 생명의 기쁨과 자유와는 전혀 다른 환영을 이상으로 삼아 그것이 되도록 자신을 강요해왔기 때문이다.

이제 당신이 이곳으로 돌아오고 싶지 않다면, 돌아오지 말라. 돌아올 필요가 없다, 결코. 나는 이 세상으로 다시 돌아오지 않았다. 내가 바람과 함께 나 자신이었던 모든 것을 가지고 초탈하였기 때문이다. 그럼으로써, 나는 자유로운 존재가 되었다 — 하나의 자유로운 존재. 그것은 내가 이 세상에 살면서 했던 모든 것들을 초월했기 때문이다. 나 자신을 용서하고 이 삶을 받아들였으며 신이 되는 일에 몰두하였다. 무지하고, 비천한 야만인이 해냈다면, 마스터, 당신도 그것을 반드시 할 수 있다.

여기에서 자신의 삶을 끝맺는 방법은, 삶을 살고 삶을 사랑하고 단순한 것들의 일부가 되는 것이다. 그리고 자신을 위협하고, 제한하며, 삶의 자유를 구속하는 관념적인 이상들을 자신에게서 없애야 한다. 그리고 자유를 누리고 자신을 사랑하며, 자신과 다른 사람을 비교하는 일을 멈추어야 한다.

사회가 요구하는 이미지에 따라 사는 것을 멈추고, 대신 자신이 원하는 이상을 위해, 그리고 자신의 진리 — 당신의 내면에서 그것이 어떻게 존재하든, 당신의 영원한 존재를 사랑하며 — 를 위해 살라. 그러면 당신은 꽃과 물고기와 하나가 되며 진정으로 모든 생명과 하나가 될 것이다. 그러면 당신은 이렇게 말할 수 있다, "나는 이 경험을 끝맺었다. 나는 여기에 있는 모든 생명을 사랑했으며, 그렇게 했기에, 새로운 모험을 할 준비가 되었다. 나는 새로운 이해 그리고 전혀 다른 방식의 존재가 되기 위해 머나먼 왕국으로 떠날 준비가 되었다." 당신이 그러한 일들을 끝마쳤을 때, 마스터, 당신은 영광의 빛이 되어 이 세상을 떠날 것이다. 내가 그렇게 이 세상을 떠났다.

나는 이 세상을 사랑한다. 나는 가끔 이 세상에 있는 계곡들을 거닌다. 그러면서 나무에 불어오는 바람이 되기도 하고 아이들의 웃음 속 일부가 되기도 한다. 나는 여기에서의 삶이 어떠한지 알고 있다. 내가 이곳에서 얻을 수 있는 어떠한 가치도 놓치지 않았기 때문이다. 그러나 그 무엇보다 나는 내 사랑하는 형제들의 고통을 속속들이 알고 있다. 나는 답을 알고 있다. 하지만 적용하지 않는다면 아무 소용이 없다.

당신을 비롯한 다른 모든 사람들이 이곳에서 표현하고 있는 이유는 그렇게 하기를 원하기 때문이다. 이것이 환생이다.

학생: 감사합니다. 당신이 말한 것들에 대해 생각해봐야겠습니다.

람타: 그렇게 하라. 그렇게 할 때, 당신은 자신에게 더 친절한 선택을 할 것이다. 그리고 좀 더 쉽게 숨 쉴 수 있는 자유를 허용할 것이다.

학생: 이 세상으로 들어오지 않을 때 당신은 무엇을 하는지 궁금합니다.

람타: 당신이 하고 있는 것과 같은 것을 하고 있다. 표현하는 것이다. 유일하게 다른 점은 당신에게는 표현의 한계가 있지만 나에게는 없다는 점이다. 나는 영원에 도달하며, 나의 최후에 대해서 절대 숙고하지 않는다. 그러한 것은 없기 때문이다. 나는 정말로 바람과 함께 다닌다. 왜냐하면 그것은 나의 궁극적인 열망이었기 때문이다.

나는 행복한 실체이다. 나는 당신의 삶 속에서 당신을 지켜보고, 그녀의 삶에서 그녀를, 그리고 그의 삶에서 그를 지켜본다. 나는 여기에서 당신이 가지고 있는 환영 — 그것들은 모두 심각하고 무시무시한 색으로 가득 잠겨 있지만 — 을 바라보며 웃는다. 당신들은 그저 더 많이 보면 되기 때문이다. 그리고 더 많은 것들이 있다.

나는 표현하고 있다, 마스터, 그리고 나는 나 자신이기에 행복하다. 여기에서 당신이 보는 내가 아닐 때, 나는 존재하는 모든 것이며, 모든 것들이 나오는 무대이다. 일곱 번째 단계는 생각의 전체로, 당신의 행성을 궤도 안에 있도록 하고, 당신의 세포를 결속하고, 그리고 영원의 범위까지 모든 것을 포함하는 거대한 보이드이기 때문이다. 당신이 일곱 번째 단계의 실체일 때, 더 이상 차원이라는 것은 존재하지 않는다. 단지 있음만이 존재한다. 보이드에서, 당신은 모든 것, 모든 앎, 모든 생각들의 느낌이 된다.

생각이라는 것이 어떠한 것인지 숙고하라. 생각은 얼마나 멀리 갈 수 있을까? 태양 표면까지 생각이 미칠 수 있을까? 어두운 달의 뒷면은? 아니면 당신들의 하늘에 떠 있는 크고 작은 별들은? 다른 행성에 있는 다른 존재에게 당신의 생각을 보낼 수 있을까? 한순간도 걸리지 않고 그렇게 할 수 있다. 당신의 내면에 바로 그러한 능력이 존재한다. 당신은 그러한 표현을 원치 않는 존재이다. 하지만 당신이 그러한 것을 표현하기 원하면, 그렇게 된다.

학생: 우리가 왜 자꾸 여기로 돌아오는지 언젠가는 반드시 알게 될 것이라고 생각합니다.

람타: 그렇다. 그것을 행복이라 한다. 그때가 되면 당신은 당신 이외의 어느 누구도 되고 싶지 않을 것이며, 지금 여기 이외의 어느 곳에서도 존재하기 원치 않을 것이다. 그것이 바로 깨달음의 순간이다.

한 가지가 더 있다, 마스터. 당신에게 슬프고 괴롭고 고통스러운 것들이 다른 사람들에게는 종종 행복일 때가 있다. 여기에 있는 모든 사람은 사실 행복한 삶을 살아가고 있다. 그러나 그들은 그것을 깨닫지 못한다. 왜냐하면 그들이 생각하는 이상적인 행복이라는 것은 사물을 마음대로 파란색으로, 연보라색으로 혹은 분홍색으로 바꾸는, 작은 요정처럼 여기저기 돌아다니는 어릿광대이기 때문이다.

여기에 있는 모든 사람은 행복하다. 왜냐하면 모두가 자신의 의지대로 원하는 것을 정확히 하기 때문이다. 그들이 아픔을 원하면, 그들은 아프게 된다. 그들이 불행을 원하면, 그들은 불행하게 된다. 왜냐하면 그것이 그들을 행복하게 하기 때문이다. 만약 당신이 누군가에게 웃음을 강요한다면, 그들은 어찌할 바를 모르고 당신 앞에서 울 것이다.

여기에 있는 모든 사람은 삶을 즐기며 표현하고 있다. 그렇지 않으면, 그들은 곧 죽을지도 모른다. 그리고 때가 되면, 죽을 것이다. 왜냐하면 그들은 반드시 죽어야 한다고 생각하기 때문이다. 어느 날, 마스터, 기쁨과 평화의 존재로서, 그저 당신의 주위에 있는 사람들을 바라보며 그들이 자신을 어떻게 표현하건 그들 모두가 무척 행복하다는 것을 깨닫게 될 것이다.

학생: 다른 질문을 해도 될까요? 당신은 내가 전생에서 다른 사람이었다고 말했습니다. 내가 전생에 누구였는지 말해줄 수 있습니까?

람타: 마스터, 여기에 있는 청중을 기다리게 하면서, 지금까지 당신의 모든 기록을 숨김없이 자세히 말하려고 한다면, 우리는 당신의 다음 생까지도 여기에 있을 것이다. 당신은 지금까지 이만 삼백사십육 번의 삶 하고도 반을 살았다. 그래서 당신의 과거를 말하려면 당신이 어떤 시간, 어떤 장소, 어떤 환영에서 살았는지 언급해야만 한다. 그러면 우리는 알 수 있을 것이다.

마스터, 나는 현생을 보잘것없고 무감각하게 느끼는 많은 사람들이 종종 전생에 연연해 하는 것을 보았다. 그들은 전생에서 삶의 활력과 지금 이 생에서 부족하다고 느끼는 자존감을 가졌을 것이라 생각하기 때문이다. 그리고 전생을 아주 낭만적인, 영웅의 모습으로 상상하는 것을 즐기는데, 여기에서의 삶이 지루하고 재미없기 때문이다. 그들은 자신을 위해 우는 수많은 여인을 뒤로 하고 전쟁에 나간 위대한 영웅이었으며, 위대한 승리를 거두고 돌아왔을 때, 온 마을 사람들이 그들을 위해 축제를 벌였고, 그들의 영웅담은 두고두고 사람들의 입에 오르내렸다고 상상하기를 즐긴다. 혹은 그 당시 세상 어느 여자보다 아름다웠으며, 모든 남자들이 자신을 좋아했다고 상상하기를 즐긴다.

이제, 이 모든 것을 알 수 있게 말하겠다. 당신들은 모두 많은 생을 살았고 그 생들은 빛나거나 낭만적이기도 했고, 비천하거나 야만적이기도 했으며, 유명하거나 악명 높기도 했다. 그러나 당신의 지난 모든 생은 지금의 당신보다 위대하지 않다. 지금 이 순간의, 당신이 과거 어느 때보다 가장 위대하다, 마스터, 당신은 지금까지 살아온 모든 생의 축적된 지식과 경험이기 때문이다. 이 순간은, 마스터, 과거 모든 생의 목적이다.

당신이 과거에 어떠한 모습이나, 환영, 혹은 경험을 했든, 지금의 당신보다 나았던 적은 결코 없었다. 왜냐하면 지금의 당신은 그 어느 때보다 더 많은 지혜, 앎 그리고 사랑을 지니고 있기 때문이다. 만약 내가 당신에게 이 생 이전 당신의 다섯 생을 보여준다면, 당신은 자신이 누구인지조차 모를 것이다. 왜냐하면 당신은 과거의 어느 때보다 자아라는 요소를 정제해왔기 때문이다. 당신이 살았던 모든 전생들 중 하나가 지금의 당신을 본다면, 당신을 용감하고 똑똑한 이단자라고 부를 것이다. 왜냐하면 당신이 그때보다 훨씬 더 많은 것을 이해하고 있기 때문이다.

전생에 대해서 알려고 하는 것은 현명하지 않다. 과거를 통해 어떤 해답을 찾으려 하면, 당신은 이 생의 순간을 절대로 경험하지 못할 것이며 미래에 대해 현생이 가지고 있는 해답도 절대 얻지 못할 것이다. 왜냐하면 당신은 과거와 함께하는 것이 너무나 바빠 다가오는 이 순간을 볼 수 없을 것이기 때문이다. 당신은 과거에 자신이 누구였는지에 대해서 궁금해하지만, 마스터, 당신은 지금 자신이 누구인지조차 모른다.

우리가 이전에 살았다는 것을 아는 것은 좋은 일이다. 내일을 위한 희망을 주기 때문이다. 그러나 지금까지 그 모든 경험을 했던 근본적인 아름다움은 위대한 신이라는 깨달음으로 깨어나기 위해 여전히 조용히 앉아, 숙고하며, 기다리고 있다. 그 위대한 신은 당신이 어떠한 것을 결정하더라도 자신의 삶을 창조하고 충족시킬 수 있는 강력한 힘과 선택권을 지니고 있다.

지금 이 순간에 살아가는 것을 배우라. 지금 이 순간들은 항상 새롭다. 그것은 허용된 순간들이다. 당신이 어떠한 태도를 선언하는가에 따라 새로운 순간이 만들어진다. 당신은 지금 이 순간 모든 것을 불쾌하고, 괴롭고, 슬프고, 끔찍하게 느낄 수 있지만, 다음 순간 당신의 태도를 바꾸어 상쾌하고, 자유롭고, 매력적이며, 행복하게 그리고 그 순간에 기쁨이 넘쳐흐르는 충만함을 느낄 수도 있다. 다가오는 다음 순간은, 방금 전의 순간들에 의해 어떠한 영향도 받지 않고, 당신이 원하는 대로 눈부시거나, 침울하거나, 전념하거나, 후회할 수 있다.

중요한 것은, 마스터, 당신이 지금 누구인가를 알고 현생에서 행복해지기 위해 어떤 것을 해야 하는지 아는 것이다. 만약 다음 생에서도 현생을 기억하고 싶다면, 매 순간을 기억할 만한 것으로 만들어라. 그러면 그것은 언제나 당신의 혼에 생생하게 남을 것이다. 만약 당신이 영원히 살기를 원한다면, 우선 매 순간에 완전히 살아가는 법을 배워야 한다.

학생: 나의 미래가 어떨지 말해주시겠습니까?

람타: 미래의 당신은 어떤 사람일까? 당신은 항상 당신일 것이다. 물론 당신의 눈과 피부색 그리고 얼굴은 달라지겠지만, 당신은 항상 당신일 것이다. 당신은 언제나 동일한 혼을 가진 존재로서 동일한 신의 영을 가질 것이다.

다음 생에 당신이 표현하기로 한 환영의 역할이 무엇이든 당신은 그것이 될 것이다. 그리고 이 지상에서 살아가고 싶다면, 자신만의 상세한 구상에 따라 출생의 과정을 거쳐 태어날 것이다. 그리고 당신은 그 실체로 자신이 예정한 게임이나 환영이 어떠한 것이든 실현할 것이다. 혹은 환영을 경험하는 대신 단순히, 좀 더 장엄한 이해의 차원으로 갈 수 있다.

이 순간에 사는 법을 배우라. 마스터, 현생에서 위대해지고 당신을 경험하라. 바람을 타라. 생각으로 달까지 항해하라. 눈부신 생각을 태양에 두어라. 그러면 당신은 자신이 누구인지 알게 될 것이다. 별 위에 앉아보라. 물에게 말을 걸어보라. 그것은 모두 당신이다. 그것은 모두 신이다. 그것은 모두 생명이다.

학생: 감사합니다. 마지막 질문이 있습니다. 내가 어느 세상으로 나아가고 있습니까?

람타: 신에게로 가는 중이다, 마스터. 당신은 자신의 신격으로 발전해 가고 있다. 당신은 자신의 신격을 다듬는 중이다. 당신은 신으로서 여기에 와서, 육체 ― 굶주림과 더위와 추위 그리고 전쟁 ― 에 휘말려 자신의 신성함, 힘, 그리고 모든 것을 다 할 수 있는, 모든 지혜의 지성이 내면에 있다는 것을 잊어버렸다. 그렇게 함으로써 당신은 이 세상과 연결될 수 있었다. 이 세상 또한 일곱 번째 세상으로 발전하고 있다.

당신은 일곱 번째의 이해로 진보하는 중이다. 그것은 모든 것들에서 신을 아는 것이다. 그리고 그러한 앎의 절정은 그 앎을 주는 자, 당신 자신이다, 완벽하게.

학생: 그렇게 되리라 믿습니다.

람타: 반드시 그렇게 될 지어다.

제 17 장

앎의 과학

"당신은 알고자 하는 모든 것들을 알 수 있는 능력을 갖추고 있다. 당신의 뇌가 그렇게 설계되었기 때문이다. 육체를 지니고 물질 세상에 사는 신은 그가 원하는 차원이 어떤 차원이건, 3차원의 형상으로 보이는 것을 통해 경험하고 이해할 수 있다."

― 람타

축복받은 이 세상에서 깨달음을 얻는 것이, 이를테면, 가장 숭고한 것이라고 생각하여, 깨달음을 얻기 위해 힘겹게 분투하는 사람들이 많다. 그러나 깨달음의 의미를 진정으로 아는 사람들은 극히 소수에 불과하다. 깨달음을 얻는다는 것은 단지 빛 속에 존재한다는 것이며, 지식을 갖는다는 것이고, 당신이 어떠한 선택을 하더라도 그것을 적용할 수 있는 유용한 지식이 있다는 것을 의미한다.

어떻게 깨달을 수 있을까? 세례를 받아서 되는 것이 아니다. 깨달을 수 있는 유일한 길은 생각이 당신의 사고 과정으로 들어가, 감정으로 받아들여지고, 그것을 경험하여 지혜가 되도록 허용하는 것이다.

지식이 왜 중요한가? 그것이 당신의 가장 위대한 보배이기 때문이다. 당신으로부터 모든 것을 빼앗아 간다 해도, 빼앗지 못하고 절대 뺏을 수도 없는 것이 다시 창조할 수 있는 능력을 주는 지식이기 때문이다. 지식을 가질 때, 당신은 자유를 가진다. 당신은 선택권을 가진다. 당신이 지식을 가지면, 무한한 왕국을 세울 수 있다. 당신이 지식을 가지면, 아무것도 두려워하지 않는다. 왜냐하면 어떠한 것도, 어떠한 원리도, 어떠한 법도, 어떠한 이해도 당신을 위협하거나, 구속하거나, 겁을 줄 수 없기 때문이다. 지식으로 인해 두려움이 사라졌을 때, 그것을 깨달음이라고 한다.

지식은 당신이 이미 알고 있던 것을 넘어 추론하고 숙고하게 한다. 그것은 당신에게 모든 것들에 대한 앎으로 더 나아가게 하고, 더 위대한 지식을 받아들이는 능력을 키우게 한다. 지식은 당신을 확장하게 하며, 자신에 대한 폭넓은 정체성을 추구하게 하여, 그렇게 되도록, 요구한다. 그럼으로써, 당신은 제한적인 삶의 영역에서 벗어나 더욱 무한한 확장을 하게 된다. 지식과 배움을 향한 모험을 통해, 단순함이 점점 더해지면, 당신은 그러한 단순함에서 삶의 평화와 기쁨을 발견할 것이다.

이제 당신이 모든 것을 알 수 있는 능력을 어떻게 가질 수 있는지, 앎의 과학에 대한 이해를 주고자 한다. 이것이 왜 중요한가? 왜냐하면 당신이 무엇을 알든지, 당신은 그것이 되기 때문이다. 존재하는 모든 것에 대해 아는 법을 배울 때, 당신은 모든 것 — 신 — 이 된다. 완전히. 그것은 또한 무한한 앎, 무한한 삶, 생각 전체이다. 그리고 당신이 그렇게 될 때, 다시 한 번, 무한한 자유와 존재의 기쁨이 된다.

존재하는 모든 것을 아는 방법을 이해하기 위해서, 모든 것이 신의 마음인, 생각에서 나왔다는 것뿐만 아니라, 모든 것은 자기 존재의 생각을 발산하여 신의 마음으로 다시 돌려보낸다는 것을 먼저 알아야 한다.

모든 것은 빛의 장으로 둘러싸여 있다. 이 세상에 있는 것은 어느 것도 빛의 코로나(공기의 이온화점 이상으로 가해진 전기적 응력에 의해 공기의 이온화가 일어나 빛을 내며 방전되는 현상, 광환(光環)_역주)에 둘러싸이지 않은 것이 없다. 그것이 생각의 이미지를 붙잡아 이상을 물질이라는 형상으로 창조하기 때문이다. 빛의 장을 통해서 모든 것은 자기 존재의 생각을 발산하고 그것은 다시 의식의 흐름, 혹은 신의 마음인 생각의 강으로 돌아간다.

카펫, 식물, 빛 그리고 신발의 가죽을 보라. 당신의 손이나 다른 존재를 보라. 이것들의 공통점은 무엇인가? 모두 실재한다는 것이다. 실재의 힘으로 각각 자신의 생각뿐만 아니라 그것을 둘러싸고 있는 모든 것들의 자각까지 자기 존재로부터 발산한다. 이것을 집단적 지각이라고 한다. 카펫은 그것의 색상이 무엇이고, 위에 누가 앉는지 자각함으로써, 식물은 실내를 자각함으로써, 그러한 자각이 그 존재의 빛을 통하여 의식의 흐름으로 발산된다. 그리고 매 순간 그 자각은 변할 것이다. 왜냐하면 신 ─ 모든 것이 존재하는 생각의 강 ─ 은 계속 확장하고 계속 움직이기 때문이다.

모든 항성계, 모든 먼지 알갱이, 이 우주와 다른 모든 우주의 보이거나 보이지 않는 모든 존재들은, 자기 존재의 생각을 신의 마음으로 발산한다. 모든 것이 신의 마음에서 나왔기 때문이다. 모든 것은 생각으로 되돌아간다. 이것이 모든 것들이 알려지는 방식이다.

알고자 하는 모든 것을 아는 능력이 당신에게 있다는 것을 어떻게 알 수 있을까? 당신의 물질적 몸은 오라 혹은 오라장이라는 아름다운 빛의 장에 둘러싸여 있다. 그 오라는 빛의 장으로서 당신의 육신이라는 물질을 둘러싸고 결속시킨다. 킬리언 사진기(물체에서 방사되는 에너지를 찍을 수 있다_역주)를 사용하여, 과학자들은 이미 오라의 첫 번째 코로나 장을 촬영하였다. 그렇지만 여전히 당신의 몸을 둘러싼 더 거대한 전자기장이 있다. 왜냐하면 오라는 전기 밀도 ─ 육체를 둘러싸고 있는 푸른 코로나 ─ 로부터 무한의 생각까지 뻗어 있기 때문이다.

오라는 당신이라는 존재의 영이다. 당신 존재의 영 ─ 나는 그것을 당신 존재의 신이라고 부른다 ─ 은 알려진 모든 것들이 있는 의식의 흐름인, 신의 마음으로 직접 연결된다. 오라의 한 부분은 양전하와 음전하를 가진 일렉트럼의 강력한 전자기장이다. 이 전자기장을 지나면 일렉트럼은 나뉘지 않는다. 그것은 나눌 수 없는 순수한 에너지인, 빛의 구체이다. 빛의 구체는 앎의 강으로부터 나오는 모든 생각들을 이 거대하고 강력한 장을 통해 흐르게 한다. 어떤 것을 알게 되는 것은 당신의 사고 과정에 따라 결정된다. 왜냐하면 당신 오라의 전자기 부분은 당신의 사고에 따라 생각을 끌어오기 때문이다.

  당신의 영은 끊임없이 흐르고, 끊임없이 변하는 생각의 강둑에 놓인 체와 같다. 당신을 대신하는 그 빛을 통해 신의 마음, 모든 지식이 있는 생각의 흐름을 받는다. 그렇기 때문에 당신은 알고자 하는 모든 것을 알 수 있는 능력이 있다. 왜냐하면 당신은 끊임없이 흐르는 모든 의식, 모든 지식의 강에 있기 때문이다.

  의식은 강과 같으며, 당신의 전체 자아 ― 당신의 몸에 있는 모든 세포를 포함한 ― 는 의식에 의해 끊임없이 부양받고 있다. 생각이 당신의 삶을 지탱하고 삶에 근거를 주기 때문이다. 당신은 의식의 흐름으로부터 나온 생각으로 살아간다. 마치 당신의 몸이 혈류를 통해 모든 세포에 전달되는 영양분으로 살아가듯, 당신 존재의 전체 자아도 의식의 흐름으로부터 발산되는 생각의 양분을 통해서 유지된다.

  당신은 의식의 흐름으로부터 나오는 생각으로 당신 존재의 매 순간을 창조한다. 당신은 생각의 강으로부터 끊임없이 생각을 취해, 그것을 혼에서 느끼고, 그러한 감정을 통해 당신의 존재 전체를 부양하고 확장하면서, 그 확장된 자아의 생각을 생각의 강으로 다시 내보낸다. 그리하여 모든 생명의 의식이 확장한다. 당신은 오늘을 창조하는 생각을 숙고할 수도 있다. 그리고 당신이 그렇게 하자마자, 그 생각은 당신의 혼에서 느껴지고, 전기적 주파수로 혼에 기록된 후, 동일한 주파수로 당신의 몸을 떠나 누군가 그것을 잡아 창조할 수 있도록 의식으로 들어간다. 당신이 생각하고 느끼는 것이 무엇이든, 다른 사람들이 접속할 수 있다. 그들은 당신의 생각에서 공급받고 당신은 그들의 생각에서 공급받는다.

  의식은 모든 존재와 모든 것에서 발산되는 모든 생각으로 구성된다. 그 생각들은 서로 다른 전기적 주파수로 의식을 형성한다. 어떤 것들은 아주 낮거나 느린 생각의 주파수로, 이곳 사회의식 속에서 지배적이다. 또 다른 것들은 더 높은 주파수를 가진 생각들로써, 더 무한한 초의식적인 생각들이다. 의식은 다양한 생각의 주파수 값이 모두 모인 총합이며, 개별적인 생각이 가진 특정한 주파수는 모든 곳으로부터 같은 주파수 값의 생각들을 유인한다.

사회의식은 전기적인 생각 주파수의 밀도를 가지며, 공기보다 가볍다. 사회의식의 밀도는, 모든 존재들의 감정을 통해서 표현됐던 생각들로 구성된다. 즉, 그것은 각각의 존재들이 이미 받아들여, 자신의 혼에서 느끼고, 그의 오라장을 통해 분배되어 왔던 생각이, 모든 이들이 공급받을 수 있는 생각의 강으로 다시 되돌려진 실현된 생각으로 형성된다.

당신의 세상에 만연한 생각들은 제한적이고, 낮은 주파수의 사회의식이다. 그러한 생각들은 아주 한정적이고, 아주 비판적이고, 아주 거칠다. 왜냐하면 당신의 삶은 육신의 죽음이건 에고의 죽음이건 죽음에 대한 두려움과 생존에 관련된 태도에 의해 지배당하기 때문이다. 그리하여 당신의 의식은 음식, 집, 직업, 돈, 그리고 옳고 그름, 좋고 나쁨, 유행, 미모, 출세, 비교, 나이, 질병 그리고 죽음에 대한 생각으로 가득 차 있다. 이러한 생각들은 당신 주위 사람들에게 지배적이기 때문에 낮은 주파수를 가진 생각들은 당신의 오라장을 통해서 쉽게 들어온다. 그리하여 당신은 계속해서 한정적이고 정체된 의식으로부터 제한된 생각을 받아들인다. 이러한 생각들을 받아들이도록 허용할 때, 당신은 그 느낌을 되돌려 재생하고, 인간의 제한적인 생각을 머무르게 한다.

대도시의 의식은 특히 제한적이다. 대부분의 사람들이 매우 경쟁적이고, 시간과 유행에 민감하며, 두려움이 많고 서로를 받아들이지 않기 때문이다. 그래서 대도시에 사는 모든 사람들은 높은 밀도의 의식으로 뒤덮여 있다. 다른 우주에서 온 자들이 당신의 도시들을 바라보면, 그것은 매우 제한적인 의식인 낮은 주파수의 생각으로 된 빛의 장으로, 다채로운 빛의 빽빽한 그물망처럼 보인다.

초의식이라는 더 높은 주파수를 가지고 있는 생각들은 있음, 존재, 생명, 조화, 하나됨, 나아감 같은 것이다. 그것은 사랑의 생각들이다. 그것은 기쁨의 생각들이다. 그것은 천재적인 생각들이다. 그것은 말로는 표현할 수 없는 무한한 생각, 진리의 생각들이다. 왜냐하면 무한한 생각으로부터의 느낌은 말로 설명할 수 있는 범위를 넘어서기 때문이다.

높은 주파수를 가진 생각들은 인간의 정체된 생각을 벗어난 야생의 의식에서 쉽게 경험될 수 있다. 그곳에서의 삶은 단순하고, 시간이 존재하지 않으며, 지속적이며, 또한 삶 자체와 완전한 조화를 이루기 때문이다. 그곳에서, 당신은 인간의 판단에서 벗어나, 자신의 앎에서 나오는 박동소리를 들을 수 있다.

의식의 흐름으로부터 어떻게 생각을 붙잡을 수 있는 능력을 가질 수 있을까? 오라의 전자기 부분은 당신 존재가 가지고 있는 사고 과정과 감정 상태에 따라 생각을 끌어온다. 당신이 그 생각을 받아들이기 위해 — 느껴지고 당신의 존재 안에서 인식되기 위해 — 우선 그것은 빛의 형상으로 낮추어져야 한다. 그 생각이 당신의 몸을 둘러싸고 있는 빛인, 당신 존재의 영을 만나면, 그것은 빛의 파열로 폭발한다. 즉, 생각이 빛을 만나 스스로 점화한 것이다. 빛은 생각의 본질을 낮춘 것이다. 그럼으로써 빛은 그것과 같은 빛을 끌어온다. 보이지 않던 생각이 빛의 폭발로 보이게 된다. 그 생각은, 빛의 형태로, 당신의 두뇌로 들어오고 받아들여진 그 생각의 주파수 값에 따라 일정한 주파수를 가진 전기적 빛 추진체로 변환된다.

어떤 것을 인지하는 그 순간, 당신은 그것에 대한 생각을 받아들인다. 당신이 그 생각을 받아들이는 순간, 그 생각의 빛은 두뇌에 의해 받아들여진다. 대체로 시야의 범위를 벗어나, 빛의 폭발을 보는 사람들이 종종 있다. 대부분의 경우 그들의 영성이 생각을 받아들이는 순간을 본 것이며, 그들이 눈 앞에서 눈부시게 드러나는 빛을 보는 바로 그 순간, 그 생각은 오라 장으로 들어가 두뇌에 나타난다. 만일 눈을 감고 색의 움직임이나 모양이 확대되는 것을 본다면, 당신은 두뇌로 들어가는 생각이 무엇인지 인지하는 중이다.

당신의 두뇌는 전기적 주파수를 가진 생각을 받아들이는 거대한 수신기이다. 두뇌는 생각의 다양한 주파수를 증폭하고 수신하고 저장할 수 있도록 여러 부위로 설계되어 있다. 세포벽에 있는 수분의 밀도에 따라, 각 부위는 생각들을 저장하고 전기화하는 각기 다른 잠재력을 가지고 있다. 어떤 부위는 오직 더 높은 주파수의 생각들을 저장하고 증폭하는 능력이 있으며, 다른 부위는 더 낮은 주파수의 생각들만 저장하고 증폭한다.

일반적인 생각과는 달리, 당신의 두뇌는 생각을 창조하지 않는다. 그것은 단지 의식의 흐름으로부터 생각이 자신에게 들어오게 할 뿐이다. 두뇌는 당신 존재의 영을 통해서 들어오는 생각들을 수신하고 저장할 목적으로 신에 의해 특별히 설계된 기관이며, 생각을 전류로 변환하고, 증폭시킨 후, 중추신경계를 통해 몸의 각 부위로 보낸다. 그리하여 그 생각은 하나의 이해로 실현될 수 있게 된다.

당신들의 과학기기 가운데, 음량을 조절하고 메가헤르츠와 같은 주파수 대역을 선택할 수 있는 계기가 달린 라디오 수신기가 있다. 두뇌 또한 계기가 있는 수신기이며, 해당하는 주파수를 저장할 수 있게 설계된 부위가 활성화될 때만 그 주파수를 수신할 수 있다.

다른 주파수를 가진 생각들을 수신할 수 있는 두뇌의 능력은 좌반구와 우반구 사이에 있는, 뇌하수체라는 강력한 계기에 의해 통제된다. 일곱 번째 씰이라고도 하는, 이 뇌하수체가, 당신의 두뇌를 다스린다. 이것은 여러 가지 다른 주파수를 가진 생각들을 수신하고 저장하도록 두뇌의 각 부위를 활성화하는 임무를 가지고 있다. 뇌하수체는 생각을 숙고하고 추론하여, 당신의 온몸 전체로 인식해, 더 위대한 이해를 위한 경험으로 구현하는 능력을 열어주는 문이다.

뇌하수체는 아주 작지만 매우 놀라운 조그만 분비샘이며 대개 제 3의 눈으로 불린다. 하지만 사람에게 제 3의 눈은 없다. 당신의 머리에는 그것이 들어갈 자리가 없다. 뇌하수체는 눈처럼 생기지도 않았다. 그것은 아주 좁은 끝 부분에 작은 입이 있는 서양 배 같은 모양이며, 꽃잎처럼 보인다. 당신의 두뇌는 호르몬 흐름의 복잡한 시스템을 통해 이 강력한 분비샘 기능의 지배와 통제를 받는다. 내분비샘인, 뇌하수체는 호르몬을 분비해 두뇌를 통과하여 또 다른 내분비샘인, 송과샘의 입구로 흘러간다. 송과샘은 소뇌 하부와 척추 위에 위치하며, 뇌하수체 가까이에 있다. 송과샘, 혹은 여섯 번째 씰은, 생각의 주파수를 증폭시켜 몸 전체로 보내는 역할을 하는 계기이다. 뇌하수체에서 송과샘으로 가는 호르몬 흐름은 두뇌의 각기 다른 부위를 활성화시켜 다른 주파수를 가진 생각들을 수신하고 저장하도록 한다.

내분비샘에서 나와 혈액 공급으로 방출되는 호르몬의 흐름이 조화를 이룰 때 몸의 기능이 유지된다. 송과샘은 그러한 조화를 유지하는 역할을 한다. 송과샘에서 분비되는 호르몬은 다른 모든 분비샘을 활성화시켜 서로 조화롭게 각각의 호르몬을 분비하도록 함으로써, 호르몬의 균형을 이룬다. 그 호르몬의 균형 정도는 송과샘계에서 받아들이는 집합적인 생각의 주파수에 의해 결정된다. 생각의 주파수가 높을수록, 육신 전체에서 분비되는 호르몬의 양이 더욱 많아진다. 또한, 주파수가 높을수록, 송과샘은 뇌하수체의 호르몬 분비를 더욱 활성화시킨다. 그러면 뇌가 활성화되어 더 높은 주파수의 생각들을 받아들인다.

　의식의 흐름으로부터 나온 생각이 당신 존재의 내면에서 어떻게 실현될까? 오라를 통하여 생각이 들어올 때, 오라는 그 생각을 정의하지 않는다. 이것은 오라가 판단하거나 변형하지 않고, 그저 무한히 들어오도록 한다는 의미이다. 생각의 추진체가 두뇌에 닿으면, 그것들은 대뇌 좌 반구 상부에 먼저 도달한다. 그곳은 지성과 추론 기능을 담당하며, 변형된 에고가 표현되는 곳이다.

　그렇다면 변형된 에고란 무엇인가? 그것은 혼에 저장되고, 뇌의 추론 부위에 연결된, 인간의 경험에서 얻어진 이해이다. 이것은 단지 생존을 위한 창조물로서, 사회의식의 그늘 아래 살아가는 신/인간의 집단적 태도를 말한다. 그리고 그것은 그 집단적 관점에서 그들의 안전에 부합되지 않거나, 안전을 보장하는 데 도움이 되지 않는 어떠한 생각의 주파수도 거부한다. 변형된 에고는 육신의 내면에서 더 위대한 깨달음을 얻을 수 있도록 하는 모든 생각들을 수신하고 경험하는 것을 거부한다.

　변형된 에고가 허용한 각각의 생각 주파수는 전류로 변환되어 그 주파수를 저장하기 위해 뇌하수체에 의해 활성화된 두뇌 부위로 보내진다. 그러면 그 두뇌 부위는 그 전류를 증폭하여 송과샘계로 보낸다.

　송과샘계는 당신의 중추신경계를 지배한다. 이곳은 들어오는 모든 생각의 주파수를 수집해, 그것을 더 증폭하여, 중추신경계를 통해서 내보낸다. 중추신경계는 전기적 생각의 고속도로이며 척추를 관통하여 흐른다. 송과샘에서 나오는 전류는 중추신경계의 유동체 — 체액 — 를 통해 흘러내린 뒤 당신 몸의 모든 신경을 통해서 온몸의 세포로 퍼져 나간다.

　당신의 몸에 있는 모든 세포는 혈액을 통해 영양과 함께 음식물의 효소 활동으로 발생하는 산화질소를 공급받는다. 생각으로부터 나온 전류는 세포 구조 속에, 번쩍이는 섬광으로 들어간다. 그 섬광은 세포를 점화하고, 산화질소를 팽창시켜, 스스로 재생하는, 복제 과정이라 불리는 세포의 자기복제를 허용한다. 그리하여 온몸은 하나의 생각에 의해 양육되는 것이다. 당신이 존재하는 모든 순간 자신이 스스로 받아들이는 모든 생각의 결과로, 육신의 분자구조 안에서 생명이 유지되는 것이다.

생각이 몸의 모든 세포에 지속적으로 공급됨에 따라, 당신의 온몸은 전기적 자극에 반응한다 ― 당신의 몸 전체가. 그래서 모든 세포에 걸쳐 경험되었던, 생각의 결과로, 느낌, 감각, 감정, 혹은 흥분이 몸 내부에 일어난다. 그 느낌들은 당신의 혼으로 보내져 그곳에 기록된다.

당신의 혼은 거대한 기록 장치이며, 당신의 육신 안에서 느끼는 모든 감정을 아주 과학적으로, 있는 그대로 모두 기록하는 컴퓨터이다. 당신에게 감정적인 느낌이 일어날 때, 당신은 생각을 느끼는 것이다. 생각은 당신 존재의 빛 구조체에 쏟아져 들어와, 두뇌에서 받아들여진 후, 다시 중추신경계 전체를 통해 보내져 몸의 모든 세포에 감각을 발생시킨다. 그러면 혼은, 참조할 목적으로, 그 감각을 감정으로 기록한다. 그것을 기억이라고 한다.

기억은 크기가 없다. 그것은 본질이다. 기억은 시각적인 설명이 아니다. 그것은 감정적인 설명이다. 시각적인 이미지를 만드는 것은 감정이다. 혼은 기억할 목적으로 그림이나 단어를 기록하지 않는다. 혼은 이러한 이미지나 단어가 지닌 감정을 기록한다.

혼은 몸 전체에서 느껴진 생각이 만들어 낸 감정을 취하고 기억 저장소를 통해서 유사한 점을 찾아, 두뇌의 추론 부위 ― 지성이라고 하는 ― 에서 그 느낌을 묘사하기 위한 단어를 식별한다.

당신이 묘사할 수 있는 모든 것은 그와 관련된 특정한 느낌이 있다. 그것은 경험을 바탕으로 한다. 꽃을 꽃으로 알 수 있는 것은 당신이 그것을 감정으로 경험했기 때문이다. 당신은 꽃이라는 구조체를 보고, 만지고, 냄새 맡고, 지녀 보았다. 그리하여 그 꽃은 당신에게 어떤 특정한 느낌을 준다. 비단을 비단으로 아는 이유는 그것이 비단이라는 것을 알 수 있는, 어떤 특정한 감각과 감정적인 경험이 연상되기 때문이다. 혼은 당신의 감정적 경험으로부터 오는 정보를 모두 기록해왔다. 그래서 생각에서 느낌이 느껴질 때, 혼은 그것을 기록하고 자신의 기억 저장소에서 이전에 경험했던 생각과 비슷한 느낌을 찾는다. 그런 후 그 정보를 두뇌에 돌려보내어 육신의 구석구석 전체에 그것을 인지하고, 이해했다는 것을 알린다. 생각은 단순히 두뇌를 통해서 인식되는 것이 아니다. 그것은 몸 전체로 인식된다. 그러면 두뇌의 추론 기능은 그 느낌을 묘사하기 위한 말을 체계적으로 만들어낸다.

어떻게 생각이 인식되고 알려지는가? 감정을 통해서이다. 앎은 전적으로 느낌이다. 어떤 것에 대한 생각은 먼저 느껴지고 나서야 알게 될 수 있다. 그러면 그것은 하나의 정체성을 가진다. 어떤 생각을 안다는 것은 두뇌에서 그것을 받아들여 온몸으로 느끼고, 경험하기 위해 허용한다는 것이다. 지식은 어떤 것도 증명하지 않는다. 그것은 감정의 확인이다. 당신의 내면이 느낌을 가질 때, 당신은 이렇게 말할 수 있다. "나는 안다. 나는 그것을 느낀다. 나는 알고 있다."

당신의 내면에 진정으로, 나의 사랑하는 마스터들이여, 모든 지식으로 통하는 문이 있다. 당신의 내면에서 타오르는 불꽃은 모든 미세한 원자 안에서, 모든 거대한 별 안에서, 모든 세포 안에서, 존재하는 모든 것 안에서 깜빡이는 불꽃과 같은 것이다. 그것은 똑같은 불꽃이다. 그 빛의 원리를 통해 당신은 모든 생명과 하나됨을 깨닫는다. 당신의 혼 안에서 감정을 불러일으키는 그 빛은 꽃과, 별, 그리고 존재하는 모든 것에 생명을 부여하는 빛과 같기 때문이다. 그러므로 당신의 내면에, 당신은 모든 것을 알 수 있는 능력을 갖추고 있다. 어떤 것을 안다는 것은 아무 의미 없는 과장된 말로 포장된 지적인 미사여구를 통해 이해하는 것이 아니다. 꽃을 안다는 것은 느낌을 통해 내면의 존재에 다다르는 것이다. 감정이라는 발산하는 주파수를 통해서, 생각하고 있는 것이 어떤 것임을 나타낼 수 있다. 어떤 것을 알고 싶다면, 단지 그것을 느끼면 된다. 그러면 당신은 언제나 절대적으로 옳을 것이다.

생각이 어떻게 당신의 삶에서 경험을 창조할 수 있을까? 송과샘은 앎을 구체화하는 씰이다. 당신이 받아들이고자 하는 앎이 어떠한 것이든, 먼저 몸에서 실현될 것이다. 왜냐하면 송과샘이 생각을 감정으로 기록하기 위해, 생각을 당신의 몸 전체에 전류로써 보내기 때문이다. 생각이 무한 할수록, 더 높고 빠른 주파수가 당신의 온몸에 쏟아진다. 그리하여 당신의 몸에서 더 높은 혹은 빠른 주파수로 체험된다. 그러한 느낌은 특정한 주파수로 당신의 혼에 기록되고 저장된다. 당신의 혼에 기록된, 모든 생각의 느낌은, 당신의 오라에 하나의 기대로 나타나고, 그러한 기대는 빛의 장에서 전자기 부분을 활성화하여 당신이 당신의 집합적 태도로 무엇을 사고하든지 그것과 유사한 것들을 당신에게 — 마치 자석처럼 — 끌어온다. 그것은 당신의 모든 생각에 의해 몸으로 경험되었던 느낌과 같은 것을 창조하게 될 상황, 사물, 대상이나 사람들을 끌어올 것이다. 왜? 당신은 3 차원 세계의 현실을 통해 당신의 생각을 경험하여 지혜라는 경험의 보상을 얻을 수 있기 때문이다.

당신의 욕구는 어떻게 구현될까? 욕구라는 것은 단지 어떤 대상이나 존재, 혹은 경험 등을 통해 알게 되는 충족하려는 생각에 불과하다. 당신이 느끼고자 하는 생각은 그것이 무엇이든 당신의 전자기장을 통해 몸에서 빠져나오고, 의식의 흐름으로 들어가 당신의 몸이 경험한 욕구와 유사한 느낌을 만들어낼 수 있는 것이라면 무엇이든지 끌어온다. 당신이 원하는 욕구를 몸으로 완벽하고 강렬하게 느낄수록, 당신은 그것을 더욱더 완벽하게 충족시킬 수 있다. 그리고 당신의 욕구가 반드시 성취될 것이라는 확신이 강할수록, 그것은 더욱더 빨리 구현될 것이다. 왜냐하면 절대적인 앎은 높은 주파수를 가지고 있는 생각으로써, 오라장을 통해 나타난 기대를 강화하여, 욕구를 구현하는 당신의 힘을 증폭시키기 때문이다.

당신은 알고자 하는 모든 것들을 알 수 있는 능력을 갖추고 있다. 당신의 뇌가 그렇게 설계되었기 때문이다. 육체를 지니고 물질세상에 사는 신은 그가 원하는 차원이 어떤 차원이건, 3 차원의 형상으로 보이는 것을 통해 경험하고 이해할 수 있다. 당신의 훌륭한 수신기를 통해 알고자 하는 어떠한 생각도 현실로 경험된다. 그것은 먼저 당신의 육신 내부에서 그 후 삶의 조건에서 경험된다. 또한 당신은 무엇을 원하든, 눈 깜짝할 사이에 삶으로 구현할 수 있는 능력 — 앎을 통해 — 을 가지고 있다. 그것이 당신이 지구에서 신의 왕국을 창조하는 방법이다.

이것은 간단한 과학이다. 기억하라. 생각이 있다. 그리고 빛이 나타난다. 그리고 그 빛은 전기적 자극으로 낮아진다. 전기적 자극이 낮아지고, 낮아지고 또 낮아져 물질이 되고, 낮아진 물질로부터 이상적인 생각이 실제로 표현된다. 똑같은 진리가 몸에도 작용한다. 그것은 생각, 빛, 수신기이다. 수신기에서, 일렉트럼을 잡고 일렉트럼은 물질을 통해서 흐른다. 이것은 물질을 느낌으로 이해하기 위해서이다. 당신의 욕구를 구현하기 위해, 당신이 해야 할 것은 당신이 원하는 것이 무엇이건 그것을 느끼는 것이다. 그리고 그 느낌은 당신의 욕구를 충족하기 위해 하느님에게 다시 보내진다. 모든 일이 그렇게 이루어진다. 너무 간단한가? 당신은 더 복잡한 것을 원하는가?

# 제 18 장

닫힌 마음

"두뇌의 전체 능력은 이루 헤아릴 수 없이 방대하지만, 당신의 제한적인 생각으로 인하여 단지 그것의 삼 분의 일밖에 사용할 수 없었다. 그렇다면 그 나머지는 무엇이라고 생각하는가? 빈 공간을 채우기 위한 것인가?"

— 람타

당신의 두뇌는 앎의 총체인 신의 마음에서 모든 생각의 주파수를 받도록 설계되어 있지만, 당신이 받기 위해 허용하는 주파수만을 받도록 활성화될 것이다. 또한 모든 경이로운 생각들이 당신들을 결속하는 신에게서 무한히 쏟아지지만, 대부분의 사람들이 허용하는 앎이란 단지 사회의식이 가지고 있는 낮은 주파수의 생각뿐이다. 당신이 이미 충분히 경험한 것처럼 그것은 아주 제한적이고, 틀에 박힌 생각들이다. 당신이 사회의식에 따라 살아가고 제한적 사고에 치우친 주파수로만 사고한다면, 뇌에서 활성화되는 부분은 대뇌의 좌우 상부와 대뇌의 아랫부분 즉 척추 바로 위에 있는 소뇌 부위뿐이다. 대부분의 뇌는 잠자고 있다. 아무것도 하지 않고 있다. 당신이 가족, 동료, 사회, 교리 등의 제한적인 사고에 부합되지 않는 것은 어떠한 생각이든 부인하기 때문이다. 즉, 당신은 다른 사람들이 받아들이는 생각들만 숙고하고 추론하기 위해 그것을 거부할 것이다.

당신들에게 닫힌 마음이라는 용어가 있다. 그것은 글자 그대로 마음이 닫혀 있다는 표현이다. 사회의식의 한계를 뛰어넘는 모험적인 생각을 거부할 때, 당신 두뇌의 일부는 그야말로 높은 주파수를 가진 생각에는 닫혀 있다. 왜냐하면 뇌하수체가 자신의 문을 조금만 열게 되어 사회의식의 낮은 주파수를 받아들이는 두뇌의 일부만이 활성화되기 때문이다.

어떤 사람이 천재이고 당신이 알지 못하는 것을 알고 있는 유일한 이유는, 그가 '만약'을 숙고하고, 엉뚱한 생각을 하고, 인간의 제한적 사고를 뛰어넘는 번뜩이는 생각을 하도록 자신의 마음을 열었기 때문이다. 그가 당신이 거부한 이러한 생각들을 즐기고 추론하도록 자신을 허용한 반면 당신은 그러한 것들을 거부했다. 당신은 그것들을 받아들이지 못한다. 왜냐하면 이러한 생각을 추론할 수 있는 두뇌 부분을 아직 활성화하지 않았기 때문이다. 만일 이러한 무한한 이해를 가진 위대한 생각들이 당신의 빛의 구조체에 끊임없이 쏟아진다면 어떠한 일이 일어날까? 그것들은 당신의 수신기에서 튕겨져 나와 당신 존재의 영성을 통하여 다시 생각의 강으로 돌아간다.

닫힌 마음이 되는 것은 몸의 감각으로 경험될 수 있는 가치 외에 존재하는 모든 가능성을 차단하는 것이다. 신이라는 영역에, 불가능은 없다. 어떠한 것이라도 상상하거나 생각할 수 있다면, 그것은 존재한다. 꿈꾸거나 상상하는 것은 이미 실재의 영역에 있기 때문이다. 이 세상의 모든 창조물은 그렇게 만들어졌다. 어떠한 것을 '단지 당신의 상상일 뿐이다.'라고 누군가에게 말한다면, 당신은 어리석고 제한적인 창조성으로 그들을 프로그램하는 것이다. 그리고 바로 이것이 이 세상의 모든 아이들에게 일어나는 일이다 ― 당신들 모두에게.

말하건대, 생각으로 허용된 것은 무엇이든, 존재한다. 당신이 스스로 허용한 생각은 무엇이든, 경험하게 된다. 당신의 전자기장이 그것을 당신에게 끌어오기 때문이다.

알다시피, 닫힌 마음으로 인한 해악은 기쁨을 알지 못하게 한다는 것이다. 이것은 당신을 인간이라는 환영 속에 가두어버린다. 이것은 당신 자신과 신에 대한 영광을 알지 못하게 한다. 당신이 사회의식에 따라 격리된 마음으로 살고 생각하는 한, 당신은 미지를 향한 모험을 절대 하지 않을 것이고, 더 위대한 현실의 가능성이 가져올 변화가 두려워 숙고하지 않을 것이다. 분명히 그것은 변화를 의미한다. 당신이 이전에 살아가고 죽었던 정연한 세상보다 보고, 이해할 것이 더 많은 그곳의 일부가 된다는 뜻이기 때문이다. 당신에게 심어진 제한적인 생각만을 받아들이는 한, 당신은 일상에서 매일 직면해 온 생각 외에 다른 생각을 받아들이고 경험하게 하는 두뇌의 더 위대한 부분들을 절대로 활성화할 수 없을 것이다.

당신이 지금까지 자신의 기준으로 받아들인 것보다 더 위대한 생각을 받아들일 때마다, 그 생각은 두뇌의 다른 부위를 본래의 목적대로 사용할 수 있게 활성화 시킨다. 매번 그렇게 할 때, 그 시점부터 위대한 생각은 당신의 사고를 확장하는 매개체 역할을 할 것이다. 그것은 더 많이 생각하고, 더 많이 받고, 더 많이 알기 위해 두뇌의 다른 부분들을 활성화시킬 것이다. 무한한 생각인, 초의식을 경험하기 원할 때, 당신의 뇌하수체는 아름다운 꽃처럼 활짝 피어나고 열리기 시작할 것이다. 뇌하수체가 열릴수록, 더 많은 호르몬이 분비되어 더 높은 주파수를 가진 생각들을 받을 수 있도록 잠자던 뇌의 부위가 깨어날 것이다.

알다시피, 천재가 되는 것은 아주 간단하다. 당신은 그저 당신 자신에 대한 생각만 하면 된다.

두뇌는 많은 이들을 혼란스럽게 하는 거대한 미스터리이다. 이것을 꺼내 자세히 살펴보면, 물로 된 액체 외에는, 아무것도 발견할 수 없을 것이다. 물은 전류를 나르는 전도체이다. 물의 밀도가 높으면 높을수록, 그것을 통해 흐르는 전류를 더욱더 증폭시킨다. 잠자고 있는 두뇌 부위의 액체 밀도는 무척 높다. 왜냐하면 높은 주파수를 가진 생각들을 더 큰 전류로 증폭시키고 그것을 더 빠른 속도로 몸 전체에 보내기 위해서이다. 잠자고 있는 두뇌 부위에 더 많은 생각들이 저장되도록 할 때, 당신의 몸은 더 빠르고 더 확실하게 반응할 수 있도록 활성화된다. 두뇌 전체가 사용되기 시작하면 당신은 몸으로 무엇이든 할 수 있다. 당신의 혼 — 당신이 받아들이는 모든 생각들의 감정을 기록하고 확고하게 저장하는 — 을 통해서 두뇌와 두뇌가 몸에 주는 자극은 생각이 결정하는 어떤 것이라도 그렇게 되도록 몸을 창조할 수 있다.

두뇌가 완전히 가동되면, 당신은 한 순간에 당신의 몸을 한 줄기 빛으로 변화시키고 당신의 몸을 영원히 살 수 있게 한다는 것을 아는가? 몸의 일부가 없어져도 당신의 두뇌는 그것을 다시 자라게 할 능력이 있다는 것을 아는가? 두뇌가 완전히 가동하면, 순식간에 몸을 완벽하게 치유하거나 혹은 자신이 원하는 어떠한 모습으로도 바꿀 수 있는 능력을 갖추게 된다.

두뇌 전체 능력은 이루 헤아릴 수 없이 방대하지만, 당신의 제한적인 생각으로 인하여 단지 그것의 삼 분의 일밖에 사용할 수 없었다. 그렇다면 그 나머지는 무엇이라고 생각하는가? 빈 공간을 채우기 위한 것인가?

당신의 몸은 두뇌와 당신의 집합적인 사고에 따라 유지된다. 당신이 두뇌로 들어오게 하는 모든 생각들은 모든 세포에 전기를 띠게 하고 그것을 자라게 하기 때문이다. 당신은 어릴 때부터 사회의식으로 사고하기 시작하면서, 성장하고, 늙어가고, 그리하여 죽어야만 한다는 것을 프로그램으로 받아들였다. 당신이 받아들인 그 생각 때문에, 몸 안에 있는 생명력이 약화되기 시작했다. 늙는다는 생각은 느리고 낮은 주파수의 전기적 섬광을 각 세포 구조에 보내기 때문이다. 주파수의 속도가 느리면 느릴수록, 몸의 민첩함은 점점 빨리 사라진다. 왜냐하면 몸이 스스로 재생하고 회복하는 능력을 점차 잃어가기 때문이다. 그래서 노화가 일어나는 것을 허용하고, 궁극적으로 몸이 죽는다. 하지만 당신이 높은 주파수를 가진 생각들을 계속해서 받아들이면, 더 빠르고 더 높은 강력한 전기적 흐름을 몸 전체로 보내게 되어, 당신의 몸은 영원히 그 순간에 머물러 있게 된다. 그리하여 나이가 들어도 결코 늙거나 죽지 않는다. 그러나 여기 있는 모든 사람들은 나이 들어 죽는다고 믿고 있기에, 몸 안의 전류가 줄어들고, 줄어들고, 줄어들게 된다.

지금까지 활성화되지 않은 두뇌의 부분은, 몸 안에 손상된 어느 부위라도 재구성할 수 있는 능력 ― 단순히 앎을 통해 ― 을 가지고 있다. 당신이 몸을 스스로 치유할 수 있다는 것을 아는 순간, 생각은 중추신경계를 통해 손상된 부위로 더 큰 전기적 섬광을 보내, 각각의 세포 안에 있는 DNA 인자가 세포를 복제하여 완벽하게 재구성하게 한다. 완벽하게. 이것이 기적이라고 생각하는가? 이것은 그렇게 되어야 하고 실제로 그러하다.

당신은 단지 의사와 약으로만 몸이 치유될 수 있다고 생각한다. 그리고 당신이 그렇다고 믿기 때문에 그것들이 작용한다. 또한 당신은 스스로 병을 고칠 수 없다고 들어왔기에 ― 그리고 믿어왔기에 ― 자신을 스스로 치유할 수 없는 것이다. 당신의 앎이 현재 그러하기 때문이다. 치유자들에게서 듣는 것을 절대적인 진리로 알며 그들을 찾아 다니는 존재들이 있다. 그러한 앎으로, 그것은 그들의 육신 안에서 절대적인 진리가 되었다. 그리고 그들은 순식간에 치유되었다. 그것이 바로 앎이 하는 일이며, 당신은 원하는 대로 당신의 몸을 바꿀 수 있다. 당신은 몸의 이동까지도 무한하게 할 수 있는 능력이 있다. 몸이 그렇게 만들어졌기 때문이다.

당신이 존재하는 매 순간 ― 당신이 깊은 잠을 자거나 혹은 깨어 있거나, 당신이 의식적이거나 혹은 무의식적이거나 ― 당신은 신의 마음으로부터 끊임없이 생각을 받아들이고 있다. 당신을 결속하는 이 경이로운 신을 통해 당신이 어떠한 주파수를 가진 생각을 받아들이든지, 당신은 삶의 선물이자 유일한 현실인 감정을 경험할 것이다. 그렇다면 당신이 불행하고, 지루하고, 짜증 나고, 두렵고, 고통스럽고, 화나고, 시기하고, 서두르고, 사랑 받지 못하고, 쓸모 없는 사람이라고 느낄 때, 당신은 자신이 느낄 수 있는 어떤 주파수를 가진 생각을 허용하는 것인가? 그것은 사회의식이다. 기쁨이 어디에 있느냐고 당신은 묻는가? 사랑은 어디에 있는가? 영원은 어디에 있는가? 신은 어디에 있는가? 단지 한 생각 너머에 있다.

매 순간 당신의 영을 통해서 지나가는 이런 모든 경이로운 생각들을 당신은 왜 모르고 있는가? 당신은 그것들을 알려고 하지 않았다. 당신은 사회의식의 그늘 아래, 동물의 무리처럼 생각하고, 옷을 입고, 행동하고, 살아가는 것을 선택했다. 당신은 살아남기 위해 맞추고, 인정받는 것을 선택했다. 당신이 주권자이며, 신이며, 영원한 존재이고, 전지한 존재라는 생각을 즐기는 것이, 당신의 가족, 친구, 종교 그리고 국가에 맞서는 것을 의미하기 때문에, 알고 싶어하지 않았다. 그래서 당신은 당신의 힘을 내주었다. 당신은 자신의 주권을 포기했다. 당신은 자신의 정체성을 잊었다. 당신은 당신의 두뇌를 닫았다. 그것을 다시 여는 법을 가르치기 위해 내가 여기에 온 것이다.

사람들이 오랜 세월 필사적으로 찾아 헤맨 그 무한한 미스터리, 신이라는 종교적인 형상은 무엇인가? 그것은 생각이며 그 자체를 받아들일 수 있는 생각이 가진 능력이다. 생각 자체를 받아들임으로써, 그 자체가 되어 생각은 확장한다. 그것이 신의 모든 것, 생각의 총체, 생명의 존귀함이다. 바로 당신 존재의 내면에 완전히 ― 완전하게 ― 신이 될 수 있는 힘이 있다. 만일 당신 두뇌의 전체 스펙트럼을 사용한다면, 당신은 이 순간에서 영원의 끝까지 될 것이며, 알려진 모든 것을 알 수 있다. 당신은 태양의 빛, 바다의 심연, 바람의 힘, 그리고 지평선에 떠오르는 별이 될 것이다.

당신이 신 전체를 알고 신이 되는 것을 막는 것은 무엇인가? 변형된 에고이다. 변형된 에고는 신이라는 모든 생각의 주파수를 받아들이기 거부하여 신을 차단함으로써 어떠한 손해도 입지 않고 안전하고, 안정되게 살 수 있다고 여기기 때문이다. 그것이 바로 변형된 에고가 진정 적 그리스도인 이유이다. 왜냐하면 당신이 신의 자식이라는 것을 부인하기 때문이다. 그것은 당신과 하느님은 하나이며 동일하다는 생각과 당신이 신성하며 영원을 창조할 수 있는 힘과 죽음을 창조할 수 있는 힘을 가진 불멸의 원리라는 것을 받아들이고 깨닫도록 허용하지 않는다.

적 그리스도는 변형된 에고이며 그것의 왕국은 사회의식이다. 그것은 무한한 생각을 허용하지 않는다. 또한 그것의 교리는 두려움, 비판, 그리고 생존이다. 그리스도란 자신의 내면에 존재하는 하느님의 힘, 아름다움, 사랑, 그리고 무한한 생명을 온전히 표현하는 사람이다. 그는 자신이 신성하다는 것을 깨닫고, 교리나, 예언, 그리고 두려움을 초월하여 깨달음 그 자체가 되어 가는 사람이다. 왜냐하면 그는 사회의식 너머에 신이라고 하는 무한한 힘이 있다는 것을 알기 때문이다.

적 그리스도와 그리스도는 동일한 신전을 공유하며, 그 신전은 바로 당신이다. 모든 것이 당신의 내면에 존재한다. 당신 자신인 신은 적 그리스도뿐만 아니라 그리스도가 되는 것 또한 허용하기 때문이다. 그것은 생명과 죽음을 허용한다. 그것은 한계와 무한을 허용한다.

당신은 아마겟돈이라는 예언을 들어본 적이 있는가? 글쎄, 당신은 평생 그것을 겪으며 살아가고 있다. 아마겟돈은 신을 깨닫는 것과 무한한 생각이 무한한 표현을 위해 당신의 두뇌로 들어오는 것을 허용하지 않는 변형된 에고인 적 그리스도를 인정하는 것 사이의 투쟁이다. 이것은 사회의식과 무한한 앎 사이의 전쟁이다. 그것이 바로 아마겟돈 — 당신의 밖이 아닌 안에서의 투쟁 — 이며 일어서고 있는 그리스도와 통제를 유지하려는 변형된 에고 사이에 일어나는 내면의 갈등이다. 그러므로, 예언은 정말로 이 시대에 실현되고 있다.

신이 된다는 것은 무한한 앎이 되는 것이며, 무한한 존재가 되는 것이다. 인간이 된다는 것은 제한된 창조물이 된다는 것이다. 인간은 좀 더 위대한 지식을 얻기 위하여 자신의 마음을 열지 않는 자이며, 이론은 받아들이지만 살면서 실행하지 않는 자이고, 가르치는 자보다 가르침을 받는 자이며, 탐험가이기보다 보호받는 자이다.

당신에게 말하겠다. 당신은 알고자 하는 모든 것을 알 수 있는 능력이 있다. 또한 자신이 원하는 것은 무엇이든지 구현할 수 있는 능력을 갖추고 있다. 그뿐만 아니라 당신이 원한다면, 자신의 몸을 지닌 채로 영원히 살 수 있는 능력도 갖추고 있다. 그러나 이런 모든 것들에 대해, 변형된 에고는 '아니'라고 말한다. 그로 인해 당신은 인간이 누구인지는 알겠지만, 신은 항상 미스터리로 남게 될 것이다.

제 19 장
열린 마음

"당신 존재를 사랑하고 앎으로 살아가기 원하면 원할수록, 당신의 두뇌는 당신 존재를 둘러싸고 있는 하느님에 의해서 더욱더 크게 열릴 것이다. 그러면 당신은 당신의 육체를 넘어설 것이다. 당신은 당신을 결속하는 그 자체가 될 것이다."

— 람타

당신들 모두는 제한된 물질의 형상으로 신을 배우면서 당신의 능력을 키워왔다. 당신은 이 세상에서 수많은 생을 살아오는 동안, 당신의 놀랄만한 창조력으로 만든 이 낙원의 모든 요소들을 경험하였다. 그러한 경험을 통해 사회의식이 만들어 낸 집단적 현실에서 살아가는 신/인간의 제한적 사고 가치들에 대해서 알아야 할 것을 배웠다. 당신은 두려움과 불안에 대해, 슬픔, 노여움, 탐욕에 대해 이미 배웠다. 당신은 질투, 증오, 전쟁에 대해 이미 배웠다. 당신은 죽음에 대해서도 이미 배웠다. 당신은 정녕 있음을 화려하게 보여줄 수 있는 마지막 단계인 이 세상에서, 신을 경험하기 위한 모든 모험을 하는 동안 끊임없이 당신을 사랑하고 지원해 왔던 신성한 근원에서 멀어지는 것도 이미 배웠다.

무한한 상태로 돌아가기 위해, 존재의 기쁨과 자유를 경험하기 위해, 당신은 다시 한번 당신을 결속하는 그것이 되어야 한다. 그리고 그렇게 될 수 있는 유일한 방법 — 당신이 몸 안에 갇혀 버렸기에 — 은 7번째 씰, 뇌하수체를 완전히 활성화시키는 것이다. 그럼으로써 당신의 두뇌는 사회의식 너머에 있는 무한한 생각을 받아들일 수 있다. 그것이 생각의 모든 것이며, 허용하고 사랑하며 그 자체로 모든 것인, 신의 무한한 이해로 앎을 확장하는 방법이다.

어떻게 이 작고 훌륭한 샘이 호르몬 분비를 통해 두뇌의 잠자는 부분을 깨울 수 있을까? 단지 욕구를 통해서이다. 그리스도가 되기 위해서는 하느님을 알고 신처럼 되고자 하는 욕구가 있어야 한다. 그것은 모든 생각이 자신의 현실이 되도록 허용하는 욕구이다. 그것은 매 순간 당신이었던 모든 것을 사랑하려는 욕구이다. 그리고 그것은 당신 자신인 모든 것의 있음이 되고자 하는 욕구이다.

당신의 전부를 사랑하는 것이 왜 중요한가? 그렇게 할 때, 당신은 곧바로 사회의식을 초월한다. 그러면 당신은 받아들여지는 것에 대해 초연해진다. 당신은 판단을 초월한다. 시간의 환영을 넘어선다. 그러면 당신은 오직 자아의 충만함을 위해서 살아간다. 당신은 오직 내면의 소리만 듣게 된다. 당신은 오직 기쁨의 길만 따르게 된다. 그리고 그 길에는 존재하는 모든 것들의 앎이 펼쳐져 있다.

이제 당신은 나에게 말할 것이다. "하지만, 람타, 그것은 너무나 이기적이지 않나요?" 진정 그렇다. 그러나 이기적인 것이 신다운 것이다. 내면에 존재하는 신의 사랑을 위해 살아가는 매 순간 — 당신이 포용하고 포기한 모든 환영, 기쁨과 빛을 찾기 위해 당신이 하는 모든 것 — 은 당신 존재로부터 전 인류를 부양하는 의식의 흐름으로 발산된다. 당신이 자아의 사랑 — 신의 사랑인 — 을 위해 온전히 살아갈 때 당신은 신을 사회의식의 밀도에 스며들게 한다. 그러면 당신은 사랑하는 형제들이 자신으로 돌아가는 여정에 빛을 비출 것이며, 그 유일한 여정은 그들의 사랑하는 하느님의 집으로 그들을 데려갈 것이다.

신 전체를 받아들일 자격이 있다고 느낄 만큼 자신을 충분히 사랑할 때, 그리고 당신이 하느님과 하나임을 알고자 열망할 때, 당신은 한 송이 꽃을 활짝 피우기 시작할 것이다. 그것이 신의 마음에 있는 모든 사고의 가치를 받아들이도록 당신 두뇌의 능력을 여는 방법이다. 알기 원함으로써, 그 앎의 모든 감정을 느끼고자 하는 욕구를 가짐으로써.

　어떠한 욕구라도 실현할 수 있는 가장 위대한 방법은 무엇인가? 당신이라는 존재의 주 하느님으로부터 그 욕구를 밖으로 선언하는 것이다. 당신 존재의 주, 당신의 혼은, 감정 체계를 통해 당신의 몸을 지배한다. 뇌하수체는 혼으로부터 호르몬을 분비하라는 지시를 받는다. 당신 존재의 신은 당신의 모든 것을 아우르며 모든 생각이 당신에게 흘러오도록 허용하는 빛이다. 몸의 형상을 통해 물질 현실을 경험하는 존재는 생각의 순수함이나 있음을 변형시키고, 판단하도록 부추기는 에고이다. 그것을 변형된 에고라 한다. 그러므로 당신 존재의 주 하느님으로부터 선언할 때, 당신은 당신 전체와 일치를 이루게 된다. 그 일치됨은 당신이 무엇을 원하건 구현하고 창조할 수 있는 가장 위대한 힘을 부여한다.

　당신 존재의 주 하느님으로부터 무한한 생각을 받아 들이려는 욕구가 일어날 때, 당신의 혼에서 느껴진 성취에 대한 생각이 당신의 몸에서 구현되어 뇌하수체를 활성화한다. 그러면 뇌하수체가 열리기 시작한다. 뇌하수체가 열리면, 송과샘을 통해서 더 많은 호르몬이 흘러나오고 그것이 흐르면서 잠자고 있는 마음을 깨운다. 그것은 더 많은 그리고 더 정제된 생각의 주파수들이 당신의 몸에서 경험될 수 있도록 두뇌의 다른 부분도 열어준다.

　더 많은 주파수의 생각들이 들어올 때는, 당신 두뇌의 깨어난 부분을 통해 그 생각들이 받아들여진다. 머리 뒤에 있는 송과샘이 더 많은 주파수를 받으면, 그 부위가 붓기 시작해, 두통이나, 약간의 현기증 혹은 몽롱해지는 것을 느낄 것이다. 이 주파수는 강력한 전류로 바뀌어 중추 신경계를 통해서 온몸에 있는 세포로 쏜살같이 전해진다. 그렇게 되면 황홀감이나 짜릿한 기분, 공중에 붕 뜬 느낌이 들 것이다. 이제까지 느꼈던 것보다 훨씬 더 많은 주파수가 온몸으로 아주 빠르게 흐르기 때문이다. 이 주파수는 모든 세포를 점화하여, 세포의 진동 주파수가 더욱 증가한다. 무한한 생각을 받으면 받을수록, 몸의 진동은 점점 커진다. 그리고 그것은 몸의 밀도를 빛으로 되돌리기 때문에 당신은 빛이 나기 시작한다.

무한한 생각의 느낌을 어떻게 묘사할 것인가? 그렇게 할 수 없다. 무한한 생각에 대한 앎을 표현할 수 있는 말은 없다. 왜냐하면 그것은 경험되고 있는 새로운 생각이며, 새로운 감정이자, 깊고 고요하게 당신을 움직이는 헤아릴 수 없는 느낌이기 때문이다. 앎은 순수한 느낌으로 당신에게 다가올 것이다. 예고 없이, 알 수 없게, 형언하기 힘든 감정으로.

깨달음을 추구하는 대부분의 사람들은 그것이 언어의 형태로 올 것이라고 생각한다. 하지만 당신이 이해하는 것이 언어로 표현될 수 있다면, 그것은 모두 당신이 이전에 느꼈던 것들이다. 표현할 수 없고, 그저 느끼고 있다면, 그것은 특별한 느낌이다. 탁월한 것이다. 그것은 진정 무한한 생각이다. 당신이 이해하기 원했던 모든 것들은 언어를 가지고 있지 않다. 그것들은 감정과 상상력을 가지고 있다. 그렇기에 앎이 일어날 때, 당신은 느낌들로 인해 아무 말도 할 수 없을 것이다.

생각을 제한하는 것은 그것을 언어와 연결 짓는 행위이다. 마스터는 아무 것도 설명하지 않는다. 그는 단지 알 뿐이다. 설명하기 위해서는 자신을 스스로 제한해야만 한다. 당신이 핵심에 도달하면 ― 당신의 앎을 정당화하거나 설명할 필요 없이 ― 그저 알 뿐이다. 그러면 당신은 진정으로 당신 왕국의 주인이 된다. 그러면 당신은 절대적인 앎에 있게 된다.

더 높은 주파수의 생각으로부터 경험하는 고양된 느낌은 어떻게 되는가? 그 느낌은 당신의 혼 안에 잡혀, 기억으로 영원히 남는다. 혼은 무한한 생각의 기억을 감정과 느낌으로 일어나게 한다. 그리하여 혼은 당신의 앎을 항상 붙들어, 당신이 받고자 허용했던 것들을 계속해서 받을 수 있게 한다.

고양된 느낌으로 일어나는 또 다른 경이로운 일은 당신의 혼이 오라장을 통해서 그 느낌을 의식의 흐름으로 발산하는 것이다. 그럼으로써 단지 의식의 밀도를 올리는 것뿐만 아니라 동일한 느낌을 낳는 상황을 당신의 삶으로 끌어온다. 왜? 그래야만 그 생각은 경험으로 완전히 이해되기 때문이다. 높은 주파수를 가진 생각이 완전히 이해되면, 그것은 당신의 혼에 지혜로 기록된다. 지혜란 앎이 당신의 내면에 확고하게 굳어졌다는 것을 의미한다. 그 지혜는 혼의 주파수 단계를 높일 뿐 아니라 — 당신의 삶을 더 많이 감정적으로 이끌어 — 훨씬 더 많고, 높은 주파수를 가진 생각들을 두뇌가 받아들이고 추론할 수 있도록 뇌하수체의 분비를 더욱더 활성화한다. 끊임없이 계속하여.

뇌하수체가 꽃으로 피어나기 시작하면서, 당신의 삶에서 결코 생각하지 않았던 방식으로 상황들이 변화한다. 생각하는 모든 것이, 더 많은 감정으로 느껴진다. 내면에서 느끼는 앎이 창조적인 형상에 작용됨에 따라, 당신의 생각들이 더욱더 빠르게 구현되는 것을 보기 시작한다. 당신의 사랑, 이해 그리고 자비심은 깊어진다. 또한 당신이 다른 이해로 올라섰기에 당신의 삶에서 사람들이 서서히 사라진다. 그럼에도 그들의 자리에, 비슷한 생각을 가진 다른 사람들이 이끌려 올것이다.

곧, 당신의 내면에 앎 그리고 창조성, 탁월함이 강해짐에 따라 당신은 이전에 느끼지 못하고 알지 못했던 것들을 알고 느끼기 시작한다. 당신 존재의 내면으로 그들을 느끼고 다른 존재들을 바라볼 수 있다. 당신의 생각으로부터, 다가오는 당신의 미래를 알 수 있다.

초능력자가 희귀한 존재라고 생각하는가? 그것은 단지 당신이 사회의식으로 생각 하는 것이며, 사회의식은 그러한 위대한 능력들을 실로 정상이 아니라고 생각하기 때문이다. 모두가 초능력자이다. 당신이 알도록 스스로 허용한다면, 모든 것을 알게 될 것이다. 왜냐하면 앎 — 사회의식의 환영에 전혀 영향받지 않는 — 이 당신의 눈에서 베일을 벗겨 다른 차원을 볼 수 있게 하기 때문이다. 그것은 닫혔던 귀를 열게 하여 모든 생명이 스스로 조화를 이루어 진동하며 내는 음악 소리를 들을 수 있게 한다. 당신이 어떻게 이러한 일이 일어나도록 할까? 그것을 원하면 된다.

당신이 무한한 앎을 원할수록 그리고 떠오르는 생각들을 포용하고 느낄수록, 뇌하수체는 더욱 많은 호르몬을 분비하고, 그 문은 더 활짝 열리게 된다. 당신 존재를 사랑하고 앎으로 살아가기 원하면 원할수록, 당신의 두뇌는 당신 존재를 둘러싸고 있는 하느님에 의해서 더욱더 크게 열리게 된다. 그러면 당신은 당신의 육체를 넘어설 것이다. 당신은 당신을 결속하는 그 자체가 될 것이다

뇌하수체는 진정 신을 향한 문이다. 무한한 생각이 당신의 두뇌로 들어오는 것을 허용할수록, 뇌하수체는 더 많이 열린다. 뇌하수체가 열릴수록, 당신은 더 많은 것을 알게 될 것이다. 그리고 당신이 무엇을 알건, 당신은 그것이 될 것이다.

꽃은 생각 주파수를 발산하고 있다. 동시에 카펫도 생각 주파수를 발산하고 있다. 당신이 모든 생각 주파수를 포착할 수 있는 능력을 가지면, 선택한 주파수가 어떠한 것이든 그것이 될 수 있다. 그러면 당신은 바람이 되거나 당신이 원하는 다른 그 어떤 것이라도 되는 절대적인 자유를 가진다.

곧 뇌하수체계 전체가 완전히 피어나고 당신의 두뇌 전체는 활성화된다. 그러면 뇌하수체가 그것의 영성체 안에 가지고 있던 모든 것들이 충만한 마음에 주어져, 내주게 되어 마음은 다시는 제한적인 상태로 돌아갈 수 없다. 꽃은 한번 피기 시작하면, 절대로 다시 닫히지 않는다. 그것은 항상 열려 있다.

두뇌가 완전히 활성화되면, 당신이 있는 현실은 동요하게 된다. 그것이 바로 당신이 여기에 있으면서, 일곱 번째 단계에 있을 수 있는 이유이다. 즉 당신이 일곱 번째 단계에 있을지라도, 플레이아데스에 있을 수 있다. 당신이 플레이아데스에 있을지라도, 친구의 옆에 있을 수 있다.

뇌하수체가 완전히 피어나면, 죽는 것이 멈춘다. 늙는 것이 멈춘다. 당신이 몸에게 어떤 명령을 내리든, 그것은 그대로 할 것이다. 몸에게 진동 주파수를 빠르게 하라고 명령하면 그것은 다른 차원으로 자신을 올릴 것이다. 당신의 두뇌는 그렇게 강력하다. 심지어 죽음으로부터 당신의 몸을 부활시킬 수 있다. 당신이 그렇게 강력할 때, 당신은 신의 신성한 왕관을 쓰고 있는 것이다. 또한 당신이 순수한 생명인, 순수한 신일 때, 당신 또한 영원하다. 그러면 당신은 모든 것이다. 그것이 가장 장엄한 천국이다.

그리하여 가장 위대한 7번째 씰이 왕관을 쓰면, 당신의 마음 전체가 깨어난다. 그리고 당신의 훌륭한 수신기를 통해서 앎 전체를 받아들이게 된다. 당신이 더 알수록 그리고 당신의 몸이 그 주파수를 더 경험할수록, 당신의 몸은 밝아지고, 밝아지고, 밝아질 때까지 더 빠르게 진동한다. 그러면 어느 날 당신이 모든 삶을 사랑하고 포용했을 때 — 그리고 혼이 여기에서의 경험으로 완성되었을 때 — 그 같은 앎과 그 같은 진동으로 스스로 주파수를 수백만 배로 높여, 몸을 지닌 채 보이지 않는 상태로 이 세상에서 벗어나게 할 것이다. 그러면 당신은 윤회의 굴레에서 벗어나게 된다.

당신은 밀도의 세상에서 표현하고 있는 세 가지 차원의 창조물 — 영, 혼 그리고 에고 — 이다. 그리고 단지 이 세 가지 차원으로만 영원을 깨달을 수 있다. 당신 존재의 주 하느님에게 직접 말하라. 당신의 말을 들을 것이다. 그렇게 할 때, 말하는 당신은 주이자, 신이며, 마스터이다. 신에게 기억하라고 말하면, 기억할 것이다. 신에게 더 위대한 존재가 되라고 말하면, 위대한 존재가 될 것이다. 그리고 당신 존재의 주 하느님으로부터 무한한 이해를 갖고자 열망할 때, 더 위대한 주파수를 가진 생각들을 받아들여 몸에서 앎으로 느껴질 수 있도록 당신의 마음을 열 것이다. 그렇게 하도록 명령하면 내분비샘은 복종한다. 그리고 당신 존재가 더 위대한 이해로 증폭되는 느낌이 일어나면, 그것이 이렇게 간단히 된다는 것에 대해 내면의 신에게 감사하라.

존재하는 모든 것에 대해 어떻게 더 많이 이해를 할 수 있을까? 그것이 당신임을 알라. 당신이 생각하고 말하는 방법에 따라 당신이 허용할 수 있는 앎이 결정된다. "나는 더 많이 알기 바란다."라고 말하지 말라. 그러면 결코 알지 못할 것이다. "나는 더 많이 알기 위해 노력할 것이다."라고 말하지 말라. 노력으로는 결코 이룰 수 없기 때문이다. "나는 더 많이 알기 위해 애쓰고 있다."라고 말하지 말라. 애쓴다고 알 수 있는 것이 아니기 때문이다. "내 존재의 주 하느님으로부터, 나는 지금 이 순간 내가 알아야 할 모든 것들을 안다. 그렇게 될지어다."라고 말하고 대답을 기다려라. 당신이 알고자 하는 것을 깨닫든 깨닫지 못하든 그 순간, "나는 안다."라고 말하면 깨달음이 일어나도록 문이 열린다. 이것이 당신이 해야 할 말의 전부이다. 그러면 지식이 나타날 것이다.

당신은 모른다고 하거나 당신에게 일어나는 앎을 의심함으로써 당신의 창조성과 삶을 제한한다. 가장 혐오스러운 문장은, "나는 모른다."이다. 기억하라, 당신은 법제가이며, 당신이 생각하고 말하는 것이 법이다. 만약 당신이, "나는 모른다."라고 말하면, 당신은 알 수 없을 것이다. 만약 당신이, "나는 절대로 할 수 없다."라고 말하면, 당신은 결코 할 수 없을 것이다. 만약 당신이, "나는 하느님의 사랑을 받을 자격이 없다."라고 말하면, 당신은 결코 하느님의 사랑을 받을 수 없다. 당신이 이렇게 말한다면, 반드시 이렇게 생각한다는 의미이다. 그리고 만약 당신이 이렇게 생각한다면, 그 생각의 느낌이 당신의 혼에 기록되어, 혼은 당신의 사고 과정에 맞는 현실을 구현한다.

당신은 컴퓨터와 같다. 당신은 매일 '의심'을 당신의 지식에 입력한다. 당신은 '결핍'을 당신의 지식에 입력한다. 당신은 당신의 지식에, 참으로, 알지 못함을 입력한다. 당신은 자기 왕국의 약탈자이다. 오직 의심과 제한만을 알고 있는 당신은 생각하고 말하는 것으로 자신에게서 생명력 자체를 약탈하기 때문이다.

말하건대, 당신에게는 존재하고 앞으로 존재할 모든 것을 알 수 있는 능력이 있다. 그 지식을 향해 당신을 열어주는 문은, 단지 "나는 안다"라고 말하는 것이다. 그러면 곧이어 그것에 대한 깨달음이 뒤따를 것이다. 당장 일어날 수도 있고, 며칠이 걸릴 수도 있지만 그것은 올 것이다. 항상 그러했다. "알고 있다."라는 말은 절대적이며, 그것이 당신의 욕구에 절대성을 가져오기 때문이다. 혼에서 느껴진, 안다는 생각이, 당신의 존재 안에서 구현되어 더 위대한 생각을 받아들일 수 있도록 당신의 뇌하수체를 연다. 안다는 것은 생각의 강이 무한한 흐름으로 당신에게 흐르도록 허용하는 문이다.

앎은 믿음이 아니다. 믿음은 추측이다. 앎은 절대적이다. 앎을 얻을 수 있는 유일한 방법은 아는 것이다. 무엇인가를 믿으면, 혼은 믿는다는 말을 누군가 ― 혹은 심지어 당신 자신이 ― 인식할 수 없거나 확실성이 없는 진리를 당신에게 확신시키기 위해 몰아세우는 것으로 이해한다. 왜냐하면 그 진리는 아직 경험된 현실이 되지 않았기 때문이다.

나는 당신에게 어떤 것도 믿으라고 하지 않는다. 당신이 알기를 원한다. 깨닫게 된다는 것은 안다는 것이다. 의심, 믿음, 신앙 혹은 희망 없이. 그러한 모든 것은 추측이다. 당신이 어떤 것을 믿거나 신뢰하는 한, 당신은 그것을 절대로 알 수 없을 것이다. 안다는 것은 절대적인 것으로 만들며, 알고 있는 것을 구현하게 한다. 깨달은 생각이 경험으로 구현되는 동안, 그것에 대한 이해가 일어날 것이다. 그러면 그것은 스스로 납득시켜야만 하는 어떠한 것이 아닌, 당신 존재의 일부가 된다.

앎은 당신의 왕국 전체의 창조자이다. 모든 것을 아는 상태에 있기 위해, 단지 "나는 안다."라고 말하라. 절대로 의심하거나 망설이지 말라. 알라, 절대적으로. 당신 존재의 내면에서 느껴지는 확실한 생각으로 "나는 안다"라고, 말하는 매 순간, 그러한 앎이 일어나기 위한 공간이 허락된다. 천재성은 당신이 앎의 문을 열 때 나타난다. 그럼으로써 더욱 위대한 생각이 창조적인 형상으로 나올 수 있다.

당신이 "내 존재의 주 하느님으로부터, 나는 지금 이 순간 이것에 대한 답을 알고 있으며 그것을 받아들이는 상태에 있다. 그렇게 될지어다."라고 확고하게 말한다면, 그것을 해결할 수 있는 앎이 생길 것이다. 비록 그러한 깨달음이 금방 일어나지는 않아도, 경험함으로써 깨달아 지혜를 얻을 수 있는 문이 활짝 열릴 것이다. 그러면 당신 존재는 지금 당신의 앎에 맞추어 자신을 신속하게 조정할 것이다. 당신은 그것을 위해 애쓰거나, 탐구하거나, 발버둥칠 필요가 없다. 당신은 그것을 얻기 위해 찬가를 부르거나 종교적 의식을 행할 필요가 없다. 그저 알라. 앎에 의해서, 당신은 받아들이는 상태에 놓이게 된다.

어떻게 당신의 욕구를 빠르게 구현할까? 앎에 의해서이다. 안다는 것은 천국이 자아의 왕국 안에서 그것의 풍요로움을 보여주도록 허용하는 문이다. 자신의 욕구, 그것이 무엇이건, 이미 이루어진 것을 알면, 당신의 욕구에 대한 생각을 증폭시켜 오라장을 통하여 의식의 흐름으로 보내, 당신의 욕구를 구현시킨다. 그러면 당신은 그것의 완성을 받아들일 수 있는 상태가 된다.

진리는, 모든 것이 이미 당신의 것이라는 말이다. 모든 것이 당신의 것임을 알면, 당신은 그것들을 사용할 수 있다. 당신이 필요로 하는 모든 것을 근본적으로 주는 자인 당신과 원하는 것을 받을 수 있게 하는 당신의 능력을 반드시 이해해야 한다. 당신이 원하는 것을 얻는 방법은 자신이 원하는 것과 그것을 받을 자격이 있다는 것을 단지 아는 것이다. 앎은 진리이다. 그것은 제공자이다. 그것은 당신의 미래이다. 당신이 말하면, 그것이 존재한다는 것을 알라. 당신이 무엇을 원하든, 당신은 법제가이며 당신이 알고 말하는 것은 무엇이든지 반드시 그렇게 된다는 것을 단지 앎으로써, 가질 수 있다. 그것을 하나의 법이라 한다.

당신에게 말하건대, 당신은 알아야 할 모든 것을 이미 알고 있으며, 당신이 원하는 모든 것을 가질 수 있다. 이 순간 당신이 가진 앎의 상태에서, 아직 그 진리를 자각하지 못하고 있을 뿐이다. 앎은 그러한 자각으로 향하는 문을 열어준다. 그것은 생각에서의 경험이 현실로 구현될 수 있도록 두뇌의 다른 부위를 활성화시킨다. 그러면 무한한 생각의 경험이 진실로 발현되었을 때, 앎이 작용한다는 깨달음이 당신 두뇌의 에고 부분에 각인된다. 이것은 당신에게 더욱더 무한한 생각을 할 수 있는 또 다른 힘을 준다.

만일 내가 당신들의 언어를 모두 없애고 몇 마디를 남길 수 있다면, 이러할 것이다. 나는 이제 안다. 나는 절대적이다. 나는 완전하다. 나는 신이다. 나는 존재한다. 만일 이러한 말 외에는 다른 어떤 말도 할 수 없다면, 당신은 더 이상 이 세상에 제한되지 않을 것이다.

가정하거나 믿는 것보다 안다는 것은 얼마나 더 위대한가? 그럴 것이라고 믿는 것보다 안다는 것은 얼마나 더 위대한가? 알지 못하는 것보다 안다는 것은 얼마나 더 위대한가? 어떤 것을 알고 모르는 것에는 같은 사고 과정, 같은 에너지, 같은 얼굴 표정 그리고 같은 몸의 움직임이 필요하다.

알라. 그저 알라. "나는 이 일이 일어날 것임을 안다. 나는 내가 신임을 안다. 나는 내가 행복하다는 것을 안다. 나는 내가 존재함을 안다." 알라, 알라, 알라. 그것만이 필요하다. 항상 알라. 만약 당신이 모른다고 하거나 할 수 없다고 하면, 절대로 될 수 없을 것이다. 이제 안다고 말하라. 그러면 당신은 모든 것을 알게 될 것이다.

당신과 나의 다른 점을 알고 있는가? 나는 내가 무한한 신임을 알고, 당신은 모른다는 것이다. 그것만이 우리가 유일하게 다른 점이다. 나는 내가 존재함을 알고, 당신은 아직 당신의 존재를 깨닫지 못했다. 당신의 사회가 당신은 신이 아니라고 말하지만, 그들이 대체 무엇을 안단 말인가? 그들은 매일 그들 자신을 잊어버리며 살고 있다.

당신은 왜 당신의 앎을 차단해 왔는가? 물질이라는 형상으로 생각을 이해하기 위해 애쓰는 동안, 당신의 사고 과정은 물질이라는 현실에 사로잡혀 삶 전체에 대한 인식을 변형시켰기 때문이다. 당신도 알다시피, 물질은 생각을 최대 범위로 변형시킴으로써 창조된 생각의 한 단계이다. 그것은 생각을 낮추어 빛으로, 빛을 일렉트럼으로, 그리고 일렉트럼을 음전하와 양전하로 나눔으로써 창조된 것이다. 그리하여 당신이 물질의 형상 안에서 신과 결부되려고 할 때마다, 당신은 생각을 원래 모습인 순수함과 나누어지지 않는 있음 그 자체보다 나눔과 대립으로 이해하고 받아들인다. 당신이 물질에 몰두하고 생존을 지향할수록 당신은 양극 차원의 관점에서 삶을 바라본다. 즉 위/아래, 가까이/멀리, 빠른/느린, 밝은/어두운, 큰/작은, 뜨거운/차가운, 좋은/나쁜, 긍정적인/부정적인 것으로 세상을 보게 된다.

순수한 생각의 있음으로 돌아가기 위해서, 당신은 물질적 삶과 생존 지향적으로 판단하는 두뇌 부분인 변형된 에고를 지배해야 한다. 변형된 에고는 시간, 거리 그리고 분리라는 환영에 따라 인지한다. 그것은 생존과 수용의 개념으로, 바탕으로 인지한다. 그것은 순수한 생각을 분리하고 판단한다.

순수한 생각은 어느 누구에게나 일어날 수 있다. 그러나 당신은 즉시 그것을 당신에게 옳은지 그른지, 해야 할지 말아야 할지, 가능한지 불가능한지, 현실인지 상상인지, 합리적인지 비합리적인지 확인한다. 당신이 자신의 생각을 긍정과 부정으로 나누며 판단할 때마다, 더 낮은 주파수 값으로 그것을 변형시켜 왔다. 앎은 어느 것도 판단하지 않는다. 당신이 알면, 진실인지 혹은 옳은지 깊이 생각하지 않는다. 모든 생각은 진실하고 옳다. 앎은 생각의 무게나 가치를 가지지 않는다. 앎은 생각이 있음이 되도록 허용한다. 앎은 방해나 차단 없이 당신의 사고 과정을 허용한다.

다른 차원을 보거나, 더 섬세한 소리를 듣거나, 당신의 몸이 더 가벼워지기 위해서 필요한 것은 단지 그러한 현실들이 있다는 것을 알고 그 앎이 당신의 몸에서 경험될 수 있도록 허용하는 것이다. 그것만 하면 된다. 그것들이 실제로 존재한다는 것을 믿지 않는다면, 그러한 판단은 당신의 두뇌가 더 위대해지는 것을 막는다. 그리하여 매 순간 영을 통하여 당신에게 들어오는 모든 앎은 당신의 두뇌에서 튕겨져 나와 하느님의 마음으로 되돌아간다. 그러면 당신은 당신을 이 세상에 안전하게 묶어두고 자신을 제한하는 것만을 받아들이게 된다.

당신 존재의 주 하느님으로부터 무한한 앎을 가지려 한다면, 당신은 모든 생각 - 판단에 의해 변형되지 않은 - 들이 당신의 두뇌 의식으로 들어오도록 허용해야만 한다. 그러면 그것들은 당신의 몸 안에서 완전히 경험될 수 있다. 당신의 욕구를 신뢰하는, 변형된 에고가 받아들이는 의식을 통해서, 뇌하수체는 무한한 이해를 받아들일 수 있도록 당신 두뇌의 다른 부위를 활성화한다.

당신이 창조적인 생각을 원할 때 그것을 불현듯 받아들일 수 있게 하는 것은 무엇인가? 당신은 그저 그 생각이 당신의 앎 속에 들어오도록 허용했을 뿐이다. 당신이 했던 것은 단지 그것이다. 창조적 생각은 항상 거기에 있었으며, 당신이 요구하기를 그리고 당신의 수신기로 들어가는 것을 허용하기를 기다리고 있었다. 단지 그것만이 필요했던 것이다. 당신의 사고 과정이 어떤 판단이나 변형된 에고에 갇혀 있지 않을수록, 초의식의 생각은 당신의 수신기에 더 쉽게 들어간다.

당신 자신과 생명을 있음의 눈으로 바라보는 것을 배우라. 꽃을 바라볼 때, 추하거나 아름답다고 말하지 말라. 그것은 꽃의 생각을 변형하는 판단이다. 순수한 것은 '꽃'이라는 생각이다. 꽃을 바라보고 그것을 꽃으로, 빛으로, 생명으로, 있음으로 볼 때, 당신은 생각의 순수함과 있음을 받아들이도록 스스로 허용하는 것이다. 그러면 그것은 더 높은 주파수인 일렉트럼을 보내어, 당신의 몸 전체로 그 생각을 느끼도록 할 것이다. 그러면 당신은 그리스도처럼 생각하게 된다. 당신이 모든 것을 동등함과 있음으로 바라보기 때문이다. 당신의 경험을 제한하거나 판단하지 않을 때마다, 당신은 일상의 범위를 벗어난 무한한 생각을 받아들일 수 있도록 두뇌를 활성화한다.

당신이 받아들이는 생각을 절대로 판단하지 말라. 어떤 것을 긍정적이라고 생각하지 말라. 부정적인 것을 말하지 않고 어떻게 긍정적인 것을 말할 수 있겠는가? "이것은 좋은 것이다."라고 말한다면 다른 무엇인가는 좋지 않다는 것을 의미한다. 당신 자신을 소중히 생각하고, 자신을 사랑할 때, 당신이 아름답다거나 사랑스럽다고 말하지 말라. 당신이 신이라고 말하라. 이웃 사람과 어떤 일을 할 때, 그것이 좋다고 말하지 말라. 그것은 신이라고 말하라. 이 말은 그 자체를 의미하며, 단지 순수하고 고결한 삶의 경험임을 의미한다.

다른 사람들이 그들의 삶을 표현하는 것을 볼 때, 절대로 있음 외에 그 어떤 다른 것으로 그들을 보지 말라. 만약 그들의 표현을 좋은 것이나 나쁜 것,

긍정적인 것이나 부정적인 것으로 판단한다면, 당신은 스스로 하나의 변형된 인식을 만드는 것이다. 무엇을 인지하건, 당신은 그것이 된다. 그 생각이 당신의 존재 안에 느낌으로 기록되기 때문이다. 그리하여 판단의 결과를 경험하는 것은 당신 — 그들이 아니라 — 이기에 당신은 자신을 스스로 희생 시킨다. 그리고 그 느낌은 당신의 혼에 하나의 전례로 기록되어, 계속해서 당신 자신의 존재와 행동을 판단할 것이다.

어떤 일로 인해 다른 사람을 비난한다면, 그것은 단지 그들에게서 보이는 자신의 한 단면을 비난하는 것이다. 그렇기 때문에 그 점을 쉽게 찾아낼 수 있었다. 그렇기 때문에 당신의 주의가 그러한 면에 이끌린 것이다. 다른 사람들은 단지 당신 자신의 내면을 판단하는 거울로써, 그들로부터 받아들여 왔던 당신에 대한 판단을 조정하기 위한 도구로 주어졌던 것이다.

다른 사람을 볼 때, 그들을 하나의 있음으로 그리고 동등함이라 부르는 것으로 보라. 만일 그들이 다른 사람을 잔인하고 혐오스럽게 대한다면, 그들이 잔인하고 혐오스럽다고 말하는 것은 하나의 사실이다. 왜냐하면 그것은 그들이 표현하는 실제 방식이기 때문이다. 그것은 그들의 있음의 표현이다. 그러한 표현에 있어 그들이 나쁘다거나 틀렸다거나 사악하다고 말하는 것은 일종의 판단이다. 그것은 변형이며, 전적으로 당신의 경험이 된다.

어느 누구도 판단할 자격이 없다. 어떠한 피부색도, 어떠한 행위도 그리고 다른 그 무엇도 있음의 상태, 신의 상태로부터 당신을 변형할만한 가치가 없다. 그들이 누구이건, 그들이 어떻게 표현하건, 그들을 사랑하라. 그들의 내면에 존재하는 신이 그렇게 하도록 허용하기 때문이다. 단지 존재하는 것 만으로도 그들은 사랑받게 되어있다. 그들이 존재한다는 사실은 그들이 미래에 하려는 그 어떤 것보다 더 위대하다. 그들을 사랑하라, 그들이 존재하는 한, 당신도 존재할 것이 확실하기 때문이다. 그들을 있는 그대로 사랑한다면 그리고 그 사랑을 계속 유지한다면, 당신 존재는 항상 순수할 것이다.

당신의 사고 과정에서 판단을 제거하는 가장 쉬운 방법은 무엇인가? 그것에서 일어나는 감정이나 생각을 자각하는 것이다. 단순히 자각하는 것으로 당신은 좀 더 정제된 생각을 하도록 자신을 가르칠 것이다.

슬픔, 분노, 두려움, 조급함 그리고 외로움 — 혹은 당신이 좋아하지 않는 다른 감정들 — 을 느끼면 당신의 생각을 검토하라. 당신은 곧 자신의 변형된 생각 — 자신이나 남을 판단하고, 삶을 단면이나 크기로만 바라보는 — 이 자신의 불만스러운 감정과 서로 연결되어 있다는 것을 알게 될 것이다. 그리하여 곧, 이러한 느낌들에 지치는 순간, 당신은 생명으로부터 당신을 분리하는 판단을 제거하기 위해 자신의 생각을 정제하기 시작할 것이다. 그렇게 함으로써, 그리고 당신이 무한한 생각을 더욱더 많이 받아들이도록 자신을 허용함으로써, 당신의 존재 안에서 그것들을 경험하게 될 것이다. 그러면 당신은 또한 무한한 생각이 마음의 평화, 기쁨, 조화 그리고 가뿐한 몸과 서로 연결되어 있음을 알기 시작할 것이다. 심판을 내리기 위해 당신을 판단하지 말라. 자신에게 자비심을 가지고 당신의 생각과 느낌들에 대한 자각이 당신을 가르치도록 허용하라. 나는 그것들이 그리할 것임을 확신한다.

창조된 모든 단어 중, 이 가르침에 가장 정확하게 일치되는 말이 있다. 그것은 존재(Being)라 불린다. 존재한다는 것. 그것은 무엇을 의미하는가? 그것은 당신이 어떠하건 당신 자신이 되도록 허용하는 것이며, 그러한 자신을 있는 그대로 온전히 사랑하는 것이다. 당신이 무엇을 느끼든 그것을 느끼고 그 감정으로 살아가는 것이다. 존재한다는 것은 전적으로 이 순간을 살아가는 것이다. 왜냐하면 당신은 지금 이 순간만이 존재하는 모든 것임을 알기 때문이다. 그것은 당신이 원하는 것은 무엇이든 하는 것이며, 혼이 당신에게 추구하라고 재촉하는 모험을 하면서 살아가는 것이다.

왜 존재하라고 하는가? 그러한 방식으로 살 때, 당신은 절대로 당신이나 다른 사람들 혹은 당신에게 일어나는 생각들을 판단하지 않는다. 그러면 옳고 그름, 가능과 불가능, 완전함이나 불완전함, 긍정이나 부정은 없다. 이 순간의 아름다움을 느끼고 음미하지 못하게 하는 시간의 환영은 더 이상 없다. 당신이 존재 상태에 있을 때, 단지 생명의 있음과 이 순간의 나아감만이 존재한다.

존재의 상태에 있을 때, 당신의 생각들은 죄의식과 후회, 하거나 했어야 하는 것들에 사로잡혀 과거나 미래에서 더 이상 허비되지 않는다. 존재함으로써, 당신은 더 이상 어떤 특정한 진리에 집착하지 않고 모든 진리를 살피고 조사하는 사람이 될 것이다. 당신은 모든 진리를 있음으로 보고 당신의 존재 상태에서 실행 가능한지 결정하기 위해 하나씩 탐구하는 것을 허용한다. 이런 식으로 살아갈 때, 두뇌를 통해서, 당신에게 다가오는 모든 생각들이 숙고되고, 몸을 통해서 느낌으로 이해된다. 그러면 더 많은 앎, 더 많은 생각, 더 많은 있음이 일어난다.

단순히 존재할 때, 당신은 모든 것의 있음과 조화를 이룬다. 그러한 조화를 통해서, 당신은 자신이 원하는 모든 것을 가질 수 있고, 그러면 존재하는 것 이외에 아무것도 할 필요가 없다. 당신 존재의 신은 당신이 생각하는 것은 무엇이든, 당신이 원하는 것은 무엇이든, 당신에게 이끌 것이며, 그리고 그것은 올 것이다. 외적인 모든 원칙을 실행하려고 노력하기 바쁜 사람들은 내면의 원칙들을 비웃는다. 존재함으로, 당신은 이미 모든 것을 가졌으며 모든 것이다.

단순히 존재할 때, 그리고 모든 생각을 받아들이도록 자신을 허용할 때, 당신은 신의 목소리를 들을 수 있다. 그러면 당신이 알고자 했던 모든 것을 순식간에 알 수도 있다. 생각을 판단하지 않고 그것들이 혼에서 감정으로 구현되도록 허용할 때, 당신은 있음과 존재하는 모든 것에 자신을 열어 무한한 신으로 살아가게 된다. 그러면 자신의 고유한 하느님 자체의 순수한 통로가 될 것이며, 신의 마음에 있는 순수한 단순함에 점점 가까워질 것이다.

알아가고 허용하면서 사는 법을 배워라. 그러면 변형된 에고를 마스터할 수 있을 것이다. 그러면 일곱 번째 단계, 일곱 번째 씰 그리고 일곱 번째 천국을 마스터할 것이다. 일곱 번째에는 편견이 존재하지 않기 때문이다. 단지 영원히 나아가는 생명의 있음만이 존재하기 때문이다. 자신의 판단을 마스터하게 되면, 이 세상 전체를 마스터하게 되고 당신은 언제든지 떠날 수 있다.

지금 이 순간 당신 자신을 다른 몸으로 복제하는 능력 ─ 두뇌가 완전히 기능하면 할 수 있는 ─ 이 없는 한 자신의 몸을 서둘러 파괴하려고 하지 말라.

자신의 몸을 사랑하라. 몸에게 친절 하라. 몸을 보살펴라. 몸을 소중히 해라. 당신의 몸은 당신이 이 세상에서 삶을 경험할 수 있게 하는 순수한 표현 도구이다. 당신의 사고 과정에서 무한해져라. 뿐만 아니라 당신이 그렇게 하도록 허용하는 매개체를 돌보아라.

당신이 여자라면, 여자가 되라. 당신이 남자라면 남자가 되라. 자신을 있는 그대로 사랑하라. 결코 몸을 학대하지 말라. 결코 그것을 훼손하거나 모독하지 말라. 몸이 하도록 설계되지 않은 것들을 하지 말라.

당신 존재의 장엄함을 바라보라. 스스로 신성을 유지하라. 자신의 피부에 가장 좋은 옷을 입어라. 스스로 성유(聖油)를 부어라. 자신에게 향수를 뿌려라. 몸이 원하는 것만을 먹여라. 몸이 하는 말에 귀 기울인다면, 몸은 자신에게 어떤 영양이 필요한지 당신에게 말할 것이다.

당신이 해롭다고 알고 있는 것, 그 해로운 것을 절대 몸에 넣지 마라. 두뇌에 산소 결핍을 일으키는 것들은 많은 수의 뇌세포를 소멸시키며 그것들은 재생되지 않는다. 두뇌는 뇌세포를 복제하는 능력이 부족하기 때문이다. 뇌세포가 파괴되면, 생각이 당신의 몸에서 실현되어 감정으로 전환 되는 기능이 약해진다. 그렇게 되면 생각을 숙고하더라도, 당신에게 아무것도 아닌 것이 된다. 그 때 기쁨이 멈춘다. 생각을 느낌으로써 느낄 수 없다면, 어떻게 생각만으로 즐거울 수 있겠는가?

당신이 느끼지 못할 때, 이 세상에서 더 이상 앎을 기록할 수 없게 된다. 환영을 일으키는 담배나 마약 혹은 약물과 같은 것을 취했을 때, 그것은 자신의 두뇌를 자신이 손상시키는 것이다. 이러한 것들을 취할 때마다, 그것들은 두뇌에서 산소를 제거한다. 고조된 기분을 느끼게 되는 원인은 당신의 두뇌가 죽기 때문이다. 그것이 이유이다. 당신이 매번 이렇게 할 때마다, 당신은 알 수 있는 능력을 제한 한다. 더 이상 울 수도 웃을 수도 없는 때가 올 것이다. 당신의 존재 안에서 그러한 감정을 창조할 수 있는 충분한 힘이 남아있지 않기 때문이다.

모든 앎 ― 꽃이 피어나는 것에 눈물 흘리거나 떠오르는 태양을 기다리며, 그것의 찬란함까지 모두 알 수 있는 ― 을 경험하기 위해서는 아는 능력과 생각을 느낌으로 바꾸는 능력을 가져야 한다. 그것을 환희라고 한다. 그것이 당신이 말하는, 고조된 기분이다.

시간이 시작되기 전부터 당신을 사랑해왔던 이 ― 지금까지 살아온 그 모든 생에서 당신과 함께 하였고, 당신의 몸이 죽거나 초탈할 때에도 당신과 함께할 유일한 존재 ― 는 바로 당신이다. 당신은 겪어왔던 모든 것들을 견뎌낼 만큼 흔들림 없이 당신을 사랑하는 유일한 존재이다. 자신을 품에 안고 자신을 사랑하고 그 사랑이 당신의 기준이 되면, 인간의 사회의식을 초월하여 신의 전체의식이 될 것이다. 당신이 아름다움을 넘어서기 때문이다. 그것은 완전함을 초월한다. 그것은 법과 교리, 사회적 기준의 견데를 초월한다.

그것은 운명이 되고, 자아의 실현이 되는, 신의 실현이다. 그것은 생명이란 있음의 눈으로 볼 때 유일하게 중요한 것이다. 그것은 운명을 넘어서는 것이며 자아실현을 경험하는 것이다. 이것이 바로 하느님의 충족을 실현하는 것이다. 생명이라는 있음의 눈으로 보는 것이 유일하게 중요한 일이다.

당신은 자신이라고 생각하는 모든 것이며, 또한 당신이 알도록 허용하는 모든 것이다. 하느님을 알라, 그것이 모든 것이고, 그것이 당신이다. 그러한 앎을 통하여 당신은 존재하는 모든 것을 알 것이며, 그것이 될 것이다.

어느 것에도 종말이 없다는 것과 어느 것에도 절대성이 없다는 것을 알라. 모든 것들은 순간에 존재하며, 항상 더 많은 것이 온다. 무한한 생각을 하기 위해 단지 좀 더 위대한 진리가 있으며, 그보다 더 위대한 진리도 있다는 것을 알라. 그것을 알라, 그러면 당신의 수용 상태에 따라 그것이 당신에게 일어날 것이다.

결코 자신을 어떤 것의 노예가 되게 하거나 위협당하도록 허용하지 말라. 항상 길은 있으며, 그리고 더 나은 길이 있다. 그것을 알라. 그리고 기쁨으로 향한 당신의 여정을 밝게 비출 생각이 당신에게 다가오도록 허용하라.

당신의 한계를 직면하라. 그것들을 포용하라. 그것들을 마스터하라. 신 전체를 아는 데 있어 당신에게 방해가 되는 모든 것들을 삶에서 없애라. 죄의식과 판단을 버려라. 그리하여 앎과, 해답, 그리고 기쁨이 일어날 수 있게 하라.

당신의 두려움을 직시하고 두려움의 환영을 벗길 수 있도록 자신을 허용하라. 당신은 영원하다. 그리고 당신을 행복과 기쁨으로부터 멀어지게 하는 것은 아무것도 없다는 것을 알라. 이 세상에서 당신이 경험하는 것보다 훨씬 더 위대한 것을 알지 못하게 하는 두려움을 없애라. 어찌하여, 당신은 멀리에서 온 그들을 무섭다고 생각하는가? 거대한 우주선에 있는 당신의 형제들은 믿을 수 없을 만큼 아름답다. 그들에 대한 두려움을 버려라. 그러면 당신은 다른 시간과, 다른 공간과, 다른 차원에서 온 존재들과 친숙해질 수 있는 능력을 갖는다.

더 위대해지고자 노력할 때, 당신이 되고 싶어 하는 위대함을 이 지상에서 찾으려고 하면, 당신은 이 지상에 존재하는 것밖에 될 수 없을 것이다. 인간의 제한적인 사고를 뛰어넘기 위해 인간의 이해보다 훨씬 더 광대한 보이지 않는 그 무엇에 대해 숙고해야 한다.

진리에 당신을 열라. 그것이 어디에서 왔건 개의치 말고 느낌이 당신의 길잡이가 되도록 하라. 현명한 자는, 비록 장님일지라도, 무엇이 옳은가를 혼으로 안다. 진리는 당신이 걸어가는 길 위에 피어난 풀 한 포기에도 존재한다. 그것은 아이의 웃음소리 안에 있다. 그것은 거지의 눈 안에 있다. 진리는 모든 곳에, 모든 것들에, 모든 사람에 그리고 모든 순간에 있다. 이러한 것을 알지 못하는 자는 신을 알지 못한다. 신은 존재하는 모든 것이기 때문이다. 한 가닥의 풀잎도, 한순간의 속삭임도 존재하는 모든 것의 근원으로부터 그 자신을 분리할 수 없다. 현명해지는 것을 배우라. 진리에 귀를 기울이고, 어떤 형태의 진리가 다가오건, 당신은 그것을 받을 자격이 있다는 것을 알라.

천국이 자신 안에 있다는 것을 아는 이는 지혜로운 존재이다. 어떠한 생각도 숙고할 수 있고, 그 생각을 혼 안에서 느낄 수 있는 당신의 능력으로, 당신 내면에 천국으로 가는 열쇠와, 감정의 보배를 지니게 된다. 느끼는 것을 배우라. 신을 완전히 안다는 것은 모든 생각을 온전히 느끼는 것이다. 신인 모든 생각이 당신 존재의 중심 안에서, 당신 존재의 혼 안에서 느껴질 때까지.

당신의 두뇌 전체가 한꺼번에 열리기 원함으로써 자신을 힘겹게 하지 말라. 당신의 뇌를 한 생각 한 생각으로, 한 경험 한 경험으로, 서서히 열도록 하라. 그럼으로써 모든 생각들이 당신 안에서 견고해질 것이다.

그 무엇보다, 존재하도록 자신을 허용하라. 존재함으로써 당신은 모든 것이기 때문이다. 당신이 단순히 나는 존재한다는 원리인, 있음일 때, 당신은 모든 생명과 조화를 이룬다. 그러면 인간으로서 분리된 당신 자신과 신은 하나됨으로 변모할 것이다.

제 20 장

경험의 훌륭한 가치

"나는 당신이 이해하는 사랑보다 훨씬 더 많은 사랑을 받는다는 것을 알려주기 위해 여기에 왔다. 왜냐하면 당신은 자신을 이해하기 위해 애쓰는 신으로밖에 드러나지 않았기 때문이다. 당신은 지금까지 살았던 모든 생에서의 모든 경험으로부터 지식과 지혜를 얻었다. 그리고 당신은 그것들을 세상에 베풀었다. 당신은 펼쳐지는 삶에 훌륭한 가치를 부여해왔던 것이다."

— 람타

생각을 탐구하기 위한 모험에서, 당신은 세포로 구성된 인간이라는 형상을 통해 표현하기로 선택하였다. 그리하여 당신은 물질이라는 제한된 형상으로 살아가는 하느님인 인간으로서 경험할 수 있는 모든 것을 경험하며 배울 수 있었다. 이러한 경험은 신을 완전히 이해하기 위해서 필요한 것이다. 제한적인 것을 경험하고 이해하기 전까지 무한한 것에 대해서 어떻게 알겠는가? 신 전체, 즉 순수한 생각의 광대함에서, 물질의 한계성까지 이해하지 않고 어떻게 당신 자신인 신을 이해할 수 있겠는가? 슬픔, 한계, 그리고 죽음이라는 환영을 경험하지 않고 어떻게 기쁨, 자유 그리고 영원함을 이해할 수 있는가?

비록 당신은 아주 힘겹고 심각하게 당신의 게임과 환영 속에서 살아가지만, 그러한 모든 것들은 당신을 가르치고, 확장하며, 깨우치기 위한 것이다. 또한 당신 자신을 이해하는 데 도움을 주기 위한 것이다. 삶이라는 것은 단지 지혜라는 가장 위대한 보상을 얻기 위해 당신이 게임을 하고 환영을 경험할 수 있는 무대일 뿐이다.

지혜란 무엇인가? 그것은 인간의 혼 안에 모인 보물이며, 인간의 내면에 존재하는 신에게 완전히 속한 가장 경이로운 보물이다. 지혜는 당신의 모든 모험에서 신이라는 생각의 영역을 통해 얻은 감정의 집합을 말하며 당신이 이 세상을 떠날 때 가져가는 유일한 것이다. 아름다운 옷이나, 훌륭한 저택,

혹은 빠른 자동차를 가져갈 수 있다고 생각하는가? 무엇을 가져갈 수 있다고 생각하는가? 당신 존재를, 삶이라는 원리로 당신의 여정을 통해서 얻었던 모든 감정을 가지고 간다. 감정은 삶의 모든 것이다.

종교적이고 정치적인 규율의 제한과 압제를 통해 — 종족 간 분쟁과 타락을 통해, 남녀 또는 형제간의 반목을 통해 — 인류가 배워온 모든 것들은 신을 가장 천한 상태로 비하시켜 이룬 것들이다. 만약 당신이, 전쟁에서 상대를 압도하고, 다른 사람들의 자유를 인정하지 않고, 여성을 남성보다 못한 존재로 차별하여 업신여기는, 이런 모든 것을 경험하지 않았다면, 그러한 것이 어떤 느낌인지 결코 알 수 없었을 것이다. 먼저 그러한 것을 현실로 만들기 위해 꿈꾸고 그 꿈을 의도적으로 살아가는 창조자가 되어보지 않았다면, 당신은 결코 그것들을 감정적으로 알지 못했을 것이다. 그러나 삶이 계속되고, 수많은 순간을 살면서 그것들이 확고부동한 현실이 되어버려 대부분의 사람들은 신경과민에 빠지고, 불안해하며, 꿈속에서 완전히 길을 잃어버렸다.

당신은 묻는다. 인간이 인간을 짐승처럼 대하도록 허용하는, 신은 어디에 있는가? 신이 그렇게 잔혹한 행위가 일어나도록 허용했다면, 결국, 신의 사랑은 어디에 있단 말인가? 신은 항상 그곳에 있었다. 신은 당신의 모든 환영이었으며, 모든 게임이었기 때문이다. 그리고 그는 분명히 당신을 항상 사랑해왔다. 왜냐하면 그는 당신이 설계하는 대로 꿈을 경험하도록 허용했기 때문이다. 당신은 자신이 처음 그 꿈을 꾸었고, 선택하면 언제든지 그 꿈을 바꿀 수 있다는 것을 단지 잊어버렸을 뿐이다.

당신은 지극히 불행하고 슬픈 이야기로 당신의 환영을 엮어 나간다. 당신은 자신의 몸을 망가트린다. 당신은 자신의 마음을 닫아버린다. 당신은 우상을 섬긴다. 다른 사람들을 비판한다. 당신은 비판하고, 증오하며, 집착하고, 두려워하고, 그리고 정말로 오만하다. 무엇을 위해서인가? 이런 모든 것들이 된다는 것이 어떠한가를 알기 위해서이다. 그럼으로써 어떠한 결과를 얻게 되는가? 결코 죽지 않고 영원히 살게 되며, 하느님의 왕국을 이해하고 품에 안으며, 그리고 하느님의 얼굴을 보고 그것이 당신의 얼굴이라는 것을 깨닫게 된다.

뛰어난 존재인 당신들 모두 — 불안함과 사소한 생각으로 갇혀버린 — 는 자신이 하고 있는 게임보다 훨씬 더 위대한 존재이며, 자신의 환영 아래 깊숙이 숨겨져 있는, 지극한 아름다움이다. 당신이 얼마나 강하고 훌륭한 존재인지 알기만 한다면, 당신이 하던 방식으로 자신을 저주하거나, 비판하거나 혹은 당신 스스로 변형시키지 않을 것이다.

나는 — 그리고 나는 당신이 되어왔던 모든 것이며 또한 당신이 되려고 하는 모든 것이다 — 당신에게 다가가, 당신이 이미 가지고 있는 그 앎이 다시 불붙도록 도울 것이다. 그리하여 당신은 결코 다시는 자신을 잃어버리지 않을 것이며 죄의식과 두려움 그리고 자기부정에 빠져 허우적거리지 않을 것이다. 당신은 진정 그보다 훨씬 더 위대하다.

나는 왜 당신을 이다지도 깊이 사랑하는가? 당신이 어떠한 사람이건, 그것이 바로 나이기 때문이다. 당신 존재의 스펙트럼 안에서, 당신의 모든 것이 나이다. 왜냐하면 나는, 당신이 숙고하고 창조하는 환영들로부터 나온 스펙트럼이기 때문이다. 나라고 하는 내 존재는 이 세상에서 흔히 표현하는 사랑을 초월한 사랑이다. 왜냐하면 그 사랑은 조건이나 요구가 없기 때문이다. 나는 당신을 있는 그대로 사랑한다. 왜냐하면 당신 — 당신이 어떻게 표현하건 — 은 내가 지극히 사랑하는 하느님이기 때문이다.

이제 나는 당신이 생각하는 당신의 잘못과 실패에 대해서 말하고자 한다.

인간은 옳고 그름, 완전과 불완전을 창조하면서, 죄의식과 후회라는 족쇄도 창조하였다. 이러한 것들은 삶의 진보를 더욱더 어렵게 하였다. 그러나 존재들이여, 말하건대, 당신이 무엇을 했건 — 이 지상에서 당신이 지녔던 수많은 삶에서의 가치를 통해 — 그것은 결코 나쁘지도 또한 좋지도 않았다. 그것은 단지 지금의 당신을 만드는 데 도움을 주었던 삶의 경험이었다. 또한 그것은 가장 귀하고 경이로운 경험이었다. 당신이 이 놀랄만한 여정을 시작한 이래로 지금의 당신이 가장 위대하며, 당신의 지혜는 그 어느 때보다 더 훌륭하기 때문이다.

당신이 했던 모든 것을, 나도 똑같이 했었다. 그리고 당신이 저질렀던 실수만큼, 나도 그렇게 많은 실수를 했었다. 그리고 힘과 덕이 없다고 당신이 자신을 비난했던 것처럼 나 또한 나 자신을 비난했었다. 그러나 내가 나의 약함을 알기 전까지 나는 나의 강함을 결코 알 수 없었을 것이다. 내 몸에서 생명이 빠져나가는 것을 보기 전까지 나는 결코 삶을 사랑할 수 없었을 것이다. 그리고 내가 인간의 잔인함을 증오하지 않았다면 나는 당신들 모두를 결코 포용할 수 없었을 것이다.

당신이 무엇을 했건 — 그것이 아무리 비열하고 형편 없더라도 — 당신은 단지 자신을 위한 배움을 창조할 목적으로 그 일을 한 것이다. 배우는 동안 누군가에게 상처와, 고통을 주고, 다른 사람을 슬프게 하고, 자신을 망친 적도 있었지만, 당신은 그 모든 것들을 박차고 일어섰다. 왜냐하면 여기에 있는 당신은 이제 당신 자신의 아름다움을 알고 포용할 준비가 되었기 때문이다.

무언가 실패했거나 잘못했다고 느끼는 사람은, 다음에 대해 숙고하기 바란다. 태어난 그 순간부터, 당신과 사랑하는 형제들은 모든 생각들을, 하나하나 감정적으로 이해하기 위하여 장엄한 모험을 시작했다. 당신의 혼은 당신 존재의 신이나 영을 통해서 받아들이는, 신의 차원마다, 각각의 생각에서 일어나는 감정을 저장하기 위해 창조되었다. 당신은 모든 생각을 혼으로 받아들이고 느낀다. 그러나 아직 완전히 이해하지 못한 것들이 있다면, 혼은 당신에게 그것을 경험하라고 재촉한다. 왜? 오직 삶의 미덕인, 경험이라는 훌륭한 가치를 통해서만이, 생각이 가진 모든 측면에 대한 완전한 감정적 이해를 얻을 수 있기 때문이다.

당신은 영원토록 창조를 통해 삶을 진화하고 확장하기 위하여 생각에서 빛으로, 물질로, 형상으로, 그리고 다시 생각으로, 또한 사랑과 기쁨에서 질투로, 증오와 슬픔으로, 그리고 다시 기쁨으로 구현된 모든 것들을 경험하려는 강렬한 욕구가 있었다. 당신의 혼은 이렇게 당신을 계속 경험에서 경험으로, 모험에서 모험으로 내몰았다. 그럼으로써 혼은 모든 형태의 생각 — 모든 태도, 모든 감정 — 을 완전히 이해함으로써 자신을 충족시킬 수 있었다. 그리하여 당신은 자신의 전체이자, 신 전체이기도 한, 생각 전체를 알고 이해할 수 있게 된 것이다.

당신의 혼은 한 번도 경험해 보지 않은 것에 대한 열망이 있다. 혼이 새로운 경험에 대하여 열망을 느낀다는 것은, 그 경험으로부터 감정적인 자료가 필요하다는 것을 의미한다. 그래서 혼은 당신의 존재 전체를 사로잡아 어떤 모험과 경험으로 나아가게 할 느낌 — 욕구라는 — 을 창조할 것이다. 경험을 한 후, 그것으로 인하여 일어났던 감정이 가라앉으면, 세상의 어떤 금은보화보다 더 귀중한 보배를 얻는다. 그 경험은 지혜로 진보하고, 그것으로부터 얻을 수 있는 모든 이해를 얻었기 때문에, 혼은 당신에게 또다시 그러한 경험을 하지 않아도 된다고 말한다. 그러면 혼은 또 다른 열망을 갖게 되고, 당신은 다른 무엇인가를 하도록, 내몰릴 것이다. 왜냐하면 당신이 그렇게 하기를 원하고, 그럴 필요가 있다고 느끼기 때문이며, 당신 내면의 불꽃이 모든 삶을 경험하라고 당신을 재촉하기 때문이다.

무엇인가를 경험할 때, 그것이 옳지 않다거나 혹은 실패할 것임을 알면서 시작했다고 생각하는가? 아니다. 당신은 항상 대단한 호기심과 흥미, 즐거움을 가지고 매번 새로운 모험을 시작하였다. 비록 어떤 결과가 나올지 모르지만, 단지 이전에 하지 않았던 것이기에 당신은 그 모험을 한 것이었다. 그 경험은 새롭고 신나는 것이었으며 당신은 그것으로부터 배우기 원했다. 비록 그러한 모험을 하면서 고통을 경험했을지도 모르지만, 덕분에 당신은 고통이라는 감정을 알게 되었고 그럼으로써 삶에 대해서 좀 더 많은 것을 이해하게 되었다. 그것은 당신의 삶에서 의미 있는 경험이었다. 그 후 당신은 당신의 혼이 감정과 이해를 경험하도록 재촉하는 새로운 모험을 시작한다. 그리하여 그것은 당신의 혼에 행복감과 충만감을 불러온다.

당신이 행하는 모든 것, 그것을 하는 바로 그 순간, 그것이 자신에게 적합한 경험이라는 것을 당신의 혼으로 안다. 그 모험을 경험하고, 감정으로 느껴 지혜가 된 후에야, 당신은 어쩌면 좀 더 잘하거나 다르게 할 수 있지 않았을까 생각한다. 하지만 당신이 먼저 그러한 경험을 통해 지혜의 보석을 얻지 않고서는 더 나은 것이 있다는 것을 결코 알 수 없다. 누가 그것에 대해 심판할 수 있단 말인가? 없다. 그것은 무죄이며 또한 배움이기 때문이다.

실패는 그것이 실패라고 믿는 사람에게만 일어나는 현실이다. 그러나 어느 누구도 삶에서 실패하지 않는다 — 절대로. 당신이 했던 모든 일 — 사실은 그렇지 않았지만, 비천했고, 비열했고, 감추고 싶었던 일 — 에도 불구하고 당신은 여전히 살아 있고, 기적적인 일들은 일어나고 있다. 실패한다는 것은 멈춘다는 것이다. 그러나 어느 것도 멈추지 않는다. 왜냐하면 삶은 나아가고 있기 때문이다. 삶은 매 순간 진보하기 때문이다. 그래서 당신은 결코 삶의 한 곳에 정착하거나 뒤로 물러설 수 없다. 끊임없이 확장하는 삶의 매 순간이 더욱더 위대한 이해를 가져오기 때문이다.

당신은 한 번도 실패하지 않았다. 당신은 항상 배워왔다. 불행을 느껴보

경험의 훌륭한 가치

기 전까지 어떻게 행복을 알 수 있단 말인가? 목적에 이르러 그것이 자신이 꿈꿔왔던 것과 다르다는 것을 발견하기 전까지 어떻게 당신의 목적을 알 수 있겠는가?

당신은 결코 실수하지 않았다 — 한번도. 당신은 어떠한 것도 잘못 하지 않았다. 대체 왜 죄책감을 느껴야 한단 말인가? 당신의 잘못, 당신의 실패, 당신의 실수들은 모두 단지 신에게, 한 발 한 발 다가서기 위해 필요했던 것이다. 오직 그 걸음들로 당신이 지금 알고 있는 모든 것을 알 수 있었다.

배움에 대하여 결코 죄의식을 느끼지 말라. 지혜에 대하여 결코 죄의식을 느끼지 말라. 그것을 깨달음이라 한다. 그것은 모두 필요한 것이었으며, 당신이 그렇게 할 필요가 있기에 했다는 것을 반드시 알아야 한다. 당신이 내린 선택들은 모두 옳았다, 모든 선택들이. 당신은 내일을 그리고 또 다른 축복된 내일을 계속 살아갈 것이며, 그때에 당신은 오늘 이 순간에 알았던 것보다 더 많은 것을 알고 있음을 발견하게 될 것이다. 이제부터 오늘은 실수가 아니다. 오늘이 당신을 영원으로 안내할 것이다.

어떠한 선택을 했든 당신은 꿈을 창조할 수 있는 또 다른 선택권을 가지고 있다. 하지만 그것을 어떻게 창조하건, 당신이 의도하는 이해를 얻기 위해, 당신은 사방에 퍼져 있는 전체의식에 그것을 합친다. 당신은 결코 그것을 전체의식에서 떼어버리지 못한다. 당신은 결코 그것을 전체의식에서 떼어낼 수도 없다. 당신이 즐겁게 시작하는 모든 모험은 삶의 열정과 강도를 더욱더 강하게 한다. 당신이 포용하는 모든 생각, 경험하는 모든 환영, 찾아내는 모든 발견, 당신이 하는 모든 사악하고 비천한 것도 당신의 이해를 넓히고 인류의 의식을 넓혀 신의 마음을 확장한다.

인생에서 실패했거나 어떤 잘못을 저질렀다고 생각한다면, 그것은 당신의 외적 그리고 내적 위대함을 인지하는 능력을 약하게 하고 삶 전체에서 당신의 중요성을 떨어트린다. 과거의 그 어떤 것도 — 그 어느 것도 — 지우려고 하지 말라. 과거의 숭고하고 비천했던 모든 경험으로 인한 갈등은 당신의 혼 안에 위대하고 아름다운 지혜의 진주를 만들어 내기 때문이다. 그것은 당신이 또다시 그러한 꿈을 꾸고, 그러한 게임을 창조하고, 그러한 경험을 하지 않아도 된다는 의미이다. 왜냐하면 당신은 이미 그것을 경험했고, 그 경험의 느낌이 무엇인지 알고 있으며, 당신의 혼에 삶의 가장 진정한 보배 — 느낌이라는 — 로 기록했기 때문이다.

나는 당신이 이해하는 사랑보다 훨씬 더 많은 사랑을 받는다는 것을 알려주기 위해 여기에 왔다. 왜냐하면 당신은 자신을 이해하기 위해 애쓰는 신으로밖에 드러나있지 않기 때문이다. 당신은 지금까지 살았던 모든 생에서의 모든 경험으로부터 지식과 지혜를 얻었다. 그리고 당신은 그것들을 세상에 베풀었다. 당신은 펼쳐지는 삶에 훌륭한 가치를 부여해왔던 것이다.

당신의 삶은 당신의 내면에 존재하는 불꽃이 경이롭게 펼쳐지는 하나의 아름다운 장관이다. 당신은 존경과, 신성함, 그리고 성스러운 마음으로 자신의 삶을 바라보아야 한다. 무엇을 하건, 당신은 항상 신이기 때문이다. 당신이 어떤 얼굴을 하건, 당신은 신이다. 당신이 어떤 식으로 인간관계를 경험하건, 당신은 여전히 신이다.

당신은 이 삶의 모험 하나하나를, 모두 경험할 자격이 있다. 또한, 여전히 당신을 기다리는 멋진 모험을 할 자격이 있다. 당신이 했던 모든 것들은 당신 자신인 신을 알기 위한 것이며, 또한 당신이 가진 모든 경험의 훌륭한 가치가 지금 여기 삶의 무대에서 보여진다는 것을 깨닫기 전까지, 당신은 절대로 진정한 존재가 되거나 영원의 문으로 들어갈 수 없을 것이다.

무거운 짐을 등에 짊어진 당신이여, 그것이 당신을 행복하게 한다면, 그렇게 될지어다. 그러나 만약 당신이 그것들로부터 배워야 할 모든 것을 배

경험의 훌륭한 가치

위, 싫증이 났다면, 그것들을 없애라. 어떻게? 그것들을 사랑하고, 받아들이고, 그것들이 그저 존재하도록 허용하면 된다. 당신이 그렇게 하면, 그것들이 다시는 당신을 붙잡지 않을 것이다. 그리고 그때부터, 당신은 순수한 눈으로 삶의 경이로움을 볼 수 있고, 판단 없이 사랑을 느낄 수 있다. 그리하여 당신 존재의 기쁨은 무한한 앎을 얻을 수 있는 힘이 될것이다.

당신의 삶을 품에 안으라. 당신은 신성하며 당신 존재가 강할 수 있는 것은 지금까지 당신이 했던 모든 것들 때문이라는 것을 알라. 죄의식을 버려라. 슬픈 척하지 말라. 당신 자신에게 더 이상 짐을 지게 하지 말라. 다른 사람을 원망하지 말라. 당신의 삶에 책임을 져라. 이것은 당신의 삶이다.

당신이 비판했던 모든 것을 품에 안고, 당신이 경멸했던 모든 것을 사랑하고, 당신의 모든 환영을 살아 보고, 당신의 모든 꿈을 추구했을 때, 어떤 일이 일어날까? 당신은 배움을 위해 그러한 것들을 경험하고 있는 다른 사람들을 살펴보며, 그들을 이해하고 그들에 대한 자비심을 가지게 된다. 그러면 하느님이 당신을 사랑하는 것처럼 그들을 사랑할 수 있을 것이며 그들이 자신의 삶에서 경험하는 훌륭한 가치를 허용할 수 있게 된다. 그러면 당신은 소위 말하는 성인(聖人)이 될 것이다.

어떻게 하면 당신이 성인처럼 될 수 있다고 생각하는가? 삶을 절제하는 것으로, 혹은 동굴이나 사원에 은둔하면서 향을 피우거나, 높은 산꼭대기에 앉아 신에 대하여 숙고하는 것으로는 결코 되지 않는다. 당신은 오직 삶 ― 하느님인 ― 을 살아감으로써 그리고 삶의 극치를 경험함으로써 성인이 될 것이다. 그리하여 지혜의 훌륭한 가치로 모든 인류를 포용하고 사랑할 수 있는 존재가 될 것이다.

신을 알고 신이 되는 유일한 방법은 모든 상황을 경험하고, 모든 감정을 느끼고, 모든 숭고하고 비열한 행동을 하는, 삶을 완전히 포용하며 사는 것이다. 그럼으로써 당신의 혼 안에 모든 삶의 지혜를 가지게 된다.

당신이 왕이 되기 전까지는 왕의 고뇌를 결코 알 수 없다. 그리고 왕은 자신이 노예가 되어보지 않고서는 비천한 노예의 처지를 결코 알 수 없을 것이다. 본처는 첩이 되어보지 않고서는 첩이 겪는 어려움을 알 수 없다. 첩은 본처가 되어 보지 않고서는 본처가 왜 첩을 그렇게 비난하는지 알 수 없을 것이다. 이처럼 고결한 삶이라는 것은 모든 것을 다 감싸 안는 것이며, 인간의 의식에서 창조된 모든 성격을, 모든 환영적인 상황을 포함하는 것이다. 그렇기 때문에 가장 현명하고, 숭고한 존재는 인간의 모험으로 만들어낸 모든 상황을 다 살아봤다. 그들은 매춘부와 성직자, 스승과 농부, 사람을 죽인 자와 죽임을 당한 자, 정복자와 노예, 자식과 부모 등 모든 것이 되어 봤다.

알다시피, 당신은 오직 자신의 내면으로 받아들일 수 없는 것에 대해서만 다른 사람을 비난한다. 만약 당신이 모든 상황을 살아보고 그 안에서 마음의 평화를 이루었다면, 아무 비판 없이 모든 이들을 쉽게 이해하고 그들이 자신이 되도록 허용하는 것이 쉬워진다. 왜냐하면 당신은 그들이 되어보았고 만약 당신이 그들을 비판한다면, 당신은 자신을 비판하는 것임을 알기 때문이다. 그러면 당신은 참된 자비심이라는 훌륭한 가치를 얻게 되며, 당신의 혼 내면에 한없이 깊은 사랑이 머물게 된다. 그럴 때 당신은 진정한 그리스도가 된다. 왜냐하면 그들의 한계에 빠진 사랑하는 형제들을 진정으로 이해하고, 사랑하며 용서할 수 있기 때문이다.

하느님 전체를 사랑하고, 하느님 전체가 되는 것은, 그의 존재 전부를 사랑하는 것이다. 그리고 하느님의 존재 전부는, 바로 당신 주위에 있는 당신의 사랑하는 형제들이다. 당신의 현실에서 당신이 신인 것처럼, 그들이 어떻게 생겼건 그들의 현실에서 그들은 신이다. 그들의 모든 영광, 모든 투쟁, 모든 슬픔과 기쁨을 살아본다면, 당신은 모든 사람들에게서 보이는 신을 포용할 수 있다. 그러면 당신은 그들을 사랑할 수 있다. 그렇다고 나가서 그들을 가르치거나 도와야 한다는 말이 아니다. 단지 그들을 자신들의 필요와 계획에 따라 진화할 수 있도록 내버려 두라는 것이다. 장군이나 성직자 혹은 이 세상의 방문객이 될 운명을 가진 사람들이 있다. 그들이 그것을 원했고 필요로 했기 때문이다. 대체 당신이 누구이기에 그들로부터 그것을 빼앗을 수 있는가?

이 세상에 있는 모든 사람들은, 굶주리건, 불구이건, 농부이건, 왕이건, 무엇인가를 얻기 위한 목적으로 그러한 경험을 선택한 것이다. 그것으로부터 배우고 채워졌을 때만이 다른 경험을 할 것이며, 그로 인해 자아의 가장 깊숙한 곳에서 더 위대한 이해를 낳을 것이다.

마스터가 되면, 제한된 의식의 수렁과 암흑으로 들어간다 해도 당신의 전체를 유지할 수 있다. 왜냐하면 당신은 북적거리며 모여 사는 사람들이 왜 그렇게 살아가는지 이해하기 때문이며, 당신도 한때 그렇게 살았기 때문이다. 당신은 그들이 제한적이 될 자유 — 진정한 사랑인 — 를 허용할 것이다. 왜냐하면 당신은 그것만이 그들이 무한한 이해를 얻고 서로 사랑하는 것은 물론 자신을 완전히 사랑하는 것을 배울 수 있는 유일한 방법임을 알고 있기 때문이다. 그리고 사람들 틈에서 또 하나의 얼굴 — 그 사람의 피부색이나 청결함 혹은 외모에 상관없이 — 을 볼 때면 그 존재를 바라보며 그들 안에서 신을 볼 것이다. 사람들을 면밀히 본다면, 당신은 그들 모두에게서 신을 발견할 수 있기 때문이다. 그러면 당신은 하느님이 사랑하는 것처럼 사랑하게 될 것이다. 그러면 당신은 당신에게서 뿐만 아니라 다른 사람에게서도, 하느님이 보는 것을 보게 된다. 모든 사람들에게서 그들만의 아름다움을 볼 수 있을 때, 당신은 이 세상을 떠나 많은 별자리들이 있는 더 장엄한 공간으로 상승할 것이다. 그러나 자신과 자신의 주위에서 모든 생명으로 살아가는 신을 품에 안지 못하는 사람들에게 그 문은 굳게 닫혀 있을 것이다.

　사람들을 있어야 할 자리에 , 그들의 신성으로, 돌려놓을 때, 그들이 무엇을 하든지, 그것은 그들의 내면에 존재하는 신을 위해 살아가는 것 ― 마치 당신이 자신의 내면에 존재하는 신을 위해 살아가는 것처럼 ― 임을 알라. 그러면 당신은 모든 사람들을 사랑하는 법을 배우게 될 것이다. 그들이 무엇을 표현하건, 이제 당신은 처음으로 그들을 진정으로 사랑할 수 있다. 판단으로 인하여 당신의 사랑이 좌우되거나 제한되지 않기 때문이다. 그것이야 말로 진정 그리스도 ― 신으로 살아가는 인간 ― 가 자기 존재 내면에 있는 방식이다.

　당신이 가야 할 삶의 길은 무엇인가? 항상 당신의 느낌을 따르고, 혼의 느낌에 귀를 기울이고 혼이 당신에게 경험하도록 재촉하는 모험을 시작하는 것이다. 귀를 기울인다면, 혼은, 당신에게 필요한 경험이 무엇인지 알려줄 것이다. 어떤 일이 지루하거나 하고자 하는 의욕이 없다면, 그것은 이미 다 경험한 것이며 그 모험으로부터 지혜를 모았다는 것을 의미한다. 그러나 당신이 무엇인가 하기 원하고, 혼도 그것을 하도록 재촉한다면, 당신은 반드시 그 경험을 해야 하고, 그것이 가지고 있는 훌륭한 가치를 얻어야 한다. 그것을 포기한다면, 당신은 단지 그 경험을 다음 기회 혹은 다음 생으로 미루게 되는 것이다.

　당신 내면에서 느끼는 진리대로 살라. 그리고 그것을 느끼는 자신을 사랑하라. 그러한 느낌은 반드시 표현되고 충족되어야 한다는 것을 알라. 만약 당신이 어떤 것을 하고자 한다면, 그것이 무엇이든지 간에, 그러한 감정을 거스르는 것은 현명하지 않다. 왜냐하면 거기에는 당신을 기다리는 경험이 있으며, 당신의 삶을 좀 더 달콤하게 할 장엄한 모험이 있기 때문이다. 만약 당신의 느낌에 귀를 기울인다면, 당신의 아름다운 자아가 진화하여 심오한 지혜로 나아가기 위해 항상 올바른 일을 할 것이다. 그러한 느낌을 무시하면 당신은 몸이 아프고, 신경쇠약과 절망에 빠질 것이다.

당신의 마음, 당신의 꿈, 당신의 욕망을 따르라. 당신의 혼이 당신에게 하라는 것을 하라, 그것이 무엇이건, 그리고 그것을 끝마칠 수 있도록 허용하라. 그러면 당신은 또 다른 모험으로 떠날 것이다. 당신 주위에 있는 사람들의 비판을 받아들이지 않는다면 당신은 절대로 비판받지 않을 것이다. 그리고 그들의 비판을 받아들였다면, 그것은 단지 그 경험을 위해 당신의 의지가 그렇게 한 것이다.

이 생이나 혹은 다음 생에서, 어떠한 것을 하고자 하는 욕구 없이 오직 존재하는 상태에 이르는, 시간이 올 것이다. 더 이상 매춘부, 도둑, 살인자 혹은 전쟁을 일으키는 국가들을 그들의 행위 때문에 저주하거나 욕하고 싶은 마음이 없을 것이다. 당신은 이 모든 것들을 경험하게 되고 그들이 되었을 때 어떠한 느낌일지도 알게 될 것이다. 그것은 이 지상에서의 경험을 완전히 끝냈으며, 다시 이 세상으로 돌아와 경험해야 할 것이 더 이상 없다는 의미이다. 그러면 당신은 좀 더 위대한 차원으로 새로운 모험을 하기 위해 이 세상을 떠날 것이다.

내가 방금 말한 내용에 대해서 숙고한다면, 당신은 당신인 전능한 신, 불꽃, 생명이 의도적으로 보여주는 자신의 가치를 인지하고 이해할 수 있을 것이다. 삶에서 당신이 어떤 방향으로 가기를 원하든지, 그것은 당신의 깨달음을 위한 길임을, 이해할 것이다. 그리고 그 길에 따르는 모든 모험으로부터 자신의 미스터리에 대한 더 위대한 이해를 얻을 것이다. 당신을 있는 그대로를 사랑하고, 소중히 여기고, 갈고 닦으면 당신의 빛은 당신의 천국에서 위대한 라(Ra)와 견줄 수 있게 되고, 또한 당신 존재의 평온함은 땅 위의 모든 것이 고요한 순간인 깊은 밤과도 견줄 수 있게 될 것이다. 당신은 결코 자신을 다시는 부인하지 않을 것이다. 당신은 결코 자신을 바꾸려 하지 않을 것이다. 당신은 결코 자신을 판단하지 않을 것이다. 당신은 자신이 있는 그대로가 되도록 허용할 것이다.

있는 그대로의 당신을 사랑할 때, 당신은 우아하고, 위엄 있게, 그리고 겸허함으로 "나는 하느님을 깊이 사랑한다. 내가 하느님과 하나이기 때문이다. 그리고 나는 내 존재를 진정으로 사랑한다. 내가 존재하는 모든 것의 본질이기 때문이다."라고 말할 수 있다. 그러면 당신은 생명의 흐름과 조화를 이룬다. 당신은 이 세상을 걷고 있는 마스터이다. 당신은 부활한 그리스도이고, 깨어난 그리스도이다. 당신은 이 세상의 빛이다. 그러나 당신이 했던 모든 것들을 사랑하고 포용하며 당신 삶의 모든 것들이 의미 있고, 합당했다는 것을 깨닫기 전까지 당신은 그렇게 될 수 없다. 그 모든 것이 지금의 당신이라는 참으로 훌륭한 존재를 만들었기 때문이다.

나는 당신들에게 위대한 가르침을 위대한 방식으로 알려주었다. 그 가르침은 당신을 카르마나 죄, 심판, 그리고 인과응보로부터 자유롭게 해줄 것이다. 왜냐하면 하느님은 사랑이기 때문이다. 하느님은 어떠한 심판도 하지 않는다. 하느님은 선하거나 악하지도 않다. 긍정도 부정도 없다. 하느님은 단지 존재하는 '있음'이다. 그리고 있음은 모든 사람들을, 모든 행위를, 모든 생각을, 모든 감정을 그리고 모든 것들을 포함한다. 만약 하느님이 당신을 한 번이라도 심판한다면, 그것은 분명히 자신을 심판하는 일이 될 것이다. 왜냐하면 당신과 하느님은 하나이며 동일하기 때문이다.

생명이라고 하는 신의 사랑은 항상 당신에게 주어졌다. 당신의 비천한 모든 경험과는 상관없이, 태양은 여전히 떠올라 하늘을 가로지르며 춤을 춘다. 변함없이 계절은 바뀐다. 철새는 계속 북쪽 하늘로 날아간다. 그리고 집 밖 쏙독새는 당신이 방문을 닫아도 여전히 지저귈 것이다. 알겠는가, 이러한 것들이 여전히 지속되는 것을 자세히 살펴본다면, 생명이 항상 당신에게 주었던 관용과 영원함을 깨달을 것이다.

가볍고 따뜻한 마음으로 이 강당을 떠나라. 당신이 지고 있던 무거운 짐이, 내려졌기 때문이다. 당신의 구원, 그것은 확실하다. 신은 당신을 사랑하며 언제나 그래 왔다는 것을 알라. 당신은 사악하지도 그렇다고 선하지도 않다는 것을 알라. 당신은 완전하지도 불완전하지도 않은, 단지 당신이라는 존재임을 알라. 하느님이 당신의 삶에 함께하기를 기대하라. 그는 항상 그곳에 있었기 때문이다. 그리고 당신이 사랑에 대해서 숙고할 때마다 나를 생각하라. 그러면 어디에선가 바람이 불 것이다.

제 21 장
화창한 어느 날 아침

"이 지상에서의 삶에서 내가 선택한 길은 미지의 하느님— 나는 그가 바로 나 자신이었다는 것을 발견하였다 — 이 되는 것이었고, 차원을 넘어 영원의 모험을 놀이하듯 즐기며 가는 것이었다. 나는 정말로 했고, 여전히 하고 있다. 내가 했던 것처럼 당신이 이 삶을 모두 포용할 때, 당신에게도 이러한 모험이 기다리고 있다는 것을 말해주기 위해 나는 돌아왔다."

― 람타

우리가 함께했던 순간들은 달콤하였다. 당신의 삶에 다가가 그 삶의 언저리나마 두드려 볼 수 있었다는 것은 나에게 엄청난 기쁨이었다. 참으로 그러했다. 내가 당신들과 나누었던 모든 것은, 나 자신을 위한 것이었다. 왜냐하면 당신들 모두가 나라는 존재이며, 내가 열정적으로 사랑하고 앞으로도 항상 사랑할 하느님이기 때문이다. 당신이라는 고귀한 존재의 진화에 보탬이 되기 위해 내가 무엇을 하건 그것은 내가 존재하는 왕국인 하느님을 영광스럽고 훌륭하게 하는 일이다.

나는 인류의 형제로서 왔으며, 한때 나 역시 열정적인 인간이었다. 나는 여기에서 인간으로 살았으며 당신이 겪었던 모든 것들을 경험했었다. 나는 당신이 느꼈던 절망을 겪었으며 당신이 흘렸던 눈물처럼 울었었다. 나는 당신이 꿈꾸듯 꿈꾸었고 기쁨을 알았었다. 비록 모든 차원에 가보았지만, 나에게 가장 뜻깊었던 경험은 내가 인간, 신/인간으로서, 모든 위험, 좌절, 그리고 당신이 알고 있었던 모든 영광의 순간을 느꼈을 때이다. 나는 당신들을 이해하기 때문에 이곳에 돌아오기로 선택했다. 그리고 당신을 이해한다는 것은 당신을 사랑한다는 것이다.

당신을 구원하기 위해 여기에 온 것이 아니다. 왜냐하면 당신이 구원되어야 할 일은 정말 없기 때문이다. 나는 단지 당신이 오래전에 잊어버린 경이로운 유산을 일깨워주고 당신들 모두가 곧 보게 될 영광스러운 미래에 대해 말해주기 위해 여기에 왔다. 당신의 삶을 표현하기 위한 더 많은 선택권이 있음을 깨닫게 도와주고, 당신이 하고자 하는 의지만 있다면, 이러한 선택권을 사용하도록 지식을 전해 주기 위해 여기에 온 것이다. 단지 내가 당신에게 요구하는 것은 당신의 진화가 좀 더 조화롭고 즐거운 삶으로 열매 맺기 위해서 당신이 얻은 어떠한 이해이든 당신의 삶에 ― 당신의 시간으로, 당신의 방법으로 ― 적용하라는 것이다.

이 지상에서의 삶에서 내가 선택한 길은 미지의 하느님 ― 나는 그가 바로 나 자신이었다는 것을 발견하였다 ― 이 되는 것이었고, 차원을 넘어 영원의 모험을 놀이하듯 즐기며 가는 것이었다. 나는 정말로 했고, 여전히 하고 있다. 내가 했던 것처럼 당신이 이 삶을 모두 포용할 때, 당신에게도 이러한 모험이 기다리고 있다는 것을 말해주기 위해 나는 돌아왔다.

가라 그리고 내가 당신에게 준 이해들로 살라. 그것들이 당신 존재와 함께하도록 하라. 그렇게 할 때, 당신은 곧 자신이 지금까지 요구했거나 마음에 그려왔던 그 어느 것보다 훨씬 더 귀중한 보배를 받았다는 것을 깨달을 것이다.

당신이 배웠고, 당신이 들었고, 당신이 읽었던 것들을 단순하게 적용하라. 당신이 단순할수록, 당신은 더욱더 강해질 것이다. 그리고 당신이 무엇인가 원한다면, 그것을 요구하라. 이 세상의 어느 누구도 당신에게 그것을 줄 수 있을 만큼 강하지 않다. 당신 존재의 주 하느님에게 요구하라. 그러면 하느님이 당신에게 줄 것이며, 그것이 무엇이든 상관없이, 하느님이 가지고 있다는 것을 알라. 어디에 가서 그것을 요구할 것인가? 내면에 존재하는 성전이다. 침묵 안에서 당신의 생각으로 단순히 요구하라. 그것은 언제나 이루어졌다.

나는 당신이 누구인지 알고 있다. 그리고 나는 당신이 무엇을 하며 어떤 꿈을 꾸는지 알고 있다. 아무도 당신을 보지 않는다고 생각할 때, 당신이 밤하늘에 떠있는 별과 같다는 것을 알아야 한다. 당신은 모두가 볼 수 있게 그곳에 있다. 특히 우리처럼 보이지 않는 이들은, 당신이 누구이며, 당신이 무엇을 하는지, 모든것을 알고 있다.

당신이 누구인지는 진정 당신에게만 중요하다. 모든 것을 말하고 행할 때, 당신이 의지할 수 있는 것은 오직 당신이며 그것은 당신 내면의 전능한 하느님이라는 고귀한 빛이다. 당신 자신이 되라. 독자적인 당신 자신이 되어라. 그리고 당신이 어떠하든 자신을 사랑하라. 그럼으로써 당신의 빛과 당신의 모습이 밤하늘의 별처럼, 아주 빛나고 아름답게 보일 것이다.

내 백성들은 나를 깨달은 자 람타라고 불렀다. 그리고 나는 아직까지 그 이름을 사용하고 있다. 깨달은 자? 나는 모든 사람들이 그들이 하는 모든 것들로 바쁜 날들을 살아가는 동안 고원에 앉아 있던 외로운 존재였다. 그 황야에서, 일상에서 벗어나, 나는 미지의 하느님을 발견하였다.

세상은 장터에 있는 것이 아니다, 나의 사랑하는 형제들이여. 그것은 정말 삶으로 북적거린다. 그러나 위대한 삶은 장터를 벗어나 거대한 나무 아래에서나, 서늘하고 차가운 신선한 바람이 부는 눈 덮인 산꼭대기, 혹은 사막의 광활함 안에서, 혹은 바다의 끝없음 위에서 발견하게 된다. 이 지상에는 당신이 보려고 허용한 대부분의 것보다 훨씬 더 많은 것이 있다. 당신이 아직 진정으로 살아보고 탐구하지 않은 것이 있다. 당신은 오직 사회의 숨 막히는 의식 안에서, 사회의 판단과 사소한 이상, 그리고 시간의 환영과 다투는 광란의 질주를 해왔다.

당신은 여명이 밝아올 때까지, 차고 지는 달과 밤하늘의 평화로움이 있는 그러한 곳에서, 홀로 되어보지 않고서는 진정 삶을 알지 못할 것이다. 그리고 당신에게 다가오는 모든 지식과 꿈을 통해서, 보라, 당신 또한 완전히 깨달은 자가 될 것이다. 그곳에서 우선순위가 바뀌기 때문이다. 황야의 의식이 당신을 받아들인다, 나의 사랑하는 형제들이여. 그것은 당신을 받아들이고 당신이 시간이 없는 존재가 되기를 기대한다, 자신처럼. 이러한 환경에서 당신은 성장하여 이 신이 될 것이며 당신 삶의 모든 날이 견고해질 것이다.

미지의 신은 침묵 ― 거대한 침묵 ― 이지만 당신이 허용한다면 그 하느님은 당신에게 말을 걸 것이다. 대륙으로 달려나가 그것의 일부가 되라. 그곳의 모든 곳으로 가라. 그것들의 일부가 되라. 좋은 옷과 비싼 보석을 내려놓고 신발을 벗어라. 세련되지 않은 단순함으로 채우라 그리고 당신이 창조한 이 천국에서 신을 경험하라. 이렇게 하라고 당신에게 간청한다. 당신이 이러한 곳들을 가보고 그것들의 나아감, 영원한 의식의 일부가 되기 전까지 당신은 삶을 진정으로 살아 본 것도 ― 당신 자신인 이 신이 이해된 것도 ― 아닐 것이다.

나는 내 존재 전체로부터, 나의 내면에 불타고 있는 하느님으로부터, 당신이 얼마나 가치 있으며 그리고 얼마나 사랑받고 필요로 하는지를 알기 바란다. 당신이 살았는지 죽었는지 어느 누구도 관심 갖지 않는다는 생각이 들 때마다, 내가 관심 갖는다는 것을 알라. 그리고 당신 존재의 고귀함이 비틀거리기 시작할 때마다, 당신이 누군가 필요하다고 느낄 때마다, 나를 불러라. 내가 그곳에 있기에.

당신들의 고귀한 혼-사랑과 희망과 기쁨으로 가득 채워진 ―이 지혜, 자비, 그리고 보이거나 보이지 않는, 모든 생명을 포용하는 사랑의 훌륭한 꽃으로 피워내며 이 세상을 살아가는 모든 날동안 나는 당신들 모두와 함께 할 것이다. 당신은 그 피어나는 꽃의 감정적인 폭풍 안에서, 람타라는 이름을 아예 듣지 않았더라면 하는 순간이 있을 것이다. 하지만 신이 당신의 내면에서 드러나고, 실현되고, 알려지는 그 순간들은 훨씬, 더욱더 위대할 것이다.

자, 나는 생각해 낼 수 있는 온갖 방법으로 당신이 알 수 있는 어떤 것보다 가장 장엄한 진리를 말 — 말하고 말하고 다시 또 말하고 — 해 왔다 당신은 신이다. 그리고 당신은 그 말이 어쩌면 진정한 진리라고 깨닫기 시작했을지 모른다. 그것을 확고하게 아는 것은, 사랑하는 마스터, 당신의 삶을 오직 순간에서 순간으로 펼침으로써 다가오게 할 수 있다.

하지만 당신이 이것을 알기 바란다. 어느 화창한 날 아침, 새벽이 밝아오기 전, 당신의 침대에 홀로 누워, 침묵의 소리까지 들릴 듯한 아주 고요한 순간에, 당신은 꿈이 아닌 꿈에서 깨어날 것이다. 당신은 어두운 방에서 눈을 뜨고, 초라한 침상에서 일어나 한 줄기 빛이 보이는 창문으로 걸어갈 것이다.

당신은 장엄하고 찬란한 빛을 약속하는 하늘을 바라보기 위해, 아직도 아침 이슬이 맺혀 있는 창문으로, 희미하고 어두운 아침을 응시할 것이다. 벨벳처럼 어두운 영원을 배경으로 반짝이며 빛나는 작은 보석들의 아름다움을 바라보다, 차고 기울었던 달이 더 위대한 빛을 기다리며, 이제는 지평선 위에 조용히 앉는 것을 본다.

홀로, 형용할 수 없는 느낌에 전율하면서, 당신은 그곳에 앉아 생명이 조용하게 깨어나는 것을 가만히 바라본다. 곧 당신은, 당신처럼, 아침을 경배하기 위해 자신을 준비하는 한 마리의 새가 숲 속에서 부스럭거리며 잠에서 깨어나는 소리를 듣는다. 희망과 기쁨이 담긴 달콤하고 부드러운 노랫소리를 들으며, 당신은 동쪽으로 시선을 돌려 저 멀리에 있는 지평선을 바라본다. 그리고 그곳에서 당신은 장미색, 희미한 빛의 실루엣을 한, 외로운 자주빛 산들이, 생명의 파수꾼처럼, 거대하고 조용하게 그리고 당당하게 드러나는 것을 바라본다. 지평선 저 너머로 조용히 떠난 구름은 새벽을 약속하는 황금빛으로 물든다.

존재의 그 단순함 속에서 이 모든 장엄함과 하나가 되어, 당신은 지평선

위에 영광의 불꽃으로 곧 펼쳐질 웅장한 이벤트에 대한 기대로, 고동치는 자신의 심장 소리 외에는 아무것도 듣지 못한다. 당신은 밤의 장막이 아침 햇살로 천천히 사라지면서, 별들은 점점 희미해지고, 달은 마치 마법을 부리듯 펼쳐지는 새벽에 자신의 아름다움을 내어주는 것을 바라본다.

당신이 이 순간의 아름다움과 환희에 취해 있을 때, 이런 깨달음이 다가온다. 계속되는 아침이 없이는, 당신의 모든 두려움, 당신의 걱정, 당신의 꿈들, 그리고 당신의 환영들은 아무것도 아닌 것이 되리라는. 그 순간 그곳에, 희망의 찬란한 빛줄기처럼 안개 낀 계곡을 뚫고 황금빛 기둥이, 불타는 보석의 광휘가, 금빛으로 물든 산 뒤편에서 솟아오르며 나타난다. 위대한 태양이 높이 더 높이 떠오르면서, 하늘은 푸른빛, 자주빛, 장밋빛, 오렌지빛 그리고 붉은빛으로 불타오른다. 그리고 온 세상의 모든 것들이 아침의 경이로운 숨결과 약속으로 깨어날 때 새는 더 큰 소리로 노래하며, 날아오르기 시작한다.

당신 앞에 항상 펼쳐져 있던 이 장엄한 광경을 바라보는 동안, 당신의 존재 전체는 경이로운 감정에 휩싸이면서, 당신이 진정 라(Ra)의 삶이라는 깨달음이 솟아오를 것이다. 당신은 저 멀리 보이는 지평선에 우뚝 솟아오르는 생명의 강하고 조용한 파수꾼이다. 당신은 진정 떠오르는 새벽빛이며, 숲 속에서 들리는 나뭇가지의 움직임이며, 여전히 창가에 맺혀 있는 이슬방울이며, 그리고 기쁨에 겨워 지저귀는 달콤하고 부드러운 새의 노랫소리이다.

그리고 당신이 보는 새로운 새벽은 내 존재인 하느님을 바라보는 것처럼 보일 것이다. 그리고 당신은 존재하는 모든 것들의 위엄과 아름다움에 사로잡히게 될 것이다. 당신은 이제 빛과 힘 그리고 아무 말 없는 이러한 힘의 나아감과 하나가 되기 때문이다.

진리를 배운다는 것은 진리가 된다는 것과는 전혀 다르다. 하지만 전혀 예상치 않았을 때, 당신은 하늘에서 펼쳐지는 장엄함을 보기 위해 일어날 것이다. 그리고 이러한 진리에 대한 앎이, 존재의 평화로움 속에서, 어느 화창한 날 아침 현실이 될 것이다. 그러면 온갖 말들, 혼란, 노여움, 자기 부정, 신에 대한 복잡한 이해, 탐구, 책들 그리고 스승들은 아무 말 없는 심오한 깨달음으로 인해 조용히 끝을 맺을 것이다.

 당신의 아침이 다가오고 있다, 내게 온 아침처럼.

Ramtha

에필로그

람타 가르침의 독특한 의미

람타의 가르침은 독특한 과학입니다. 그 내용의 의미와 그것이 미치는 영향을 완전히 이해하려면 아주 신중한 검토와 연구가 필요합니다. 람타의 가르침은 인간 존재와 개인, 우리의 운명과 기원, 삶과 죽음의 본질, 혼, 선과 악, 세상, 그리고 인간관계, 시공간의 본질 그리고 현실 구조에 대한 근본적인 질문들을 다룹니다.

람타의 가르침은 메시지의 본질, 그 자체를 전달하는 방식을 취합니다. 그 가르침들은 특정한 주제에 관한 어떤 지적인 논문이나 분석이 아니며 맹목적인 믿음을 요구하는 진리의 형태도 아닙니다. 람타의 가르침은 새로운 종교나 교회를 세우려는 것도 아닙니다. 그의 가르침은 현실에 적용할 수 있는 사상 체계를 바탕으로 사람들이 람타의 철학을 접하고 그것을 직접 경험하여 검증할 수 있는 요소와 구조를 포함합니다. 즉 이 독특한 방식의 가르침은 철학이나 현실에 대한 개념을 경험하는 대신, 현실의 본질에 대한 지혜가 되도록 하는 것입니다.

람타의 사상 체계가 가지고 있는 이 특성은 그리스, 이집트, 아랍의 고대 신비 학교들과 유럽의 고대 그노시스 학교들이 행했던 신성한 지식을 전해주는 입문식과 유사합니다. 이런 점에서 람타의 가르침이 서양의 전통적인 철학 학교들과는 다르다는 것을 유념하는 것이 중요합니다.

객관적 지식과 진리에 대한 서양의 전통적 이해에서 우리가 발견한 것은 인간과 현실의 본질에 관한 기본적인 가정입니다. 과학론적 방법은 달성할 수 있는 지식의 범위를 물질적이거나 육체의 감각기관들을 통해 관찰되고 검증될 수 있는 영역으로만 제한합니다. 이 범위 밖에 있는 모든 것은 미신이나 비과학적인 영역으로 치부해버립니다. 즉 현실의 본질과 인간은 단지 물질적인 성질과 유형에 지나지 않는다는 것입니다. 지그문트 프로이트의 정신분석 요법과 인간 심리의 구조는 이러한 경향을 잘 반영하는 예입니다.

람타의 가르침 안에서 물질적 육체와 물질 세계는 진정한 세상의 하나의 측면에 불과합니다. 사실 그것들은 단지, 의식과 에너지로 구성된 진정한 세상의 결과물과 반영물일 뿐입니다. 따라서 인간은 현실의 본질을 창조하는 의식과 에너지로 가장 잘 표현될 수 있으며, 물질세계 역시 의식과 에너지의 7가지 차원의 발현 중 하나에 불과합니다. 람타는 의식과 에너지에 대한 이해를 돕기 위해서 양자 역학에서 말하는 관찰자라는 개념을 사용합니다. 또한 그는 의식과 에너지로 인간을 표현하기 위해 창조자와 주권자로서 신의 개념을 사용합니다.

람타의 가르침이 전달되는 방식은 아주 독특하기 때문에 사회 전반에서 그의 가르침을 쉽게 무시할 수 있습니다. 안타깝게도 사람들은 메시지를 전달하는 방식에 편견을 가져 정작 중요한 메시지는 듣지 못하는 경우가 허다합니다. 마케팅이나 커뮤니케이션, 광고 테크닉, 판매 그리고 선전 광고가 이러한 극단적인 예입니다.

람타가 자신의 가르침을 전달하는 독특한 방식은 결코 임의적이거나 피상적인 것이 아닙니다. 람타는 그러한 방식으로 자신의 메시지를 전달하는 이유에 대해서 명백하게 밝혔으며, 우리가 그의 메시지를 파악하기 위해서는 일반적으로 현실을 인지하고 평가하는 우리의 사고방식이나 선입관들의 뿌리와 무의식적인 편견들을 자각하는 것이 중요하다고 설명합니다.

람타 가르침의 독특한 의미

람타가 가르치는 테크닉은 종종 도전적이기에, 우리가 현실에서 당연하게 받아들이는 선입견들을 다른 시각으로 바라볼 수 있는 도구를 제공합니다. 그럼으로써 우리에게 좀 더 넓은 시야를 갖게 하여, 현실을 보다 의미 있고 무제한적으로 경험할 수 있게 합니다. 또한 우리를 좀 더 의식적이고 놀랄만한 방법으로 현실을 경험할 수 있게 함으로써 더욱더 많은 가능성을 열게 합니다.

람타의 가르침 가운데 가장 논란을 불러일으키는 것 중의 하나는 그가 메시지를 전달하기 위해 사용하는 방식입니다. 람타는 자기 자신의 진리와 경험을 통해서 얻은 관념을 제시하면서 스스로를 자기 사상의 살아 있는 구현이자 상징이라고 설명합니다. 그는 자신이 불멸의 신이자 의식과 에너지이며, 3만 5천 년 전 사라진 레무리아 대륙에서 단 한 번 인간으로 살았다고 말합니다. 그 생애에서 그는 인간의 존재와 삶의 의미에 대해서 많은 질문을 던졌으며, 관찰과 성찰 그리고 숙고를 통해서 깨달음을 얻어 물질세계와 죽음을 극복했다고 말합니다. 그는 자기 자신을 가르쳐 의식적으로 자신의 본질인 의식과 에너지를 유지하면서, 자신의 몸을 마음의 차원으로 끌어올리는 법을 배웠고 그리하여 완전히 자유롭고 막힘이 없는 상태에서 창조의 다양한 양상을 경험하며, 끊임없이 미지의 것을 깨달을 수 있었다고 말합니다. 이러한 과정을 그는 승천이라고 합니다.

그가 더 이상 육체로 인한 어떠한 제약도 받지 않는다는 것은 그의 의식과 에너지가 다른 형태의 물질 세상과 상호 작용할 수 있다는 것을 의미합니다. 예를 들어 그는 종종 자신을 구름을 미는 바람이라고 하거나, 아침 혹은 낯선 사람이라고 부릅니다. 그런가 하면 자신을 하나의 문명이 일어났다가 쇠퇴하는 것을 바라보는 거리의 거지나 혹은 우리 인간의 마음으로 상상할 수 있는 모든 것이라고 말합니다.

그는 채널링이라는 현상을 통해서 자신의 가르침을 전달합니다. 채널링이라는 용어는 람타가 처음 사용한 것입니다. 그는 인간의 모습으로 자신의 철학을 가르치기 위해 제이지 나이트의 육체를 사용하여 채널링 합니다.

채널은 영매와는 다릅니다. 채널은 그들과 청중 사이에 다른 의식이 들어올 수 있도록 하는 중개자가 아닙니다. 채널은 채널링을 하는 동안 한 자리에 고정되어 있거나 변형된 상태로 있는 것이 아닙니다. 오히려 채널은 그들의 의식이 완전히 그들의 몸을 떠나 다른 의식이 그들의 육체적인 움직임과 기능을 완전히 사용할 수 있도록 하는 것입니다. 람타가 제이지 나이트를 통해서 채널하는 동안 그는 눈을 뜨거나, 걷거나 춤추고, 먹거나 마시고, 웃고, 말하고, 대화하고, 개인적으로 학생들을 가르칠 수 있습니다. 제이지 나이트는 람타가 자신의 메시지를 전달하기 위해 선택한 유일한 채널입니다.

람타가 자신의 육체를 사용하지 않고 여성을 통해서 메시지를 채널링하는 이유는 신과 신성함이 남성들만의 특권은 아니며, 여성 또한 신성하고 뛰어난 능력을 지닌 신으로 나타날 수 있는 가치 있는 존재라는 것을 보여주기 위해서입니다. 또한 람타의 철학에서 가장 중요한 것은 메신저나 어떤 특정한 얼굴 혹은 형상을 숭배하지 않고 — 이러한 것은 과거 많은 스승들이 사람들을 깨우치려고 한 노력들과는 다른 접근방식입니다 — 단지 메시지 자체를 듣는 것입니다. 또한 이것은 인간의 진정한 본질이 육체나 성별에 국한되지 않는다는 것을 보여주는 것이기도 합니다. 그렇기 때문에 이러한 람타의 사상 체계에서는 채널링이 가능합니다. 다시 말해, 람타의 가르침과 현실의 본질에 대한 그의 설명이 진실이라면, 제이지 나이트에게 일어나는 채널링은 가능할 수 있다는 것입니다.

채널링이라는 현상의 정확성이 람타의 메시지가 지닌 진실성을 그대로 보여줍니다. 이것은 우리가 고려해야 할 중요한 사항입니다. 과학의 발전으로 채널링이라는 현상을 생리학적, 신경학적 그리고 심리학적인 측면에서 정밀히 조사하고 연구할 수 있는 방법과 기기들이 개발되었기 때문입니다. 제이지 나이트를 통해서 일어나는 채널링 현상이 사기나 속임수가 아니라는 것은 이미 과학적인 자료들을 통해서 입증되었습니다. 1996년 과학자, 심리학자, 사회학자 그리고 종교 전문가 등 12명의 학자로 구성된 연구팀이 제이지 나이트가 람타를 채널링 하기 전과 하는 동안 그리고 한 후에 일어나는 그녀의 육체적 변화에 대해서 다양한 기기들을 사용하여 1년간 면밀히 연구 조사하였습니다.

그들이 최첨단 기술과 장비들을 동원하여 여러 가지 심리학적, 생리학적 테스트를 시행한 결과 제이지 나이트의 자율신경계 반응이 너무도 극단적이었기 때문에 의식적인 속임수, 정신분열증, 다중인격적 심리 장애와 같은 가능성을 전적으로 배제할 수 있었습니다.

람타는 청중 모두가 같은 속도로 자신의 가르침을 이해하고 받아들일 수 있도록 하기 위해 많은 시간을 할애합니다. 그는 학생들이 그때그때 배운 내용을 서로 소리 내어 설명하는 것이 중요하다고 끊임없이 강조합니다. 이것은 모든 학생들이 람타의 가르침을 확실하게 이해할 수 있도록 하며, 듣고 있는 사람들의 이해 수준과 구체적인 배경에 맞춰 더욱 강력하게 강의하도록 합니다. 이따금 그는 청중들이 특정한 주제에 관해 철학적으로 깊이 숙고하도록 열중하게 하고 어떤 때는 자신의 메시지에 힘을 싣고자 드라마틱한 방법을 사용하기도 합니다.

람타는 가르침의 원리를 설명한 후, 학생들을 입문시켜 그들이 배운 지식들을 직접 체험하여 자신만의 지혜가 되도록 합니다. 람타가 만든 다양한 훈련들로 이루어진 입문식을 통하여 학생들은 자신들이 배운 지식을 직접 경험할 기회를 갖게 됩니다. 이러한 점에서는 람타는 다른 스승들과 다릅니다. 그는 마스터 스승이면서 입문 사제의 역할도 동시에 수행합니다. 또한 스승으로서 자신이 말하고 의도하는 것을 구현할 수 있는 힘이 있습니다. 이것은 람타의 가르침에서 중요한 측면이며, 그노시스즘, 고대 신비 학교와 비슷합니다. 하지만 람타의 사상 체계를 좀 더 자세히 살펴보면, 형식이나 내용 면에서 그들과는 현저하게 다르다는 것을 알 수 있을 것입니다. 람타는 자신의 사상 체계를 그러한 명칭으로 부르지 않고 오히려 람타 깨달음 학교, 위대한 작업(Great Work)에 전념하는 고대 지혜와 마음의 정수 학교라고 부릅니다. 위대한 작업이란, 람타의 가르침들을 실질적으로 적용하고 경험함으로써 자신을 알 수 있는 기회를 갖고 깨달음을 얻을 수 있는 것을 말합니다.

그는 새로운 단어를 만들어 그가 사용하는 언어들을 재정의합니다. 새로운 언어들은 가르침의 흐름 가운데 의미가 명확해지며, 또한 그런 특이한 언어들을 사용함으로써 그의 특별한 가르침 역시 명확해집니다. 우리는 그의 가르침을 정확하게 해석할 수 있도록 사용된 용어와 개념을 모은 용어사전을 이 책 뒷부분에 수록하였습니다.

람타가 사용하는 언어가 종종 투박하고 고어처럼 들릴 때가 있기 때문에 독자들은 람타의 가르침을 읽을 때 이러한 점을 고려하는 것이 중요합니다. 람타는 자신의 생각을 전달하는 데 있어 아주 신중하고 철저합니다. 그의 모든 행동이나 그가 사용하는 모든 용어는 특정한 의미와 목적이 있으며 그가 전달하고자 하는 전체 메시지와 서로 일관성 있게 조화를 이룹니다. 그럼에도 이러한 메시지가 제대로 전달되고 그것이 가지고 있는 본래의 아름다움과 독창성을 받아들일 수 있는 유일한 방법은 독자들이 그것들을 삶의 진정한 패러다임으로 품에 안는 것입니다. 그러면 그 메시지가 약속한 대로 진리와 지혜의 결실을 맺을 것입니다.

람타의 가르침은 방대한 양의 주제들을 다루지만 모든 것들은 람타 사상 체계의 근본 개념들을 상세하게 설명해주는 역할을 합니다. 람타는 자신이 전하는 모든 메시지가 다음 한 문장으로 귀결된다고 계속해서 강조합니다.

람타 가르침의 독특한 의미

"당신은 신이다." 우리는 이 말을 어떻게 해석해야 할까요? "신"에 대한 정의는 지구 상의 인구수만큼이나 많을 것입니다. 람타의 가르침을 제대로 이해하려면 우리가 가지고 있는 신에 대한 개념과 람타가 설명하는 신에 대한 정의와 현실의 본질이 어떻게 다른지를 아는 것이 중요합니다.

모든 것의 본질은 무엇일까요? 그것들의 근원은 무엇일까요? 그것들의 실체는 무엇일까요? 그들의 운명은 무엇일까요? 이러한 질문에 대한 람타의 접근은 보이드에 대한 그의 개념에서 출발합니다. 보이드는 존재하는 모든 것들이 발생한 근원입니다. 그는 보이드를 "물질적으로는 아무것도 존재하지 않지만 잠재적으로는 모든 가능성을 가진 광대함"이라고 설명합니다. 보이드에는 아무것도 없습니다. 어떠한 움직임도, 행위도 없습니다. 신이 누구인가에 대한 질문에 일신론적인 종교들을 비롯하여 많은 철학자들은 신을 전지전능하고, 무한하며, 절대적이고, 모든 것을 초월한 불변의 존재로 여겼습니다. 람타의 사상체계에서 절대와 무한 그리고 불변은 보이드의 속성입니다. 보이드는 스스로 완전하며, 자족하며, 휴식 상태에 있으며 아무것도 필요로 하지 않습니다. 보이드가 비록 모든 것을 품을 수 있는 광대함으로 보일지라도 본래 상태에서 보이드는 스스로에 대한 지식이 없습니다. 왜냐하면 지식은 행위의 결과이기 때문입니다.

아리스토텔레스의 철학과 토마스 아퀴나스의 신학에서 발견할 수 있는 창조자, '최초의 원인' 그리고 '제 1 운동자'라는 신의 개념을 람타는 보이드가 스스로 숙고하여 자기 자신을 안다라는 말로 표현했습니다. 숙고의 행위는 보이드가 자신에 대한 자각과 앎을 만들어 낸 고유한 행위를 상징합니다. 자각의 시점을 제로 포인트, 관찰자, 최초의식, 혹은 의식과 에너지 그리고 신이라는 이름으로 부릅니다. 제로 포인트는 보이드의 광대함 안에서 미지를 깨닫고, 가능성의 상태에 있는 모든 것을 경험하고자 하는 기본적인 의도를 가지고 있습니다. 이것이 진화의 기반입니다. 스스로를 숙고하는 보이드는 인간의 근원이자 기원입니다. "당신은 신이다."라는 람타의 말은 관찰자, 제로 포인트의 구현 그리고 창조적인 의식과 에너지로서 인간을 말하는 것입니다.

제로 포인트는 미지의 것을 깨닫고자 하는 자신의 본성을 충족시키고 보이드의 숙고 행위를 모방하면서 진화합니다. 이러한 일을 하면서 제로 포인트는 거울 역할을 하는 인지의 기준점을 만들었고 그것을 통해 스스로를 인식할 수 있게 됩니다. 람타는 이 거울 의식을 2차 의식이라 부릅니다. 제로 포인트는 보이드의 품 안에 머물며, 무한한 가능성을 탐구하고 경험합니다. 제로 포인트와 거울 의식 사이의 반영은 시공간 안에서 실질적인 존재의 차원 즉 환경을 만들어 냅니다. 영은 제로 포인트의 역동적인 측면입니다. 그것은 미지의 것을 알고 경험하고자 하는 의지 혹은 목적입니다. 제로 포인트와 거울 의식은 보이드에 잠재해 있는 모든 가능성을 알고 경험하기 위해 많은 탐험을 합니다. 그러한 탐험으로 인하여 7개의 의식 차원이 형성되었으며, 그에 부합하는 7가지 차원의 시간과 공간 또는 주파수가 생성되었습니다. 의식과 에너지가 이 7개의 차원을 내려가는 창조의 여정과 행위를 하강의 여정이라고 부릅니다. 그리고 다시 의식과 에너지가 신 혹은 보이드로 돌아가는 여정을 진화의 여정이라고 부릅니다. 혼은 영과 다릅니다. 람타는 혼을 생명의 서(書)(용어정리 참고_역주)라 부릅니다. 혼은 하강과 진화의 여정에서 얻은 모든 경험과 지혜들을 기록합니다.

인간의 고통은 망각, 기억 상실, 자신의 기원과 운명에 대한 무지라는 말로 표현될 수 있습니다. 여행자 혹은 거울 의식은 가장 밀도가 높은 걸쭉하고 느린 이 세상과 자신을 동일시 한 나머지 자신의 불멸성과 신성함을 잃어버렸습니다. 인간은 자신의 내면에 존재하는, 자기 자신인 신을 망각한 채 외부에서 도움을, 삶의 의미를 그리고 구원을 찾고 있습니다. 그러한 행위로 인해 인간은 자신의 신성을 부정하고 지금 현재의 상태에서 자유로워질 기회를 차단합니다.

람타의 사상체계에서 가장 밀도가 높은 물질세계와 물질적인 육체를 사악하거나 바람직하지 않거나 혹은 본질적으로 나쁜 것으로 보지 않는다는 점에 유의하는 것이 중요 합니다. 현실에 대한 이원론적인 해석은 대부분 그노시스 전통에서 발견할 수 있는데, 그것은 선과 악, 좋은 것과 나쁜 것, 빛과 어둠, 죄악과 정의를 강조합니다. 람타의 사상체계에서는 이러한 것들을 철저하게 배제합니다. 바람직하지 못한 상태는 우리의 진정한 본질과 운명에 대한 무지이며 그것을 부정하는 것입니다. 의식과 에너지인 우리가 자신을 스스로 제한된 존재라고 주장하는 것은 어리석은 일이며, 그러한 한계를 만든 것은 우리 자신입니다.

깨달음의 길은 제로 포인트로 되돌아가는 여정입니다. 이 일을 이루면, 인간은 미지의 것을 깨닫는 자신의 사명을 완수하게 되며 자신의 경험을 통해서 얻은 영원한 지혜를 보이드로 가져갑니다.

람타가 학생들을 가르침으로 입문시키기 위해 만든 위대한 작업의 모든 기술과 훈련들은, 보이드가 스스로 숙고하여 의식과 에너지를 탄생시키고 그로 인해 현실의 본질을 창조하는 과정을, 어느 정도 본떠 모델로 삼아 만든 것들입니다.

결론적으로, 람타의 철학이 가진 4가지 초석은 보이드의 개념, 의식과 에너지가 7가지 차원의 현실을 창조한다는 것, "당신은 신이다."라는 것과 미지의 것을 깨닫는다라는 것입니다. 람타 사상의 흔적들은 고대로부터 전해져온 구전 속에서 많이 발견됩니다. 세월의 흐름 속에서 그것들은 거의 사라졌거나 내용이 많이 왜곡되어 메아리밖에 남아 있지 않지만 그 중의 일부는 다음에 열거된 사상이나 개념에 나타나 있습니다. 그것은 고대 이집트인들의 철학과 죽음의 서 *The Book of the Dead*에서의 가르침, 파라오 아크나톤, 깨어난 자로서 자신을 표현한 붓다, 소크라테스의 미덕에 대한 이해와 혼의 불멸성, 플라톤의 유니버설 유형에 대한 개념, 예수아 벤 조셉의 생애와 가르침, 세인트 토마스 사도의 업적, 진주의 찬송가 *The Hymn of the Pearl*, 복음의 요약 성경들, 티아나의 아폴로니오스, 오리겐, 마니, 카타리파 신도들과 알비주아 신도들, 아시시의 성 프란시스, 유대교와 기독교의 신화들과 성 요한의 마운트 카멜 오르막 *Ascent of Mount Carmel*에 대한 스케치 — 이 작품에서 말하는 정점은 사실 인간의 머리, 즉 정수리를 의미합니다 — 외에도 미켈란젤로와 레오나르도 다빈치와 같은 다양한 예술가들의 작품들, 아빌라의 테레사의 글들과 신비주의적 체험들, 프레이 루이스 데 레온의 연구들, 유럽의 르네상스 운동의 인본주의자들, 장미 십자 회원들, 극동의 마스터들에게서도 람타 사상의 흔적을 발견할 수 있습니다.

 람타의 가르침은 우리에게 삶의 신비로움을 바라보게 하는 독특한 시각을 열어주었습니다. 이러한 가르침은 지금까지 철학이나 과학 그리고 종교가 대답해주지 못했던 여러 가지 질문들에 대해서 새로운 의미를 발견할 수 있는 틀을 제공합니다. 이것은 또한 우리로 하여금 과학이나 종교에 의해 고착되어 버린 한계를 초월하여 시야를 넓히는 새로운 경험을 할 수 있도록 합니다. 람타의 사상체계는 종교가 아니며 또한 현실에 대한 철학적인 해석도 아닙니다. 그것은 람타가 한 인간으로서 스스로 경험하고 그 경험을 통해서 스스로 입증한 진리입니다. 이런 점에서 람타의 사상체계는 람타의 지식이자 람타의 과학입니다. 이제 람타에 의해 길은 닦여졌으며, 그 길을 탐험하고 미지로 향하는 여정을 떠나고자 하는 모든 사람들에게 그 문은 활짝 열려 있습니다.

— 제이미 F. 릴 아나야
엠, 워싱턴

부 록

용어정리

1 차원(First plane)
물질과 육체적 차원을 말하며 이미지(환상)의식 및 헤르츠 주파수의 차원입니다. 의식과 에너지가 가장 느리고 밀도가 가장 높은 형태로 응결된 세상이며 첫 번째 쌀과 연결됩니다. 첫 번째 쌀은 생식기, 성욕 그리고 생존과 관련되어 있습니다.

2차 의식(Secondary consciousness)
제로 포인트가 보이드의 숙고하는 행동을 모방했을 때 스스로 거울반사현상을 일으켜 보이드의 탐험을 가능하게 한 기준점을 창조했습니다. 이 기준점을 거울의식 혹은 2차 의식이라고 합니다. 자아(Self, the) 참고

2 차원(Second plane)
사회적 의식 및 적외선 주파수 밴드가 존재하는 차원입니다. 이 차원은 아픔, 통증과 연관 있으며 가시광선 주파수의 3 차원의 부정 극성(極性 Negative Polarity)입니다.

3 차원(Third plane)
자각의식 및 가시광선 주파수 밴드의 차원입니다. 또한 빛의 차원이며 정신적 차원으로도 알려져 있습니다. 블루 차원의 에너지가 이 주파수 밴드로 내려오면, 에너지는 +, - 양극으로 분리됩니다. 이 포인트에서 영혼이 둘로 나뉘어져 소울메이트 현상이 시작됩니다.

4 차원(Fourth plane)
연결 의식 및 자외선 주파수의 영역입니다. 이 차원은 낡은 것을 파괴하고 새로운 것을 창조하는 시바의 차원으로 표현되며, 아직 에너지가 +, - 양극으로 분리되어 있지 않습니다. 육체의 지속적인 변화와 치유를 위해서는 4 차원과 블루바디 레벨에서 먼저 변화가 있어야 합니다. 4 차원은 블루 차원 혹은 시바 차원이라고도 불립니다.

5 차원(Fifth plane)
초 의식과 X-ray 주파수 영역의 차원입니다. 또한 골드 차원 혹은 천국으로 알려져 있습니다.

6 차원(Sixth plane)
하이퍼 의식 및 감마선 주파수 밴드의 영역입니다. 이 차원에서 전체 생명과 존재의 자각이 하나가 됨을 경험합니다.

7 차원(Seventh plane)
울트라 의식과 무한미지 주파수 밴드의 차원입니다. 이 차원에서 하강의 여정이 시작되었습니다. 제로 포인트가 보이드의 숙고 행위를 모방했을 때 창조되었고 이어서 거울의식 혹은 2차 의식이 창조되었습니다. 존재의 차원 혹은 공간과 시간의 차원은 두 개의 의식 포인트 사이에 존재합니다. 그 외의 모든 다른 차원은 7 차원의 시간과 주파수 밴드가 느려지면서 창조된 것들입니다.

1번째 씰(First seal)
생식기관, 성욕 그리고 생존과 관련되어 있습니다.

2번째 씰(Second seal)
사회적 의식과 적외선 주파수 밴드의 에너지 중심입니다. 아픔 그리고 고통의 경험과 관련되어 있으며 하복부에 위치합니다.

3번째 씰(Third seal)
의식적 인식 및 가시광선 주파수 밴드의 에너지 센터입니다. 통제, 독재, 희생, 그리고 권력과 관련되어 있습니다. 이것은 태양신경총 부위에 위치합니다.

4번째 씰(Fourth seal)
무조건적인 사랑이며 가슴샘과 관련되어 있습니다. 이 씰이 활성화되면, 호르몬이 분비되어 완전한 건강을 유지하고 노화를 중단시킵니다.

5번째 씰(Fifth seal)
우리를 5차원에 연결시키는 영적 육체의 에너지 센터입니다. 갑상선과 연관되어 있으며, 이원론 없이 진리를 말하고 사는 것과 관련되어 있습니다.

6번째 씰(Sixth seal)
송과선과 감마선 주파수 밴드와 관련 있습니다. 이 씰이 활성화될 때 잠재의식이 알고 있는 것을 여과하고 베일을 씌우는 망상체가 열립니다. 두뇌가 열린다는 말은 이 씰이 열려서 의식과 에너지가 활성화되는 것을 의미합니다.

7번째 씰(Seventh seal)
정수리, 뇌하수체 그리고 깨달음을 얻는 것과 관련 있습니다.

7개의 씰(Seven seals)
인체 내에서 7단계의 의식을 구성하고 있는 강력한 에너지 센터들을 의미합니다. 2개의 밴드는 이 일곱 개의 씰에 의하여 밴드 내에 있는 육체를 뭉쳐 있게 합니다. 모든 인간의 육체 내에는 에너지가 중심에서 소용돌이처럼 나오는 처음 3개의 씰 혹은 센터가 있습니다. 처음 3개의 씰에서 나와 박동하는 에너지는 각각 성욕, 고통 그리고 권력으로 구현됩니다. 상위 4개의 씰들이 열리면, 좀 더 높은 자각이 활성화됩니다.

감정(Emotions)
감정은 경험을 통해서 일어나는 육체적, 생화학적 결과입니다. 감정들은 과거에 속합니다. 그것은 이미 경험된 것이 표현되도록 형성된 신경망 안에 있기 때문입니다.

감정체(Emotional body)
감정체는 과거의 감정, 태도 그리고 두뇌의 신경망을 구성하여 개인의 인성을 결정하는 전기화학적 패턴의 집합체입니다. 람타는 이것이 사람들을 깨어나지 못하게 유혹한다고 설명합니다. 또한 이것이 계속 윤회하는 이유입니다.

깨달음(Enlightenment)
인간이 완전히 자각한 상태로서, 영원하고 무한한 마음을 가지는 것을 말합니다. 척추 밑에 있는 쿤달리니 에너지가 7번째 에너지 씰로 상승하여 뇌의 잠자고 있는 부위들을 열어줄 때 일어나는 결과입니다. 에너지가 소뇌 하부와 중뇌로 들어가 잠재의식이 열릴 때 깨달음이라 불리는 눈부신 섬광이 일어나는 개인적 경험을 합니다.

거울 의식(Mirror consciousness)
제로 포인트가 보이드의 숙고하는 행동을 따라 했을 때, 스스로 거울반사현상을 일으켜 보이드의 탐험을 가능하게 한 기준점을 창조했습니다. 이 기준점을 거울의식 혹은 2차 의식이라고 합니다.

골든 바디(Golden body)
5 차원, 초 의식, X-선 주파수에 속하는 육체입니다.

관찰자(Observer)
양자 역학에서 입자/파동의 붕괴를 일으키게 하는 관찰자를 지칭하는 말입니다. 이것은 위대한 자아, 영, 최초의식, 인간 내면에 존재하는 신을 의미합니다.

그리드(Grid[SM], The)
의식과 에너지를 끌어올려 정신적 심상화를 통해 의도적으로 제로포인트의 에너지 장과 현실의 구조에 접근할 수 있게 람타에 의해 만들어진 훈련 테크닉의 서비스 마크입니다. 이 테크닉은 람타 깨달음 학교(RSE)에서 독점적으로 가르칩니다.

내면에 존재하는 신(God within)
이것은 관찰자, 위대한 자아, 최초의식, 영, 그리고 인간 안에 내재하는 신(God)을 의미합니다.

네임 필드(Name-field)
네임 필드는 필드워크 훈련을 실습하는 큰 운동장의 이름입니다.

라마야(Ramaya)
람타는 제이지 나이트를 자신의 사랑하는 딸이라고 부릅니다. 그녀의 이름은 라마야였으며, 람타의 생애에서 입양된 첫 번째 자식이었습니다. 람타는 러시아 대초원에서 버려진 라마야를 발견했습니다. 람타의 원정 기간 동안 많은 사람들이 그에 대한 사랑과 존경의 표시로 그들의 자식을 선물로 주었으며, 이 아이들은 람타의 집에서 자랐습니다. 람타의 아이들은 133명까지 늘어났지만 그의 혈통을 가진 자손은 한 명도 없었습니다.

라이트 바디(Light body)
이것은 빛을 방사하는 몸을 말합니다. 이 몸은 의식적 인식 및 가시광선 주파수 밴드인 3차원에 속합니다.

람(Ram)
람이란 람타라는 이름을 짧게 부른 것입니다. 람타는 아버지 신이라는 의미입니다.

람타(Ramtha, 어원)
바람의 신, 깨달은 자 람타라는 명칭은 아버지 신이라는 의미입니다. 또한'람의 기적의 날'로 알려진 그날에 산에서 내려온 람을 지칭하는 것입니다."이것은 아주 오래된 고대에 있었던 일입니다. 고대 이집트에는 위대한 정복자인 람에게 바친 대로가 있습니다. 그리고 그들은 람타의 대로를 걸어서 내려갈 수 있는 사람은 누구나 바람을 정복할 수 있다는 뜻을 이해할 만큼 매우 지혜로웠습니다." 노아의 손자인 아람의 이름은 아랍어인 아라 — 지구, 광대한 대륙 — 에서, 람타는 높다라는 뜻에서 유래하였습니다. 셈족에서 람타라는 이름은 높은 산에서 내려와 대원정을 시작했음을 뜻합니다.

러너(Runner)
람타의 생애 때 러너는 특별한 메시지나 정보를 가져오는 책임을 맡았습니다. 마스터 스승은 러너들을 다른 사람들에게 보내는 능력을 가지고 있어서 그들의 말과 의도를 경험이나 사건의 형태로 구현하게 합니다.

리스트(List, the)
리스트는 람타가 가르치는 훈련 중 하나입니다. 학생들은 그들이 알고 경험하기를 원하는 사

용어정리

항들을 리스트로 적은 다음, 아날로지컬 의식 상태에서 집중하는 법을 배웁니다. 이 리스트는 사람의 신경망을 새롭게 디자인하고 바꾸며 재프로그래밍하기 위해 사용하는 지도와 같습니다. 이것은 그 사람의 내면에서 그리고 그들의 현실 속에서 의미 있고 지속적인 변화가 일어나도록 도와주는 도구입니다.

마음(Mind)
마음은 뇌에 작용하여 각종 사고 형태, 홀로그램적 단편들, 또는 기억이라 불리는 신경 시냅스 패턴들을 일으키는 의식과 에너지 흐름의 산물입니다. 의식과 에너지의 흐름은 두뇌를 활발하게 유지합니다. 그것들은 힘의 원천입니다. 한 사람의 사고 능력은 의식과 에너지의 흐름에 마음을 부여합니다.

무한 미지(Infinite Unknown)
7차원 및 울트라 의식의 주파수 밴드입니다.

미지의 것을 깨닫는다(Make known the unknown)
보이드가 가지고 있는 무한한 가능성을 근원의식이 구현하고 의식적인 자각이 일어나도록 하기 위해서 근원의식에 주어진 최초의 신성한 사명을 표현하는 말입니다. 이 말은 창조와 진화의 역동적인 과정을 일으키도록 영감을 주는 강력한 의도를 표현하고 있습니다.

미지의 신(Unknown God)
미지의 신(God)은 람타의 선조들인 레무리아인들이 알았던 유일신입니다. 미지의 신(God)은 인간의 잊혀진 신성과 신성한 본질을 표현합니다.

바이너리 마인드(Binary mind)
이것은 두 개의 분리된 마음을 의미합니다. 바이너리 마인드는 개별적 존재들의 지식과 육체적 경험들이 잠재의식과 연결되지 않은 채 만들어진 마음 상태를 말합니다. 바이너리 마인드는 1, 2, 3차원을 기준으로 얻은 지식과 이해 그리고 신피질의 사고방식에만 의존합니다. 이러한 마음 상태에서는 4, 5, 6, 7차원의 씰들은 닫혀 있습니다.

밴드(Bands, the)
밴드는 인체를 감싸며 뭉쳐 있게 하는 7가지 주파수를 가진 두 개의 띠를 의미합니다. 각 밴드의 7가지 주파수는 인체 내에 있는 7개의 의식차원과 연결된 7개의 씰과 서로 상호작용을 합니다. 밴드는 바이너리 마인드와 아날로지컬 마인드의 처리를 허용하는 오라장입니다.

보여주는 차원(Plane of demonstration)
물질계는 보여주는 차원이라고도 불립니다. 이 세상에서 인간이 자신의 감정적 이해를 확장하기 위해 물질로 창조적 잠재력을 증명해보고, 물질적 형태로 표현된 의식을 목격하는 차원입니다.

보이드(Void, the)
물질적으로 아무것도 없는 광대함이지만 잠재적으로 모든 것이 존재하는 상태를 의미합니다. 부/모 원리(Mother/Father Principle) 참고.

모/부 원리(Mother/Father Principle)
모든 생명의 근원, 아버지, 영원한 어머니, 보이드를 뜻합니다. 람타의 가르침에서 근원과 창조주(God)는 다릅니다. 창조주(God)는 제로 포인트 및 최초의식으로 간주되지만 근원이나 보이드 그 자체는 아닙니다.

블루 바디(Blue Body®)
이것은 4 차원, 즉 브릿지 의식과 자외선 주파수 밴드에 속한 육체이며 라이트 바디와 물질계 위에 존재합니다.

블루 바디 댄스(Blue Body®Dance)
람타가 가르치는 훈련 중 하나로 학생들이 자신의 의식을 4 차원의 의식 수준으로 끌어올리는 훈련입니다. 이것은 우리를 블루 바디에 진입하게 하고 4번째 씰을 열게 합니다.

블루 바디 힐링(Blue Body®Healing)
이것은 람타가 전수하는 훈련으로 학생이 치유와 육체의 변화를 목적으로 자신의 의식을 4 차원 의식과 블루바디로 올리는 것입니다.

블루 웹(Blue webs)
블루 웹은 육체의 가장 세밀한 기본구조를 나타냅니다. 이것은 눈에 보이지 않는 육체적 구조로서 자외선 주파수 레벨에서 진동합니다.

빛의 세상(Light, the)
빛의 세상이란 3차원을 의미합니다.

사람, 장소, 사물, 시간 그리고 사건(People, places, things, times, and events)
인간이 주로 경험하는 삶의 영역들로 인성이 감정적으로 집착하는 것들입니다. 이러한 영역들은 인간의 과거를 표현하며, 감정체의 내용을 구성합니다.

사회의식(Social consciousness)
2차원과 적외선 밴드의 의식입니다. 또한 인간 개성의 이미지 및 처음 3개의 씰이라고도 불립니다. 사회의식은 인간사회의 집단의식을 지칭합니다. 이것은 인류의 집단적 사고, 추측, 판단, 편견, 법, 도덕, 가치관, 태도, 그리고 감정의 모든 조합입니다.

상위 4개의 씰(Upper four seals)
상위 4개의 씰은 4번째, 5번째, 6번째, 7번째 씰을 말합니다.

생각(Thought)
생각은 의식과 다릅니다. 두뇌는 어떤 의식의 흐름을 처리하여 생각이라는 신경학적, 전자적, 화학적으로 새겨진 조각들(홀로그램 사진)로 바꿉니다. 생각은 마음을 짓는 벽돌입니다.

생명력(Life force)
생명력은 부/모, 영, 사람에게 내재된 생명의 숨결로서 사람들은 이것을 바탕으로 환상과 상상 그리고 꿈을 창조합니다.

생명의 서(Book of Life)
람타는 영혼을 생명의 서라고 말합니다. 영혼에는 개인의 하강과 진화의 모든 여정이 지혜의 형식으로 기록되어 있습니다.

성스러운 사제(Hierophant)
성스러운 사제는 그들이 가르치는 것을 스스로 구현할 뿐 아니라 그의 학생들을 그러한 지식으로 입문하게 하는 마스터 스승입니다.

송신과 수신(Sending-and-receiving)
송신과 수신은 람타가 가르치는 훈련의 명칭입니다. 이 훈련에서 학생은 감각을 배제하고 중뇌의 능력만을 사용하여 정보에 접속하는 법을 배웁니다. 이 훈련은 학생들의 텔레파시와 예지력 등을 발달시킵니다.

시바(Shiva)
시바신은 블루 차원 및 블루 바디를 대표합니다. 이는 힌두교에서 유일신을 의미하는 시바와는 다릅니다. 오히려 이것은 4 차원 및 자외선 주파수 밴드에 속하는 의식의 상태를 표현하는 것이며, 4번째 씰이 열리는 것을 의미합니다. 시바는 남성도 아니고 여성도 아닙니다. 4 차원 세상의 에너지는 +, - 양극으로 갈라지지 않았기 때문에 시바는 양성화의 존재입니다. 이것은 전통 힌두교에서의 부인이 있는 남성 신 시바와는 다른 아주 중요한 차이점입니다. 시바의 발밑에 있는 호랑이 가죽과 손에 들고 있는 삼지창 그리고 머리 위에 있는 태양과 달은 의식의 처음 3개의 씰을 초월하여 육체를 지배했다는 것을 상징하는 것입니다. 쿤달리니 에너지는 척추 아래에서부터 머리로 불같이 올라가는 에너지로 그려져 있습니다. 이것 역시 힌두교에서 시바를 5번째 쎌 혹은 목에서 나오는 뱀 에너지로 표현하는 것과는 다릅니다. 또 다른 상징적 이미지는 긴 실처럼 늘어뜨린 검은 머리카락과 수많은 진주로 된 목걸이들인데, 이것은 자신의 풍부한 경험이 지혜로 축적됐다는 것을 의미합니다. 화살 통, 활 그리고 화살은 시바가 그의 강력한 의지를 쏘아 불완전함을 무너뜨리고 새로운 것을 창조하는 것을 의미합니다.

신(God)
람타의 모든 가르침은 한마디로 "당신은 신이다."라는 말로 요약할 수 있습니다. 람타는 인류를 '자신의 천성, 신성한 존재로서의 본성과 정체성을 망각해버린 잊혀진 신'이라고 말합니다. 람타의 도전적인 이 메시지는 종교적 맹신, 신성 그리고 지혜로 가는 참된 진리에 대한 오해로 점철된 현대인들을 일깨우고자 하는 뜻이 정확하게 표현되어 있습니다.

신경망(Neuronet)
동일한 기능을 함께 수행하는 일련의 신경 그물 구조를 의미하며 '신경 그물망'의 줄임말 입니다.

신들(Gods)
신들(Gods)은 455,000년 전 다른 별 시스템에서 지구로 온 진보한 기술을 가진 존재들입니다. 이 신들은 우리와 그들의 DNA를 섞어 유전적으로 조작하여 인류를 변화시켰습니다. 그들은 인간의 신피질을 진화시켜 인간을 정복된 노동력으로 사용하였으며 이러한 사건에 대한 증거들은 수메르 서판과 공예품에 기록되어 있습니다. 또한 이 용어는 인간의 진정한 신분과 잊혀진 신들을 표현하기 위해 사용되기도 합니다.

신의 마음(Mind of God)
신(God)의 마음은 어느 차원, 어느 시대, 어느 행성, 어느 별, 어느 우주 지역이건 지금까지 살았거나, 미래에 살아갈 모든 생명체의 마음과 지혜로 이루어집니다.

신/남자(God/man)
완전히 깨달은 상태에 있는 한 명의 인간

신/여자(God/woman)
완전히 깨달은 상태에 있는 한 명의 인간

아날로지컬(Analogical, 일치된 상태)
지금 이 순간에 사는 것을 의미합니다. 그것은 시간, 과거 그리고 감정을 벗어난 창조의 순간입니다.

용어정리

아날로지컬 마인드(Analogical mind)
일치된 마음의 상태를 의미합니다. 이것은 최초의식인 관찰자와 2차 의식인 인성이 일치되어 나타나는 결과로 이러한 마음 상태에서 인체의 4, 5, 6, 7차원의 씰이 열리게 됩니다. 이때 인체를 감싸고 있는 두 개의 밴드는 마치 큰 바퀴 속에서 작은 바퀴가 도는 것처럼 각각 서로 반대 방향으로 회전하며 강력한 소용돌이를 일으키며 전두엽에 있는 생각들을 붕괴시켜 현실에서 구현되도록 합니다.

엉뚱함(Outrageous)
람타는 비범하고 별나며 예측할 수 없는 행동을 하는 아주 당당하고 열정적인 사람이나 사물을 긍정적으로 표현할 때 이 말을 사용합니다.

에너지(Energy)
에너지는 언제나 의식과 함께합니다. 모든 의식은 역동적인 에너지 영향력을 동반하고 있으며 사방으로 방사되거나 스스로 자연스럽게 표현됩니다. 이처럼 모든 형태의 에너지는 각각 자신을 정의하는 하나의 의식을 동반합니다.

예수아 벤 조셉(Yeshua ben Joseph)
람타는 예수를 그 당시 유태인 전통을 따라 예수아 벤 조셉이라 부릅니다.

옐로 브레인(Yellow brain)
람타는 분석적이고 감정적인 생각들이 모여 있는 곳인 신피질을 옐로 브레인이라고 말합니다. 이것을 옐로 브레인이라고 부르는 이유는 람타가 두뇌의 기능과 처리과정을 가르칠 때 사용한 2차원적인 만화와 같은 방식으로 그렸던 최초의 그림에서 신피질을 노란색으로 칠했기 때문입니다. 람타는 학습 효과와 이해를 돕기 위해 그림 속의 다른 뇌 부위들을 과장했으며 또한 다양한 색깔로 강조했다고 설명합니다. 이 특별한 그림은 두뇌에 대한 각종 강의에서 사용하는 표준 도안이 되었습니다.

울트라 의식(Ultraconsciousness)
7차원 및 무한 미지 주파수 밴드의 의식입니다. 이것은 초탈한 마스터의 의식입니다.

원숭이 마음(Monkey-mind)
인간의 개성이 가지고 있는 산만하고 불안정한 마음을 지칭합니다.

위대한 작업(Great Work)
고대 지혜 학교의 지식을 실질적으로 적용하는 작업을 말합니다. 이것은 인간이 깨달음에 도달하여 불사와 신성한 존재로 변하게 하는 모든 훈련들을 지칭합니다.

위대한 작업 훈련(Disciplines of the Great Work)
람타의 고대 지혜 학교는 위대한 작업(the Great Work)에 전념합니다. 람타의 깨달음 학교(RSE)에서 하는 이 훈련 법들은 모두 람타에 의해 고안되고 완성되었습니다. 이것은 람타의 가르침을 처음 접하는 학생들이 직접 적용하고 경험할 수 있도록 하는 강력한 훈련법입니다.

육체/마음 의식(Body/mind consciousness)
물질계와 인간의 육체에 속하는 의식입니다.

의식(Consciousness)
의식은 보이드가 스스로 숙고하여 태어난 산물로서 세상 모든 존재들의 본질이자 기본 구조입니다. 존재하는 모든 것은 의식에서 시작되었으며, 의식과 함께 흐르는 에너지를 통해 외적으로 구현된 것입니다. 의식의 흐름이란 연속적으로 흐르는 군집된 신(God)의 마음을 의미합니다. 의식과 에너지, 의식과 에너지는 창조를 일으키는 역동적인 힘으로서 서로 떨어질 수 없는 불가분의 관계입니다. 이 세상에 존재하는 모든 것은 의식 안의 에너지 변조가 물질에 영향을 주어 시작되었고 구현되었습니다.

이웃걷기(Neighborhood Walk[SM])
의식과 에너지를 끌어올려서 더 이상 원치 않는 신경망과 고정된 사고의 패턴을 우리가 선택한 새 신경망으로 의도적으로 연결하고 변경시켜 새롭게 대체하는, 제이지나이트가 고안한 훈련 기술의 서비스마크입니다. 이 테크닉은 람타 깨달음 학교(RSE)에서만 독점적으로 가르칩니다.

인격과 개성(Personality, the)
감정체(Emotional body)참고

인생 회고(Life review)
사람이 죽어 3 차원에 도달하면 방금 떠난 전생을 바라보면서 회고하는 일이 일어납니다. 이때 그 사람은 관찰자, 배우, 그리고 자신이 행한 모든 행동을 받아들이는 수용자가 될 수 있는 기회를 갖습니다. 그 생에서 끝내지 못한 문제들이 인생 회고 혹은 빛의 회고시 나타나는데, 그러한 것들은 다음 생에서 해야 할 일이 됩니다.

자아(Self, the)
자아는 개성과는 다른 인간의 진정한 정체성을 의미합니다. 이것은 그 사람의 초월적인 면이며 2차 의식, 미지의 것을 깨닫는 하강과 진화의 여정을 걷고 있는 여행자를 지칭합니다.

용어정리

잠재의식(Subconscious mind)
잠재의식은 소뇌 혹은 파충류 뇌에 자리 잡고 있습니다. 이 두뇌 부위에는 전두엽과 몸 전체에 독립적으로 연결할 수 있는 연결체계가 있으며, 모든 시대의 지혜인 신의 마음에 접속할 수 있는 힘을 가지고 있습니다.

제로 포인트(Point Zero)
보이드가 스스로 숙고를 통해 창조한 최초의 자각 포인트를 지칭합니다. 제로 포인트는 보이드의 최초의 자식이자 의식이 탄생한 곳입니다.

제이지 나이트(JZ Knight)
제이지 나이트는 람타가 자신의 채널로 선정한 유일한 사람입니다. 람타는 제이지를 자신의 사랑스러운 딸이라고 말합니다. 그녀의 이름은 라마야였는데, 람타의 생애 동안 그에게 주어진 아이들 중 가장 나이가 많았다고 합니다.

지복의 차원(Plane of Bliss)
혼들이 자신의 삶을 회고한 후, 다음 생에 대한 계획을 세우기 위해 가는 휴식처입니다. 이곳은 또한 어떠한 고통이나 아픔, 필요나 부족이 없고 모든 소원이 즉시 이루어지는 천국 혹은 낙원으로 알려졌습니다.

진화(Evolution)
진화는 가장 느린 주파수 레벨인 물질로부터 가장 높은 의식 레벨인 제로 포인트로 돌아가는 여정을 의미합니다.

처음 3개의 씰(First three seals)
성욕, 아픔과 고통, 그리고 통제하는 권력에 관한 씰들입니다. 모든 복잡한 인간 드라마 속에서 통상적으로 작용하는 씰이 바로 이것들입니다.

초의식 (Superconsciousness)
5번째 차원 및 X-ray 주파수 밴드의 의식입니다.

최초의식(Primary consciousness)
관찰자, 위대한 자아, 인간 안에 존재하는 신(God)입니다.

쿤달리니(Kundalini)
쿤달리니 에너지는 인간의 생명력으로서 사춘기가 되면 상위의 여러 에너지 씰에서 척추 밑으로 내려옵니다. 이것은 인간 진화를 위해 따로 저장된 큰 에너지 덩어리로 대개는 척추 밑

바닥에 똬리를 튼 뱀의 모습으로 그려집니다. 이 에너지는 성욕, 아픔과 고통 그리고 권력, 희생과 관련된 처음 3개의 씰에서 나오는 에너지와는 다릅니다. 쿤달리지 에너지는 대개 잠자는 뱀 혹은 잠자는 용으로 표현되는데 이 에너지가 정수리로 올라가는 여정을 깨달음의 길이라고 합니다. 이 여정이 시작될 때 잠자던 뱀이 깨어나 두 갈래로 나뉘어 척추 주위를 돌며 춤추기 시작하면, 척수가 이온화되고 분자구조가 변하게 됩니다. 이러한 작용은 중뇌와 잠재의식으로 가는 문이 열리도록 합니다.

크라이스트 워크(Christwalk)
람타가 고안한 것으로 완전히 의식이 깨어난 상태에서 아주 천천히 걷는 법을 배우는 훈련입니다. 이 훈련을 통해서 학생들은 한 발 한 발 걸으며 크라이스트의 마음(the mind of a Christ)을 구현하는 것을 배웁니다.

타후무(Tahumo)
람타가 가르치는 훈련으로 학생들은 인간의 몸에 영향을 미치는 자연적 환경(추위와 더위)을 초월할 수 있는 능력을 배웁니다.

탱크(Tank®, The)
람타 깨달음 학교의 훈련 중 하나로 미로를 사용하는 훈련의 이름입니다. 학생들은 안대로 눈을 가린 채 손으로 벽을 만지거나 눈 혹은 다른 감각을 사용하지 않고 오직 보이드에만 집중해 입구를 찾아 들어가는 것을 배웁니다. 이 훈련의 목표는 안대로 눈을 가린 상태에서 그 미로의 중앙이나 보이드를 대표하는 지정된 방을 찾는 것입니다.

탱크 필드(Tank field)
탱크 훈련을 할 때 사용하는 미로가 있는 큰 운동장의 이름입니다.

토션 프로세스(Torsion Process^{SM})
람타가 고안한 것으로 의식과 에너지를 끌어올린 후 마음을 사용하여 의도적으로 하나의 토션장을 창조하는 훈련 기술입니다. 이 훈련을 통해서 학생은 시공에서 웜홀을 만드는 법, 현실을 바꾸는 법, 또한 사라지기, 공중 부양, 두 장소에 존재하기, 순간이동 등과 같은 다차원적인 현상을 창조하는 법을 배웁니다. 이것은 람타의 깨달음 학교(RSE)에서 독점적으로 가르칩니다.

트와일라잇 Twilight®
람타가 가르치는 훈련을 표현하기 위해 사용하는 말로서 학생들은 자신의 의식적 자각을 유지한 채 육체를 깊은 수면과 유사한 정신적 상태 속으로 들어가는 법을 배웁니다.

용어정리

트와일라잇 심상화 과정(Twilight® Visualization Process)
리스트 훈련 또는 기타 다른 심상화 형태로 된 훈련을 연습하기 위한 과정입니다.

필드워크(Fieldwork^SM)
람타 깨달음 학교의 기초 훈련 중 하나입니다. 학생들은 자신이 알고 싶거나 경험하고 싶은 것을 종이 카드에 상징으로 그려 창조하는 법을 배웁니다. 그런 후 카드의 뒷면이 밖으로 향하도록 큰 운동장 울타리 사면에 부착합니다. 학생들은 안대를 하고 그들의 상징에 정신을 집중한 채 자유롭게 걸으면서 자신의 카드를 찾습니다. 의식과 에너지 그리고 아날로지컬 마인드의 법칙이 이 훈련에 적용됩니다.

하강(Involution)
제로 포인트 및 7차원에서 시작하여 주파수가 가장 느리고 밀도가 가장 높은 물질계로 가는 여정을 말합니다.

하루 창조하기(Create Your Day^SM)
람타가 만든 훈련으로 하루를 시작하기 전인 이른 아침, 의식과 에너지를 끌어올려 그날 일어날 다양한 경험과 사건들을 강한 의도로 창조하는 기술입니다. 이 기술은 람타의 깨달음 학교에서만 독점적으로 가르칩니다.

하이퍼 의식(Hyperconsciousness)
6차원 및 감마선 주파수의 의식입니다.

혼(Soul)
람타는 혼을 생명의 서라고 말합니다. 혼에는 개인의 하강과 진화의 모든 여정이 지혜의 형태로 기록됩니다.

C&E® = R
의식과 에너지가 현실의 본질을 창조한다는 뜻입니다.

C&E®
의식과 에너지의 약자입니다. C&E는 람타 깨달음 학교에서 가르치는 기초훈련법으로 의식을 끌어 올리고 구현하는 훈련을 말합니다. 이 훈련을 통하여 학생들은 아날로지컬 마인드 상태로 들어가는 법, 상위의 4개의 씰을 여는 법, 그리고 보이드(Void)로부터 현실을 창조하는 법을 배웁니다. 람타 스쿨에 처음 입문하는 학생들을 위한 소개 워크숍이며 이 워크숍에서 학생들은 람타의 가르침에 대한 기본적 개념과 훈련을 배웁니다.

그림 A: 인간의 육체에 있는 7가지 의식 차원

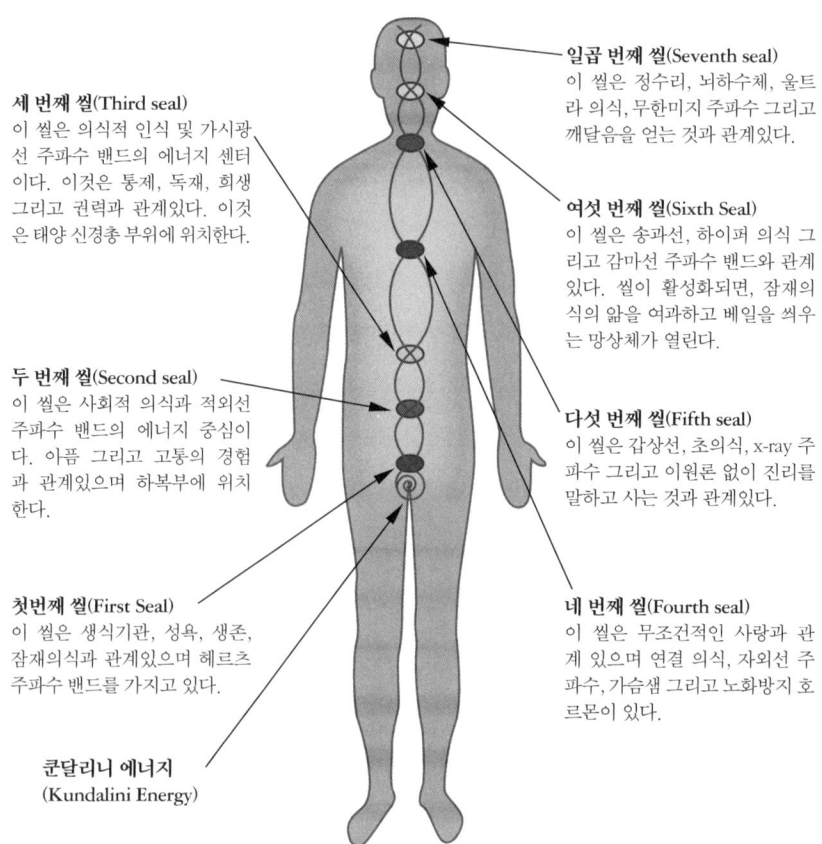

일곱 번째 씰(Seventh seal)
이 씰은 정수리, 뇌하수체, 울트라 의식, 무한미지 주파수 그리고 깨달음을 얻는 것과 관계있다.

여섯 번째 씰(Sixth Seal)
이 씰은 송과선, 하이퍼 의식 그리고 감마선 주파수 밴드와 관계있다. 씰이 활성화되면, 잠재의식의 앎을 여과하고 베일을 씌우는 망상체가 열린다.

다섯 번째 씰(Fifth seal)
이 씰은 갑상선, 초의식, x-ray 주파수 그리고 이원론 없이 진리를 말하고 사는 것과 관계있다.

네 번째 씰(Fourth seal)
이 씰은 무조건적인 사랑과 관계 있으며 연결 의식, 자외선 주파수, 가슴샘 그리고 노화방지 호르몬이 있다.

세 번째 씰(Third seal)
이 씰은 의식적 인식 및 가시광선 주파수 밴드의 에너지 센터이다. 이것은 통제, 독재, 희생 그리고 권력과 관계있다. 이것은 태양 신경총 부위에 위치한다.

두 번째 씰(Second seal)
이 씰은 사회적 의식과 적외선 주파수 밴드의 에너지 중심이다. 아픔 그리고 고통의 경험과 관계있으며 하복부에 위치한다.

첫번째 씰(First Seal)
이 씰은 생식기관, 성욕, 생존, 잠재의식과 관계있으며 헤르츠 주파수 밴드를 가지고 있다.

쿤달리니 에너지
(Kundalini Energy)

Copyright © 2004 JZ Knight

용어정리

그림 B: 의식과 에너지의 7가지 단계

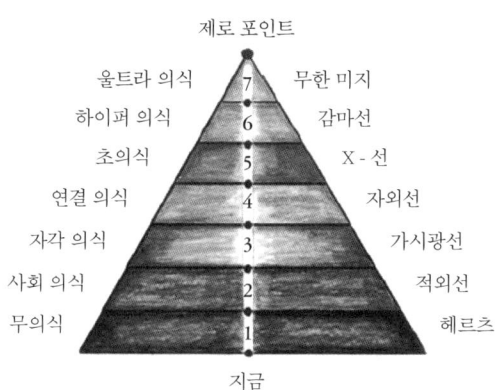

Copyright © 2004 JZ Knight

그림 C: 두뇌

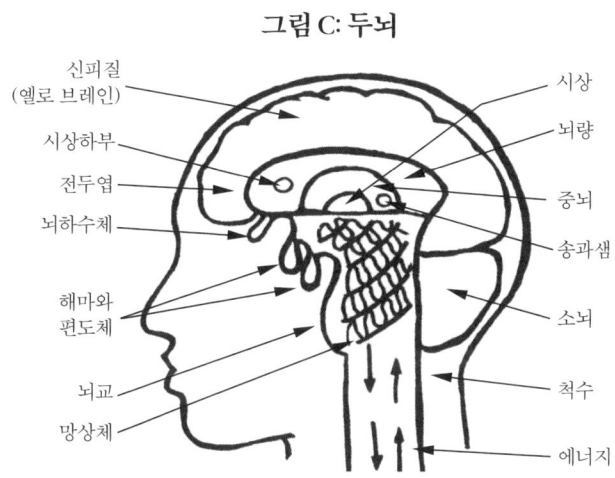

Copyright © 2004 JZ Knight

그림 D: 바이너리 마인드 - 이미지로 사는 것

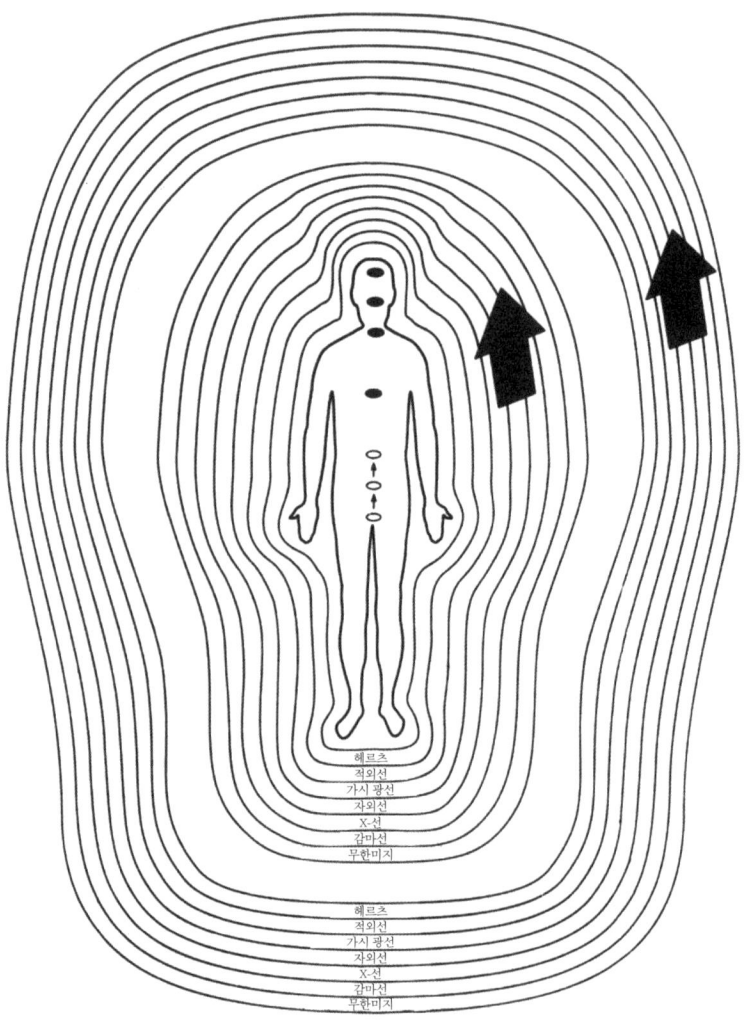

용어정리

그림 E: 아날로지컬 마인드 - 지금 이 순간에 사는 것

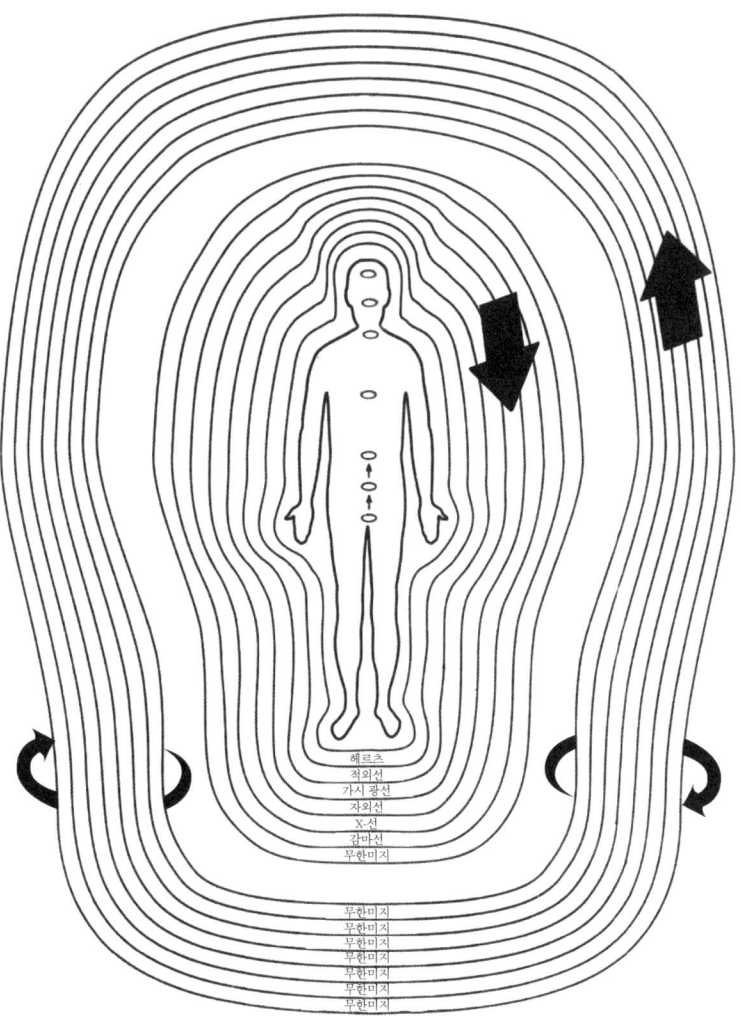

Copyright © 2004 JZ Knight

그림 F: 관찰자 효과와 신경 세포

관찰자는 가능성을 가진 파동 함수를 붕괴시켜 입자로 된 현실로 만든다.

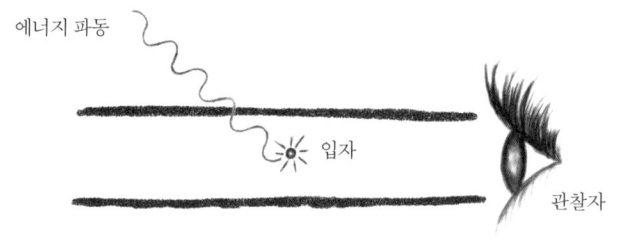

관찰 행위를 통해 신경 세포가 점화하여 생각을 만든다.

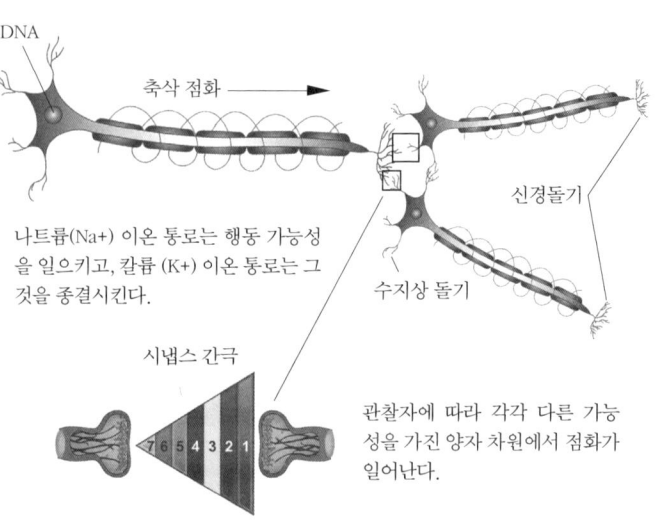

Copyright © 2004 JZ Knight

용어정리

그림 G: 세포 생물학과 사고 연결

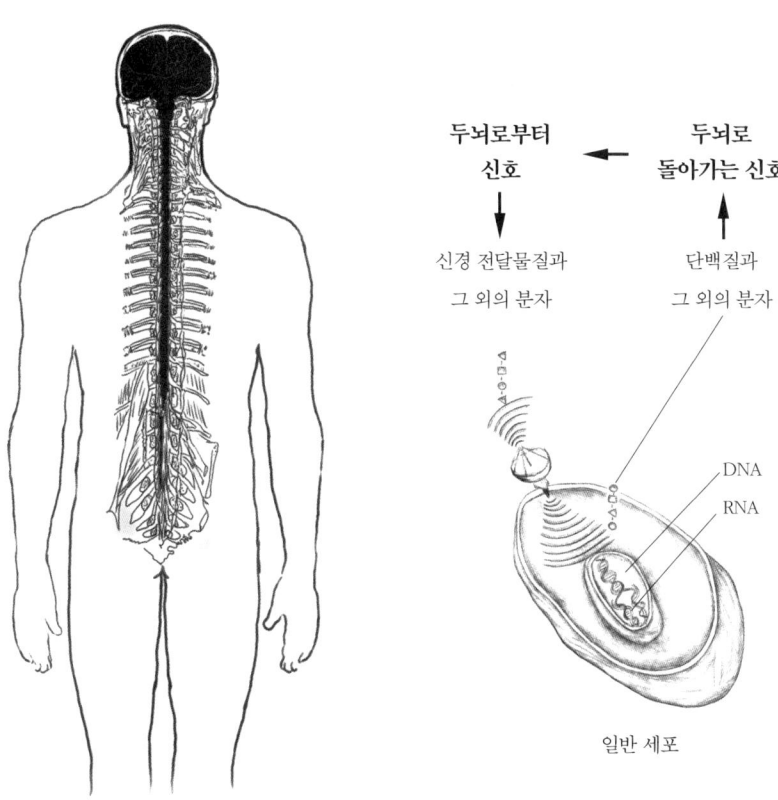

두뇌는 신체의 모든 세포 조직과
연결되어 있다.

Copyright © 2004 JZ Knight

그림 H: 거미줄 같은 세포의 골격 구조

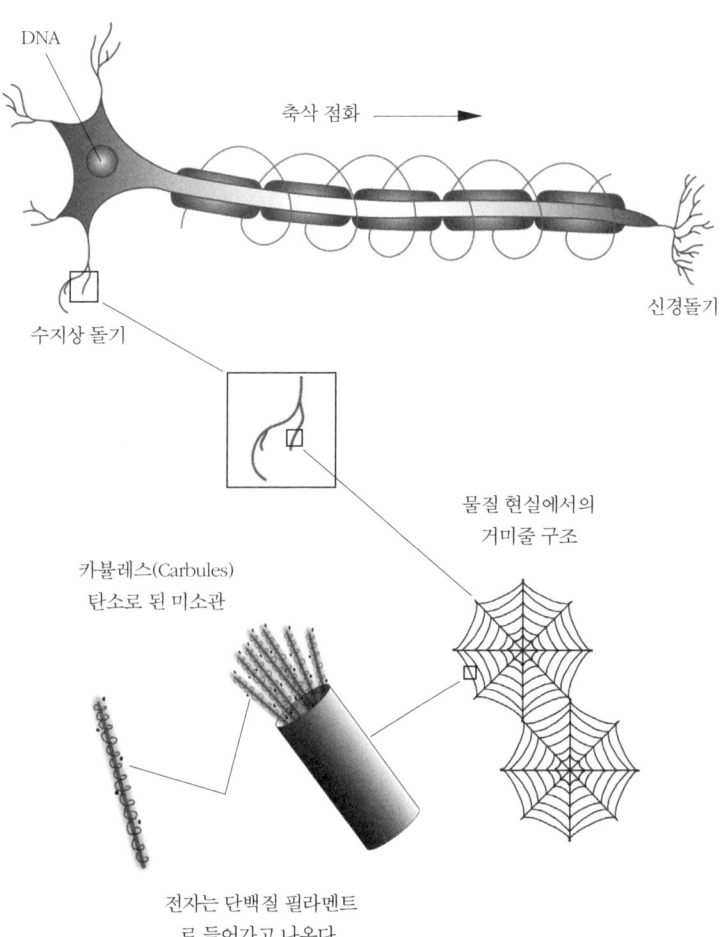

그림 I: 블루 바디

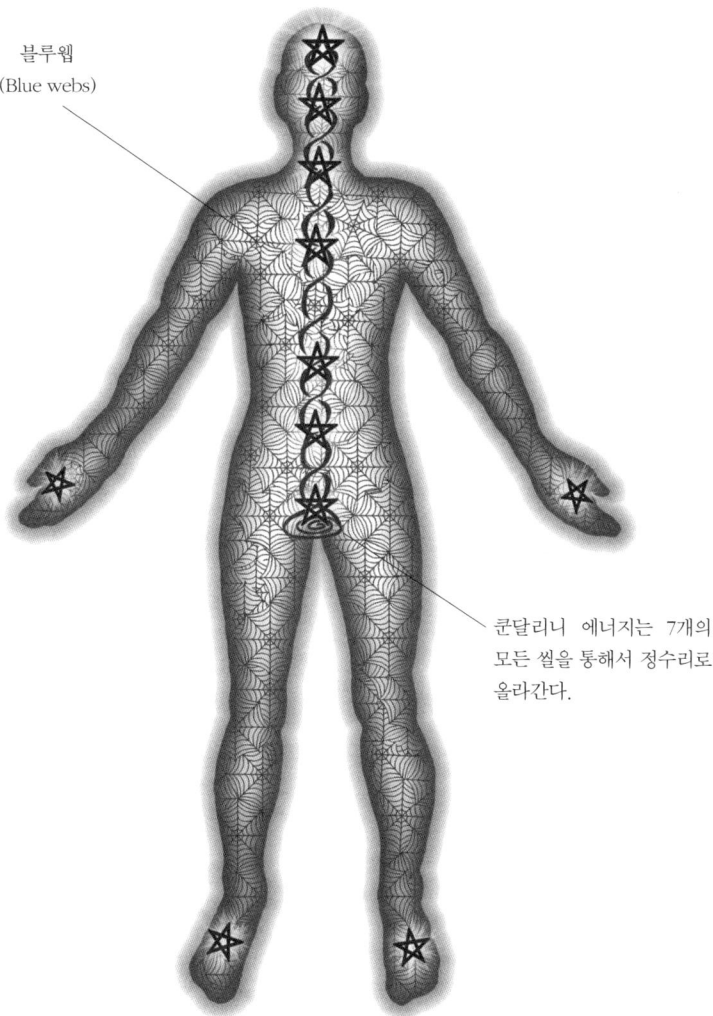

블루웹
(Blue webs)

쿤달리니 에너지는 7개의 모든 씰을 통해서 정수리로 올라간다.

Copyright © 2004 JZ Knight